偏見や差別はなぜ起こる？

心理メカニズムの解明と現象の分析

北村英哉・唐沢 穣｜編｜

ちとせプレス

はしがき

「偏見や差別のない社会を目指して」といったフレーズを、日常生活のあちらこちらで目にする。地方自治体の庁舎に掲げられた横断幕や、電車の車内広告など、行政による広報の一環として見かけることもあれば、市民講座などのテーマにもしばしば設定されている。高校の授業でも、「公民」、とくに「倫理」の時間には、この問題が取り上げられている。これほど広くいきわたったスローガンであるにもかかわらず、偏見と差別が、なかなか解決できない問題であることもまた、多くの人が直接・間接の経験を通して知っている事実だといえるであろう。

私たちの社会にしばしば顔を出す、偏見や差別の原因は、いったいどこにあるのだろうか。また、偏見や差別を解消するためには、どのような方策が有効なのだろうか。こうした問いに答えようとしてきた、社会科学のさまざまな分野のうち、社会心理学が、現時点でもち合わせている解答を示し、その成果と限界について考えようと試みるのが、本書である。

偏見と差別の原因、そしてその解消をめぐる先述の問いに答えるためには、さまざまなアプローチが可能であろうし、現に、異なる立場から、異なる方法を用いた取り組みが、これまでになされている。実践的な立場をとる人たちの間では、偏見や差別の現場に身をおいて、そこで得られる具体的な経験をもとに原因の究明と解決への試みが続けられている。学術的な立場からは、人間や社会に作用する、さまざまな「原理」についての知識をもとに、本質的問題の理解と論理的な解決が図られている。こうした「実践」と「学術」のうち、どちらがより優れているかとか、どちらが社会の役に立つのかといった議論は無意味である。実際、偏見や差別の解消を目的とした政策が立案される場合などは、双方からの意見が求められるのが現実であろう。本書の、あちらこちらで指摘される通り解決が難しい、この種の問題を前に、「役立つ」事柄があるのなら、それこそ分け隔てなく何でも使ってほしい。本書の各章を担当した執筆者はいずれも、そのような願いを胸に、主として学術的なアプローチを続ける研究者たちである。と同時に、その各人が、多かれ少なかれ何らかの形で実践にも携わってきている。

本書をぜひ手にとって読んでいただきたいと、執筆にあたって念頭においたのは、幅広い層の読者である。一般的な教養としての社会心理学に対する興味から、あるいは心理学を学ぶ学生として、さらには偏見と差別の問題に取り組む実践の立場からなど、さまざまな関心や必要に対して、偏見や差別を引き起こす心理的な仕組みと、その実態を解説することで、広いニーズに応えたいという、強い願いが込められている。

幅広い読者層を想定してという理由から、最初に社会心理学の教科書めいた解説を若干加えることをお許し願いたい。まず、社会心理学が考察の対象とする「偏見」や「差別」とは、典型的には、何らかの社会集団や、社会的カテゴリー（性別、人種、年齢層、居住地域といった多種多様な「分類」）に対するものである。たとえば「これはXさんがつくった料理だから、おいしい（または、おいしくない）に違いない」というのも、日常用語では「偏見」の一種と呼ばれるかもしれない。ところが、社会心理学が扱う偏見とは、こうした一個人に対する先入観ではなく、「この料理をつくったXさんは、Y

という集団（またはカテゴリー）の一人だから……」という、集団への所属性（「成員性」と呼ぶこともある）がもとになったものを指す。

さらに、すでに心理学になじみのある読者なら、ここで扱われる問題が、集団間の「態度」に関わるものであることに気づかれるであろう。日常用語でも「態度」とは、身体の姿勢や動作といった目に見える外面的なものを指すと同時に（「幸せなら態度で示そうよ ほらみんなで……」）、それが表現していると思われる内面的な心理状態を総称したものであるように、社会心理学の概念としての態度も、「認知的」「感情的」「行動的」という三つの要素をもつとされる。具体例として、ある商品を購入するかどうかを決定する際の土台に、その商品に対する知識や購入の結果についての予測（認知的）、理屈抜きの好き・嫌いの感覚や買った後にわき上がる幸福感・後悔（感情的）、思わず手が伸びたり視線が釘づけになったりする（行動的）といった要素から成る、まさしく「態度」があることを思い浮かべるとよい。これと同様に、ある集団に属する人々に対して、特定の性格や資質を「みんながもっている」ように見えたり信じたりする認知的な傾向が「ステレオタイプ」、これに好感、憧憬、嫌悪、軽蔑といった感情を伴ったものが「偏見」、そしてこれらを根拠に接近・回避などの行動として現れたものが「差別」である。こうした区別を前提にすると、本書の各章で紹介される研究のそれぞれが、どういう目的で行われ、どのような心理学的知見をもたらしたかが、さらにわかりやすくなるであろう。

社会心理学そのものが、二〇世紀初頭の西欧型社会、とくに北米で盛んになったように、偏見・差別の研究も、まず当時の北米において大きな進展を示した。二つの世界大戦を経た時期のおもな関心を、ごくおおざっぱにまとめると、偏見をもたれやすい集団の特徴と、偏見をもつ側に見出されやすい性格傾向の特定、あるいは欲求の抑圧がもたらしたフラストレーションが攻撃的な差別行動に至る可能性の検証といったものであった。この時代の心理学全体の動向も、そこには反映されている。その後、一九六〇年代に人権意識の高まりが、黒人や女性といった少数者の解放運動に至った時代には、集団間の対立と和解という観点が、偏見と差別の研究を後押しする。さらに、〝me-ism〟と呼ばれた自尊感情重視の一九七〇～八〇年代には、集団版自尊感情の一種ともいえる「社会的アイデンティティ」というヨーロッパ社会心理学界に端を発する観点が、新たな発想を生んだ。一方、人間の知的な側面を情報処理という観点から解明しようとする、「認知革命」と呼ばれるパラダイム転換が心理学を覆うと、集団間態度の認知的側面といえるステレオタイプの研究が人気テーマとなった。記憶や推論といった認知過程をおもな関心とする心理学分野の全体が、「無意識」の領野である潜在的認知の検証を手がけるようになると、偏見やステレオタイプの無意識的な側面がおおいにクローズアップされ、多くの発見をもたらした。

さて二一世紀を迎えて、「グローバル化」といわれる社会変動が世界的な広がりを見せるのに伴って、人間の社会活動の範囲は、人種・民族・宗教といった壁を越えて拡大し、集団の違いを根拠としたステレオタイプや偏見・差別を克服することの必要性が、ますます高まりつつある。にもかかわらず、偏見や差別、集団間の対立や排斥の傾向は、いっこうに解決しないどころか、新たな顔を見せながら深刻化しているのが、昨今の世界情勢である。こうした世相を反映してか、近年では、偏見やステレオタイプを、個人の感情や認知の問題としてだけでなく、異なる社会層の「共生」や「正義」「公正」といった、広範な社会に共有された価値観との関連で理解しようとする研究が目につく。

このような社会全体の歴史的変化と、それをかなりの程度まで反映していると思われる研究動向の変遷を経て、偏見・差別研究が現在どのような姿を我々に示しているのかを、本書の各章が紹介し解説する。第Ⅰ部では、ステレオタイプや偏見、差別が「なぜ」「どのようにして」生まれるのか、その心理メカニズムについて考える。そこでは、認知、感情、動機づけといった、心理学の各分野で広く見出される基本的な原理に沿って説明がなされる。第Ⅱ部では、具体的にどのような集団や社会的カテゴリーに関する偏見や差別の問題に、社会心理学的な理解の仕方を適用できるのかを、いわば例題をもって示していく。ステレオタイプ、偏見、差別が、人種や民族、移民、障害、ジェンダー、セクシュアリティ、リスク・原発、高齢者、それに犯罪といったじつに多種多様な集団や社会的カテゴリーを対象にしながら、現に私たちの周囲に広がっていること、そして、その一つひとつに対して、社会心理学的な研究がどのように挑んできたかが、ここに記されている。

偏見や差別の問題は、欧米などの社会では問題かもしれないが、「均質な日本社会」では、もはや解決ずみ、あるいは主要な社会問題ではないといった言説を、時に見聞きする。そもそも何をもって「均質」とするか、またそのような言説の真偽の、いずれもが重大な実証的課題であるが、それは本書の中心問題ではないのでいったん脇におくとして、偏見と差別の存在に気づかない、あるいはあえて気づかないふりをするかのような傾向が、日本社会にあることの問題性を考えることが、ぜひとも必要である。

日本国憲法第一四条には、「すべて国民は、法の下に平等であって、人種、信条、性別、社会的身分又は門地により、政治的、経済的又は社会的関係において、差別されない」と記されている。制定当時、どのような社会的カテゴリーに対する「差別」が重要視されていたかを物語っている点があらためて注目されるとともに、これが「国民の権利及び義務」を記した第三章におかれていることも含蓄に富む。また、この宣言が、日本国民の権利と義務だけに関わるものではなく、人類全体にとってのメッセージであると理解しても、誤りではないだろう。冒頭で述べたように「偏見や差別のない社会を目指す取り組み」は、今日も国政や地方自治体の施策はもちろん、民間の企業や団体の意見表明にも、しばしば登場する。社会心理学という社会科学の一分野が、この目標に向けて続けてきた、地道ではあるが不断の努力の成果を、ひも解いていくことにする。

二〇一八年六月

唐沢　穣

目次

第Ⅰ部　偏見・差別の仕組み
心理学の理論と研究から読み解く

第Ⅰ部

偏見・差別の仕組み

心理学の理論と研究から読み解く

第1章　ステレオタイプと社会的アイデンティティ

1　偏見と差別から発生する問題

偏見や差別の問題は、敵意や嫌悪から生まれる凶悪な犯罪から、自分でも気づかずに行ってしまうささいな言動に至るまで、強いものから弱いものまである。また、偏見を向けたり差別したりといった加害者側の問題だけでなく、偏見や差別を日常的に受け止めている被害者への影響も看過できない問題である。本節では、それらの中でも重要だと思われるものを通して、偏見や差別の問題の広がりを見ていこう。

●犯　罪

偏見や差別の恐ろしさを生々しく伝えるのは、特定の集団に対する強い憎悪を感じさせる史実や事件である。組織的に実行された史実の例としては、ナチスによるユダヤ人の集団殺害《ジェノサイド》（genocide）や、白人と非白人の処遇を区別していた南アフリカ共和国の人種隔離政策《アパルトヘイト》（apartheid）がある。単独で実行された事件の近年の例としては、二〇一五年にアメリカ合衆国サウスカロライナ州の教会で黒人信者九名が殺害された銃乱射事件や、二〇一六年に神奈川県の障害者施設で入所者一九名が刺殺された事件がある。これらの犯罪は、ある集団やその成員に向けられた強い敵意や偏見が原因であることから憎悪犯罪《ヘイトクライム》（hate crime）と呼ばれることもあり、この犯罪に特化した法律を定めて、関連の行為を禁止する国もある。そのような国の代表ともいえるアメリカでは憎悪犯罪の発生件数が多く、法執行機関からFBIに報告された憎悪犯罪の件数は、近年では毎年六〇〇〇件前後を推移し、二〇一六年では六一二一件であった。[1] ただし、この件数の報告は法執行機関に委ねられており、全米の一割程度の法執行機関が自主的に報告した事件のみが含まれることを考慮すると、実際の件数はより大きなものとなる。

特定の集団に敵意や偏見をもつ者同士が集団として活動することもある。クー・クラックス・クランやネオ・ナチに代表されるこれらの集団は憎悪集団《ヘイトグループ》（hate group）と呼ばれ、その活動はヒューマン・ライツ・ウォッチなどの人権団体が警戒する対象になっている。憎悪集団の活動は、一九八〇年代半ばから、インターネットサイト、ブログ、ニュースグループ、チャットルーム、ソーシャル・ネットワーク・サービス（SNS）、メーリングリストなどでも行われるようになり、近年ではこれらのコミュニケーションツールを通して彼らの活動に同調する者が増加することが懸念されている。[2] 日本では、憎悪犯罪に特化した法律こそないものの、二〇一六年にはヘイトスピーチ規制法が成立・施行され、殺害、暴行、破壊といった凶悪な行為には至らずとも、特定の集団やその成員を脅迫または侮辱するなど、言語で敵意や偏見を表出すること（憎悪表現《ヘイトスピーチ》：hate speech）が、取り締まりの対象となった。

国や地域の枠を超えた対人的な交流がこれまで以上に活発になろうとしているいま、その動きに伴って集団間の対立や摩擦が激しくなり、犯罪やそれに近い言動が身近な生活にまで迫ってくる恐れがある。これらの問題への対策は現代社会において避けられない課題となりつつある。

●自覚しにくい微かな偏見と差別

憎悪犯罪や憎悪表現は、露骨に表出される差別の中でも極端でまれなものである。その一方で、多くの人が身近で経験しているにもかかわらず、偏見や差別であることをとらえにくい微かな偏見や差別（subtle prejudice or discrimination）がある。[3] 平等主義が重んじられ、偏見や差別を容認しない社会的規範が浸透してからというもの、少数派集団の人に対してあからさまに偏見のある言動が向けられることはたしかに減っている。しかし、それはたんに見えにくくなっただけであり、偏見や差別は依然として存在し、偏見なく平等であろうとする人ですら無自覚の偏見をもち、少数派集団の人を差別する傾向にあることが、一九八〇年代以降の研究により明らかにされてきた。[4]

たとえば、ある候補者のプロフィールを見てその人物の適性判断をするよう白人大学生に求めた実験がある。[5] 候補者のプロフィールは研究者が意図的に作成したものであり、候補者の資質の有無が明確にわかるものとそうでないものが用意されていた。これらのプロフィールそれぞれの中ではさらに候補者の人種のみを変更したものが用意され、参加した大学生の半数が白人候補者のプロフィールを受け取り、同じ内容の黒人候補者のプロフィールを残りの半数が受け取るようになっていた。プロフィールから候補者の資質の有無が明らかにわかるとき、つまり、候補者の能力が明らかに高いときや低いときには、白人候補者と黒人候補者の適性判断に違いは見られなかった。資質の違いが歴然としていれば、人種にかかわらず、候補者を判断することができたのである。しかしながら、候補者の資質の有無がプロフィールから判断しにくいときには、参加者は黒人候補者よりも白人候補者を適任だと判断した。判断に迷うような曖昧な状況では、人種の違いを手がかりにして判断がなされてしまいがちなのである。

この例のような微かな偏見や、その偏見を手がかりとした差別は現実にも実行されている。ただし、差別をしている者は、自分が差別しているという自覚をもたず、自分のことを平等主義的だと信じ込む傾向があり、彼らはさらに、差別される側に同情的であり、少数派集団の人たちに対しての好意や同情を積極的に示そうとすることもある。[6] この無自覚の偏見がふとしたはずみで表に出ることもあるが、そこで本人が自分の偏見や差別に気づくとは限らない。ここでの偏見や差別は何らかの形で正当化され、差別した当人は自分のことを平等主義的だと思い続けることができる。たとえば、少数派集団の一人に嫌な感じを抱いたとしても、その感情が自分の偏見から生じた敵意や嫌悪であるとは考えず、そのときやりとりしていた相手の個人としての言動が自分に嫌な感じを抱かせるものだったと考えることができ、結果的に当人の偏見は放置され、微かな差別が続いていく。

このような微かな偏見や差別の有無を知ることは、心理学で用いられる実験や調査などの実証的な方法を用いていてアプローチしない限り、きわめて難しいといえる。

●健康と生命への脅威

これらの偏見や差別はたいした問題ではないと考えるだろうか。この分野の研究者がそうだと考えない理由はいくつかあるが、その中でも最大の理由といえるものが、偏見や差別の対象となる人の健康や生命が脅威にさらされることである。そこでの脅威には、緩やかに作用するものと瞬時に影響を及ぼすものとがある。

① 緩やかに作用する脅威

偏見や差別がそれとはわからないほど微かなものでも、それを向けられた者は、偏見のある者とのやりとりで発生した気まずさや不自然さを感じ取る。[7] 気まずさや不自然さを感じる原因が偏見や差別にあるかもしれないと彼らが思っても、個別の事例のみから偏見や差別だと断定することは難しいため、彼らは不安や緊張などの心理的負担を抱えることになる。この心理的負担が一時的なものにとどまるのであればよいが、自分自身が偏見や差別の対象になっていると感じることは、その人の精神的健康（例：自尊感情の低下、抑うつや不安状態の悪化）と身体的健康（例：心臓血管反応の悪化、肥満）をしだいに脅かしていく。[8]

さらに驚くことに、少数派集団の人たちが偏見や差別を受けやすい地域では、彼らの死亡率まで高くなることが確認されている。[9] 全米を対象として近年行われた大規模調査の結果においても、偏見の強い人（例：白人ほどには黒人に対して温かさを感じないと報告する人）が多い地域では、循環器系疾患を原因とする死亡率が高く、その傾向は白人よりも黒人において顕著であった。[10] オーストラリアやニュージーランドにおいても、少数派である先住民の経験する差別が、さまざまな側面での彼らの健康や生命を脅かすという結果が報告されている。[11] 日常のやりとりの中で偏見や差別の対象となることは、健康を害する行動（例：タバコ、アルコール、薬物を摂取する、健康医療のサービスを利用しない）に至る傾向を高め[12]、積もり積もって心身の健康を阻み、生命を緩やかに脅かしていくのである。

② 狙撃手バイアス

微かな偏見や差別によって瞬時に生命が奪われることもある。銃社会において発生する深刻な現象として知られる狙撃手バイアス（shooter bias）または武器バイアス（weapon bias）がそうである[13]。このバイアスは、狙撃ゲームのように「撃つ」か「撃たない」かを判断する単純な課題を用いて検討される[14]。たとえば、画面上で切り替わっていく風景の中に男性が出てきたとき、その男性が銃などの武器を所持していた場合には「撃つ」を選択し、携帯電話などの武器ではないものを所持していた場合には「撃たない」を選択する。画面に出てくる男性は白人または黒人のどちらかであり、参加者は迅速さと正確さを要求されながら、撃つか撃たないかの選択を繰り返していく。

白人大学生がこの課題を行うと、武器を所持した男性を彼らが正確に撃つ確率は、標的となる男性が白人のときよりも黒人のときに高くなる。また、武器を所持していない男性を誤って撃ってしまう確率は、標的となる男性が白人のときよりも黒人のときに高くなる。狙撃手バイアスとはつまり、狙撃が正確に行われたとしても、誤射だったとしても、白人よりも黒人が撃たれやすいというものである。

このバイアスは、警察官が容疑者に銃を向ける場面で大きな問題となる。この問題を精査している米紙『ワシントンポスト』によると、二〇一五年の一年間のデータでは、武器を所持していない黒人が警察官によって射殺される確率は、武器を所持してない白人が射殺される確率の七倍ほどである[15]。

少数派集団の人の命が軽視されていることを訴える大規模なデモが行われる事件であっても、生命の危機にさらされ緊迫した状態で即時の決断を求められる警察官の状況を考慮すれば、警察官を起訴することは難しく、警察官が起訴されたとしても、警察官による非人道的な行為があったことを示す明白な証拠がない限りは、警察官が有罪となることはない。狙撃手バイアスが、平等主義を重視する普通の人にも見られる現象だからである。

2　ステレオタイプ

普通に生活しているだけでも偏見をもち差別してしまうのはなぜだろうか。これには複合的な原因があるが、カテゴリー化とそれに伴って形成されるステレオタイプは、その原因として社会心理学において古くから検討されてきたものである。

●カテゴリー化

人は頭の中にイメージを描きながら生活する。そこでのイメージには、いま目の前にある視界から得た多くの情報が描き出されていたり（例：自転車に乗った男の子が向かってくる）、過去に経験したことが記憶から呼び起こされていたり（例：自転車に乗っていて交通事故にあったことがある）、言葉のような抽象的な概念で表現されていたり（例：「子ども」「自転車」「事故」）、これから起こるかもしれないことが予測として描かれていたりと（例：車が来たら自転車に衝突するかもしれない）、その内容は多様であり、すさまじいスピードで更新されていく。

ごく自然になされるこれらの処理を支える重要な要素はカテゴリー化（categorization）であり、これは、あるカテゴリーに含まれるもの（例：イヌ）とそうでないもの（例：ネコ）を瞬時に区別する過程である。人間とそれ以外の動物を区別し、人間の中でも男性と女性を、子どもと大人を、自分の属する集団の人とそうでない集団の人を区別するなど、人は、外見、動き、声、所属、言語などのさまざまな特徴を手がかりにして、乳幼児期から頻繁にカテゴリー化を行っている。[16]

カテゴリー化が行われると、一つのカテゴリーに含まれるもの同士の類似性が強調され（同化効果：assimilation effect）、同時に、そのカテゴリーに含まれるものと別のカテゴリーに含まれるものとの差異が強調される（対比効果：contrast effect）。これらの効果によって各カテゴリーの境界は明瞭になり（強調効果：accentuation effect）[17]、人間はより人間らしく、子どもはより子どもらしく、アジア人はよりアジア人らしく見えるようになる。私たちは、このようにできるだけ単純なイメージを描くことで思考を円滑にし、時間をかけずに容易に判断し行動することができるようになる。カテゴリーを用いた情報処理を繰り返した結果、さまざまな社会集団に対するイメージ、つまり、ステレオタイプが形成される。

●ステレオタイプの形成

日常でやりとりする集団についての情報にはステレオタイプに一致する内容が多いため、ある社会で広まっているステレオタイプはそこで生活しているだけで容易に知識として獲得される。個々の人物情報への接触が繰り返されることを通して、集団全体としての印象がしだいに形成されていくこともあれば（例：男性医師が登場する映画やドラマを繰り返し見ていると、医師といえば男性という印象ができる)、集団全体についての情報が最初から集約された形で与えられることもあるだろう（例：ある国の人たちが戦時中に残虐な行為を働いたという歴史を本や雑誌で読むと、その国の人は残虐だというステレオタイプができる）。実際の比率がどうであるかにかかわらず、ある集団が何らかの特性と組み合わされて情報として入ってくると、人はそれらの関係を知識構造に組み込みやすい性質ももち合わせている。[18]

このようにステレオタイプが形成されていくなかでは、偽の情報が組み込まれることもある。ある集団について入手した偽の情報をそのまま信じてしまうこともそうだが、個々人の情報を知っていくうちに偶然にも事実無根のステレオタイプが形成されていくことがある。実際には関係のないところに関係があるととらえてしまうことは、錯誤相関（illusory correlation）と呼ばれ、二つのまれな事柄に同時に遭遇したときに、それらの事柄同士が結びついた状態で記憶に残りやすくなることから生じると考えられている。[19] たとえば、自分とは異なる人種の選手がオリンピック競技で活躍するところをテレビで何度か見たとすれば、自分と異なる人種とオリンピック競技での活躍はどちらもまれな事柄であり、その人種であれば身体能力が高いと考えやすくなる。否定的な情報も同様であり、都会に住む人が犯罪で逮捕されたニュースを何度か見た場合、都会から離れた地域に住む人は、都会人と犯罪を結びつける可能性が高くなる。少数派と少数事例はともにまれな事柄であり、それらが同時に起こることで、事実を反映しないステレオタイプが形成されてしまうのである。[20]

●ステレオタイプの内容

ステレオタイプは一般的には否定的なもの（例：「子どもは無能だ」）に限られると思われがちであり、それがすなわち偏見だと見なされやすい。しかし、肯定的なステレオタイプ（例：「子どもはかわいい」）も無害ではない。自分では「かわいい」とほめたつもりが、相手にとっては「ばかにされている」と受け取られることがあるように、肯定的ステレオタイプを利用すると、他者から偏見のある人だと思われ、集団間の関係を悪化させかねないと判断されることがある。[21]

さらに、肯定的な特性と否定的な特性の両方を併せもつステレオタイプ（両面価値的ステレオタイプ：ambivalent stereotype）は偏見や差別を存続させる要素にもなる。[22] たとえば、専業主婦などの伝統的女性に対しては「温かいが無能だ」というステレオタイプ（慈愛的偏見：paternalistic prejudice）が、非伝統的女性に対しては「有能だが冷たい」というステレオタイプ（羨望的偏見：envious prejudice）が抱かれやすい。[23] 女性は能力よりも温かさを期待されがちであるため、[24] これらのステレオタイプの利用は、伝統的女性の賞賛と保護に、非伝統的女性の非難と排除につながり、結果的に、性役割や性差別の維持に貢献していると考えられる。[25]

●ステレオタイプとその自動性

ステレオタイプをどのようなものだととらえるかについては、過去にさまざまな議論があった。ステレオタイプという概念を社会科学においてはじめて用いたウォルター・リップマンは、ある社会集団について「私たちが頭の中にもっている画像」（pictures in our head）をステレオタイプとした。[26] それ以降、複数の側面からの定義がなされるが、[27] ステレオタイプの基本単位は、ある社会集団につけられたラベル（例：「子ども」）とそれに関連して呼び起こされる特性概念（例：「かわいい」「元気だ」「注意が足りない」）であり、これらが結びついた認知的な構造がステレオタイプだとされる。[28]

ステレオタイプをこのようにとらえられると、本人の意識の及ばないところでステレオタイプが作用し、どのような人でも差別をしてしまう可能性があることを説明できるようになる。ステレオタイプがあることで、ある集団に関する情報を受け取ったときには、その集団に結びついた特性概念も自動的に呼び起こされるからである（ステレオタイプ活性化[29]：stereotype activation）。この自動的な作用に頼って、人は瞬時の判断や行動を容易に実行することもできれば、ステレオタイプの利用を抑えて慎重に反応することもできる。たとえば、「子どもは飛び出す」というステレオタイプがあれば、子どもの飛び出しを未然に防止できる可能性が高まるだろうし、「子どもはかわいい」というステレオタイプを使わないようにすれば、子どもを甘やかしすぎることはないかもしれない。

ただし、ステレオタイプを利用するかどうかにあたっての制御は常に成功するわけではない。迅速な判断や行動が求められるとき、他のことに気をとられているとき、ステレオタイプの存在をとくに意識していないときなどには、ステレオタイプの自動的な作用の影響を受けやすい[30]。その結果、前節にある狙撃手バイアスのように、カテゴリーの情報（例：黒人）とそこから呼び起こされる特性（例：武器）の影響を受け、思ってもいないところで差別が生じることもある。

3 「我々」と「彼ら」の区別

日本人、家族、高齢者、大学生、看護師、黒い髪の人など、社会的なカテゴリーは豊富にある。それらのカテゴリーを処理するときには同時に、自分が所属する集団（内集団：ingroup）と所属しない集団（外集団：outgroup）の区別もなされている。ある集団に自分が所属しているという認識を社会的アイデンティティ[31]（social identity）といい、この認識をもつことで、個人として自分をとらえるときとは異なる心理的現象が生じる。たとえば、テレビでスポーツ観戦をしている際に、自分の応援するチームが勝てば、「私」が勝ったわけではないのだが、「我々」の勝利を味わうことができる。[32] 社会的アイデンティティは、個人としてではなく集団として動くことを可能にするとともに、集団に所属しているという感覚から得られる安定感や安心感は個人の心の支えにもなっている。[33]

偏見、差別、そして、世の中で起こる他の争いごとに、社会的アイデンティティはどのように関係するのだろうか。社会心理学の古典的研究として有名な泥棒洞窟実験（Robbers Cave experiment）と最小条件集団実験（minimal group experiment）を通してそれを見てみよう。

●泥棒洞窟実験

ムザファー・シェリフら[34]によって行われた泥棒洞窟実験は、サマーキャンプを利用した実験として最も著名なものである。この実験では、互いに面識のない少年たちがバスに乗ってキャンプ地である泥棒洞窟州立公園に到着し、はじめのうちは、洞窟探検、カヌー、炊飯などの集団生活を送っていた。少年たちはその生活の中で、自分の集団に名前をつけ、独自のルールやサインをつくり、互いの結束を強めていった。集団を形成するこの段階で、彼らの社会的アイデンティティは強いものとなっていったはずである。一週間ほど経つと、彼らはキャンプ地に別の集団がいるようだと気づきはじめた。この集団は、あらかじめ出会うことが計画されていたもう一つの少年集団であるが、まだ顔も合わせていない段階で、外集団の存在に不快感を示す少年も見られた。

少年たちが正式に対面したのは、集団同士で競い合うゲーム（例：ソフトボール、綱引き）の場だった。競争の場では「我々」に対して「彼ら」がいるという対比的な関係が目立ち、社会的アイデンティティから生じる効果も強くなる。[35] 少年たちが競い合った結果、それぞれの集団の中では少年同士の連帯感が強くなったが、集団同士は互いに敵対し、やじを飛ばし合う、相手の集団の旗を燃やす、殴り合うなどの攻撃的な行為まで観察されるようになった。その後、二つの集団が一緒に楽しめる競争のない遊び（例：映画、食事）をさせても、少年たちは相手集団の少年と遊ぶことを拒否し、集団間の葛藤は深まるばかりであった。

対立する集団同士の関係を良好にするには、それらの集団全体で共有することのできる目標（上位目標：superordinate goal）が必要である。[36] シェリフらは、集団同士が協力しなければ解決できない問題（例：水を供給するシステムの故障がどこにあるかを探す、動かなくなったトラックにロープをつけて引っ張る）をわざと発生させた。これらの問題に対して、ほとんどの少年たちが集団を問わず協力し、懸命に解決にあたるようになった。問題が解決されてからは、少年たちは相手集団を好意的に評価するようになり、他の場面でも、内集団と外集団という枠を超えてキャンプ生活を楽しむようになった。

社会的アイデンティティは状況に応じて生じる主観的なものであり、人は「我々」と「彼ら」の範囲を切り替えることで、同じ他者に対して攻撃的にも共感的にも反応することができる。上位目標をもった後の少年たちには新たな「我々」の範囲ができ、内集団と外集団の両方を含む社会的アイデンティティを利用できるようになったのかもしれない。[37]

●最小条件集団実験

社会的アイデンティティには、たんに集団に所属しているだけという弱いものから、その集団が自分の誇りや心の支えになるような強いものまである。シェリフらの実験では、キャンプでの共同生活を通して社会的アイデンティティが強くなっていた。社会的アイデンティティが最小のとき、つまり、内集団に対して外集団がいるという認識だけがあり、集団としての他の要素が何もないときにはどうなるだろうか。

アンリ・タジフェルらの研究グループは、集団としての要素が最小の集団（最小条件集団：minimal group）をつくり、集団として最小のその状況にどのような要素を加えることで差別が生じるかを追求しようとした[38]。最小条件集団は、抽象画を選択する課題やコイントスなどの結果によって、内集団と外集団を無作為に分けただけの意味のない集団である。実験の参加者は、自分がどちらの集団にいるかはわかるが、それぞれの集団にどのような人がいるかを知らず、構成員の誰とも交流することはなく、その集団にいることで参加者自身に利益があるわけでもない。

タジフェルらが最初に行った実験[39]の参加者は、二つの集団のどちらに自分が属するかを知った後、実験に参加していた他の人たちへの謝礼金額を決めてほしいと依頼された。参加者が他の人たちについてわかる情報は、それぞれの人の番号と彼らがどちらの集団に属するかのみだった。結果はタジフェルらも驚くものであり、最小条件の集団であったにもかかわらず、謝礼金額は外集団よりも内集団に多く分配されていた。最小のはずの状況にさらに何かの要素を加える必要もなく、差別が発生したのである。

外集団よりも内集団に好意的な反応をする傾向は、集団間バイアス（intergroup bias）、内集団バイアス（ingroup bias）、あるいは内集団びいき（ingroup favoritism）と呼ばれ、古くから研究対象とされてきた[40]。タジフェルらの最小条件集団実験はこれらの研究者たちの関心を集め、社会的アイデンティティを中心概念とした大きな研究の流れを作り上げた。その初期の段階の研究からは、集団間バイアスが、

①実験室から現実世界までのさまざまな状況で根強く存在していること、②外集団に非好意的な反応をするというよりも、内集団に好意的に反応する形をとりやすいこと、③本人の自覚なしに生じるものがあることがわかっている。[41]

●自覚しにくい集団間バイアス

内集団に対して無自覚に好意的な反応をする背景には、内集団に向けられた肯定的な感情がある。その感情を生じさせる原因の一つは、自分が慣れ親しんだ人や物、あるいは、自分と共通点のある人や物に対して肯定的な感情を抱きやすいという性質である。[42] この性質は、養育者などのなじみある他者や、同じ言語を話すなどの共通点のある他者に肯定的な感情を生じさせ、生まれて間もない頃からその感情を手がかりにして自分にとって有益な情報をもたらしてくれる人を区別し、その時々の環境に適した反応の選択を可能にしている。[43] 成人してからの集団間バイアスもその延長となる部分がある。

内集団に肯定的な感情を生じさせるもう一つの原因として、内集団に対して抱く期待がある。社会の中で安定した生活を送ろうとするなら、より多くの資源を内集団に集めたほうが有利であり、そうすることで内集団が強くなれば、自分だけでなく子孫の生存と繁栄にも貢献できるかもしれない。[44] また、日常生活では内集団の人たちとのやりとりが継続することが多いため、彼らに好意的に接していれば、集団の中で自分の評判はよくなるかもしれないし、誰かからの見返りがあるかもしれない。[45] これらの期待が肯定的な感情を引き起こし、それを手がかりとした好意的な反応が内集団に対してなされるとも考えられる。

結果的に、内集団の情報を処理するときには、外集団の情報を処理するときよりも肯定的な感情が伴いやすい[46]。それが判断や行動にまで影響するとは気づきにくいため、本人が平等主義的な立場を重んじていたとしても集団間バイアスが生じることがあり[47]、誕生日が自分と同じだというだけで他者に協力しようとする[48]、公平さを要求される陪審員役であっても内集団の罪を相対的に軽いと判断する[49]、外集団の人よりも内集団の人を雇用する[50]といったことまで起こってしまう。

●自己への脅威

内集団に好意的に振る舞うことは、それを自覚しているかどうかにかかわらず、直接的または間接的に外集団から機会や資源を奪ってしまうことになる。これは外集団の人たちにとっては脅威である。自分自身への脅威があるとき、たとえば、自尊心が傷つく、経済的な安定を失う、自分のもっていた価値観が脅かされるといった状況では、人は自分の集団を守り、外集団を差別する傾向を強める[51]。それは不満や反感だけでなく、攻撃的な反応として現れることもある[52]。互いの集団でこれを繰り返していけば、社会にあるさまざまな集団間葛藤が増加し、それらは解消されないまま続いていく恐れがある。

4　偏見や差別のない社会はない

「人は平等である」「偏見のない社会」「差別をなくそう」などの言いまわしは、物心ついた頃から繰り返し見聞きするものである。偏見や差別がなく、すべての人が平等である状態を好ましく理想的だと感じる人は多いが、同時に、その状態の実現が難しいことを知る人も多い。とりわけ、偏見や差別の問題に取り組む者は、その難しさを痛感していることだろう。前節までに見たように、社会によくある言いまわしとは裏腹に、偏見や差別はあまりに自然に発生し、維持され、社会のさまざまな場面でその片鱗を見ることができるからである。

ステレオタイプや社会的アイデンティティは人の生活には欠かせないものであり、それらから生まれてくる偏見や差別を根絶させることはできない。ただし、それで悲観的になる必要もない。社会あるいは個人の中にある偏見や差別の性質を知り、加えて、偏見や差別を否定する意志をもつことで、社会あるいは個人として、難しさを感じながらも、偏見や差別を制御していくことができると考えるからである。

これらの考えは、社会心理学において長らく行われてきた偏見や差別の研究から導かれている結論の一つである。本章では、この結論の中でも悲観的な側面が強調されているが、それは、ステレオタイプと社会的アイデンティティの性質から発生する問題を紹介することに重点をおいた結果である。偏見と差別の研究で得られた知見のうち、ここで紹介できたものはわずかにすぎない。私たちが直面している問題にはほかにどのようなものがあるか、平等主義規範を強調していくことに効果があるか、偏見や差別の制御が社会や個人によってどのように行われるべきか、現実社会にある集団間の葛藤を解消する方法としてどのようなものがあるかなどを含め、後続の章では、さらに興味深い問いに対する社会心理学の取り組みを見ていくことができる。

第2章

公正とシステム正当化

我々の住む社会は、規範や法律といった、暗黙の、および明文化されたルールのもと、総じて秩序だっており、何をしたらどのような結果が得られるのか、一定の精度をもって予測可能である。秩序や予測に従って行動すれば、効率的に日々の生活を送ることもできる。しかし、そのような予測が外れたり、秩序が乱されたりする現実も存在する。世界各地で発生するテロ、痛ましい事件や不運な事故に、突如として巻き込まれる可能性は誰にでもある。この現実を常に認識してしまうと、心理的なストレスは非常に強くなり、日々の生活にも支障をきたしかねない。本章では、公正世界理論とシステム正当化理論の紹介を通して、人が無秩序な状態や不公正な状況を嫌うこと、また、そのような現実に直面したときに、どのようにして秩序や公正さを取り戻し、心の安定を再び手にしていくのか、そのプロセスを考えていく。

1　公正世界理論

●公正世界信念とは

日本人の多くは、世代を問わず、一度は桃太郎の物語を読み聞かせてもらったり、絵本を読んだりしたことがあるのではないだろうか。桃から生まれた桃太郎が立派に成長し、鬼ヶ島へ鬼退治に行く。これまで人間に対して悪行を尽くしてきた鬼たちを懲らしめ、鬼たちが人間から奪っていた金銀財宝を意気揚々と持ち帰る……。この物語が伝えたいことは、「悪いこと（人間に対する悪行）をしたら、悪いことが起こる（懲らしめられる）」、「善いことをしたら（勇気をもって戦ったら）、善いことが起こる（金銀財宝を持ち帰り称賛を浴びる）」という、原因と結果の関係である。私たちは、幼少期に触れる絵本や、テレビ番組、実際の経験を通してこのような因果関係が――現実場面ではあてはまらないことも多々あるにもかかわらず――世界に安定して存在していると考えるようになる。そして、世界はこの法則に従って存在し続け、秩序だっており、そのような安定した状況で人はその人にふさわしい、分相応のものを得ているのだ（people get what they deserve）、という信念を身につけていく。このような信念をメルヴィン・ラーナー[1]は公正世界信念（belief in a just world）と呼んだ。我々は、お金や物の分配、決められた手続きを踏まえているかといった、目に見える形の公正さ以外に、過去の行いと現在得たものの因果関係においても、公正、不公正を認識し、そのバランスがとれている状態を好むのである。

公正世界信念は、我々が日常生活を送るうえで、ある種の安心感を与えてくれる。秩序などなく、日々が予測不可能で、悪事を働いた者が得をし、努力をした者が損をする場面が散見される世界を想像してほしい。おそらく、そのような世界では努力するだけ無駄であると考えるようになるだろう。銀行にお金を預けることすらためらうようになるかもしれない。なぜなら、不安定な世界ではいつ銀行が倒産するかもわからないし、騙されてお金をとられるかもしれない。世界が公正で安定しているからこそ、我々は長期的な目標に向かって努力を続けたり、自分自身に起こりうることは自分でコントロールできると考えたりできる。公正な世界を強く信じている人は、主観的な幸福感が高いという研究結果もある。[2]

公正な世界の存在を強く信じることは、時に他者を傷つける。信念に一致しない出来事——たとえば、道を歩いていて突然強盗に遭い、金品を奪われたうえにけがを負ってしまった人の話——を見聞きすると、公正な世界の存在が脅かされてしまう。そのような状況になると、我々はさまざまな手段を用いて信念の回復に努めようとするが、その手段の一つに、不運な目に遭った被害者を不当に責める被害者非難（victim derogation）がある。被害者非難が起こりやすい状況は、①被害者と自分の属性に類似点がある場合、②被害に遭った原因をどこにも帰属できない場合、[3]③被害者が長期的に苦しむ（被害の回復が望めない）場合、などが挙げられる。[4]性犯罪の被害に遭った女性に対して、同性である女性が時に強い態度で被害者を責めるようなコメントをすることがある。その背景には公正世界信念を維持しようとする動機が働いている可能性もあるだろう。

被害者非難を通した公正世界信念の回復に焦点をあてたミッチェル・キャランら[5]の研究を紹介しよう。この研究の参加者は、若い男性がイヌの散歩中に襲われて強盗に遭ったというニュース記事を読む。その際、犯人はすでに逮捕、処罰されたといわれる（悪いことをしたら罰せられるという意味で公正世界信念が維持される）条件と、いまだ逮捕されていないといわれる（世界の安定や秩序が脅かされている）条件を設定した（研究1）。その後、被害者非難に関わる項目（被害者のことを好きか、被害者に対する印象はポジティブかネガティブか、被害者の注意が足りなかったと思うか、など）に回答させた。次に、今回の研究とは関係のない、別の研究であるとの教示を受けて、意思決定課題への回答を求めた。じつはこの課題が、遅延割引課題（delay-discounting task）になっており、短期間で得られる小さな報酬と、長期間待つことで得られる、より大きな報酬のどちらを選好する傾向にあるかが測定されていた。もし、被害者非難をすることで、安定して秩序だった世界において人はその人にふさわしいものを公正に受け取っていると信じ続けることができれば（公正世界信念を維持することができれば）、長く待ってでもより大きな報酬を受け取る方を選ぶことができる。一方で、被害者非難をせず、世界は不安定で無秩序であると認識していれば（公正世界信念が脅威にさらされていたら）、長く待ったところで本当にその報酬がもらえるのか不安に感じ、少額でもすぐに受け取れる選択肢を選ぼうとする。先に示した条件の違いによって、選択される報酬の種類は異なるのだろうか。

結果は予想通りであった。つまり、犯人が逮捕されていない条件では、被害者非難をした程度が強い参加者ほど、長時間経過後に得られる大きな報酬を好んだ。一方で、犯人が逮捕、処罰されている条件では、このような関係は見られなかった。また、被害者非難をあまりしなかった参加者は、犯人が逮捕されていない条件で、逮捕、処罰されている条件よりも、短期間で得られる小さな報酬を好んだ。悪いことをした犯人がまだ逮捕されておらず、被害者が苦しんでいるという話を聞いて公正世界信念が脅威にさらされると、将来の見通しをもちにくくなり、すぐにもらえる、相対的に小さな報酬に対して、より魅力を感じるようになる。しかし、被害者を非難し、公正世界信念が回復すると、より大きな報酬を得るために安心して待てるようになるのである。被害に遭った人物の道徳的価値が低い場合（違法薬物の売人）でも、道徳的価値が高い場合（善良な一般市民）と比較して、長時間待って得られる大きな報酬を選好しやすくなった（研究2）。「道徳的価値の低い人物に起こった悪いこと」は公正世界信念と一致する因果関係であり、世界はこれまで通り安定していると信じ続けられる。その結果、より長期的な視点で報酬の選択が行われやすくなる。不運に見舞われた被害者に対する非難は、被害者を傷つける。しかし非難をする側にとっては、公正世界信念の回復を助け、その結果として長時間経過後に得られる大きな報酬のために短時間でもらえる小さな報酬を無視できるようになるのである。

2　二種類の公正世界信念と公正推論

過去の出来事と現在得られた結果が公正世界信念と一致しない場合（たとえば、善良な人が不慮の事故に遭った場合）、被害者非難ではなく、現在の不公正は将来必ず埋め合わされるとの期待を通して信念を維持することがある。ある出来事が起こった原因を、過去の行いによるものと信じる傾向を内在的公正世界信念（belief in immanent justice）と呼ぶのに対して、不公正によって受けた損失は将来的に必ず埋め合わされると信じる傾向を究極的公正世界信念（belief in ultimate justice）と呼ぶ。究極的公正世界信念は、信念を維持するために、実際に被害者に援助したり、埋め合わせの機会を提供したりする必要はない。また、不公正状況が生まれた原因をあらためて考え直す必要もない[6]。自分の知りえない、遠い先の未来、もしくは来世で、きっと被害者は報われるのだ、と信じるだけでよいのである。この信念が強いと、被害者の行動を責めるような被害者非難ではなく、自分は被害者のような目には遭わないはず、といった形で被害者と自分との間に距離をとろうとする傾向が強くなる[7]。

一方、内在的公正世界信念の強さは、その信念が脅威にさらされた場合に被害者非難につながりやすいが、加害者を通した信念維持にもつながりやすい。たとえば、加害に至る理由が理解できず、被害者の被害の回復も望めない場合、加害者の悪魔化（demonize）や患者化（patientize）といった非人間化（dehumanizing）を行う[8]。無差別テロの犯人に対して、「こんなひどいことをするなんて、人の仮面をかぶった悪魔だ」と糾弾することもまた、信念の回復に貢献する。非人間化は、加害者に対してしばしば直感的で法的妥当性に欠けた厳罰を求める傾向を生じさせやすく、更生や社会復帰の機会を阻む源泉にもなるため、注意が必要である。

以上のように、我々は公正世界信念を守るために、過去、現在、未来の出来事をつなぎ合わせ、事件や事故といった不公正な出来事の被害者と加害者に反応する。そしてその方略は、時に被害者や加害者を不当に傷つける可能性がある。どのような方略で信念を維持しようとするかは、利用可能な情報に加え、個人の信念の強さやその時の感情状態といった、じつにさまざまな要因によって影響を受ける。

●公正推論

持続的な信念体系として、内在的、究極的公正世界信念という概念があることはすでに述べたが、それぞれに相当する推論の過程を調べる研究も積み重ねられている。ここでは、他者に起こった出来事の原因や、その出来事を踏まえた将来の予想を、公正世界信念に沿う形で推し量る公正推論（justice reasoning）に注目した研究を紹介する。たとえば、車を運転していたところに街路樹が突然倒れてきて、運転中の男性が下敷きになり大けがを負ったとしよう。その被害者が、窃盗の罪で起訴され判決待ちの人物である場合、「この事故が起こったのは男性の日頃の行いの結果である」と推論する。また、事故に遭った被害者が、周囲から尊敬される善人だった場合、「この事故の経験を糧にして、よりよい人生を送るに違いない」、と将来的な埋め合わせを予期する。前者は内在的公正推論（immanent justice reasoning）、後者は究極的公正推論（ultimate justice reasoning）と定義される。このような非合理的で直感的な因果推論は幼少期においてよく見られ、成長するにつれて、より論理的で科学的な因果推論が行われるようになる。しかし成人においても、とくに感情が高ぶっていたり、不公正の程度が著しかったりする場合には公正推論が行われやすい[9]。不運だけではなく、他者が幸運を得たときも「日頃の行いがよいからだ」と考えがちである[10]。これらの推論は、被害者非難と同様に、公正世界信念を維持するために機能している[11]。

●公正推論の文化差と宗教心

公正世界信念や公正推論について議論するうえで、宗教心との関わりにも触れておく。多くの宗教では、過去の行いと現在の状況にはつながりがあるのだと説く因果応報に関する教えや、現在の苦しみから解放されるための場所（天国や極楽浄土）の存在が示されている。過去、現在、未来の出来事をつなぎ合わせて心理的安寧を得ていくプロセスは、内在的、究極的公正推論と密接な関わりをもつ。アネリー・ハーヴェイとキャランは、宗教心（この場合、キリスト教が対象）が強いほど、内在的公正推論、究極的公正推論ともに行いやすくなることを示した[12]。また、働くことそのものが報酬であり、人は禁欲的に生きる道徳的な責任を負っていると考えるプロテスタント的労働倫理（PWE：protestant work ethic）を強く意識していることと、公正世界信念の強さには関連がある[13]。ＰＷＥが強いと、社会的な劣位集団（黒人や肥満の人たち）を非難する傾向があることも示されている[14]。

日本人の信仰に関して、二〇〇八年に実施された国際社会調査計画（International Social Survey Program）を対象とした西久美子[15]による分析では、調査に参加した一二〇〇名の日本人回答者のうち、四九パーセントは特定の信仰をもっておらず、欧米と比較して信仰をもつ日本人は少ない。それでは、宗教心と強く関連すると言われるこれら二種類の公正推論を、日本人は欧米人と比較して行いにくいのであろうか。村山綾と三浦麻子[16]は、運転中に突然倒れてきた街路樹によって重傷を負った男性が窃盗犯であった場合と、周囲から尊敬される高校教師であった場合を題材に、公正推論の日米比較を行った。その結果、日米ともに、尊敬される高校教師よりも窃盗犯の方が内在的公正推論が行われやすかったが、アメリカよりも日本でその程度が強かった。究極的公正推論に関しては、いずれの国でも尊敬される高校教師が窃盗犯よりも将来の補償を期待されやすいが、全体としてアメリカで将来の補償がより期待されやすかった。また、日本よりもアメリカで将来の補償の予期がなされるという関係は、宗教心の強さによって一部説明されることも示された。つまり、宗教心が強いほど、将来の補償の予期を行いやすいのである。

上記の研究では、アメリカ人サンプルの多くがキリスト教信者であったのに対して、日本人サンプルの多くは特定の信仰をもっておらず、文化による要因と信仰の有無による要因との切り分けが難しい。また、キリスト教や仏教を含む、世界の宗教の多くには、善行には徳を、悪行には罰を、という考え方がある。信仰する宗教の違いはあれども、信仰心そのものに内在的公正推論を強める効果があるかもしれない。そこで、信仰の有無（アメリカではキリスト教、日本では仏教）によって参加者をスクリーニングし、日米で再度同様のシナリオを用いて内在的公正推論の程度が別の研究で比較された[17]。すると、アメリカではキリスト教を信仰する人たちの方が、信仰をもたない人たちよりも、内在的公正推論を行いやすかった。一方、日本では信仰の有無に関係なく、悪い人物に対して強く内在的公正推論を行うことが明らかになった。また、全体として、アメリカ人よりも日本人が内在的公正推論を行いやすかった。欧米では公正推論のしやすさを宗教心の強さや信仰の有無で説明できるのに対して、日本では別の要因が影響している可能性が示唆される。また、日本人は特定の信仰をもたないがゆえに、遠い未来の出来事の予測をもって公正世界信念を維持する戦略に長けていない可能性もあるだろう。それゆえ、現在の状況を過去の出来事から推論する内在的公正推論がより極端になるのかもしれない。加えて、宗教ではなく、冒頭で紹介したような因果応報が関わる昔話や時代劇に、幼少の頃から多く触れてきた経験が内在的公正推論のしやすさに関連しているかもしれない。

3 システム正当化理論
——格差に対する公正感

●システム正当化理論とは

事件、事故のように、他者に起こったある特定の出来事から認識される不公正のほかに、我々は、社会制度やシステムから生じる貧富の差、性別や人種に基づく社会的優位・劣位集団といった集団間格差に見られる不公正にも日々直面している。「人はその人にふさわしい、分相応のものを得ているのだ」という公正世界信念の考えは、社会的に恵まれている集団の成員にとっては、自分の立場の正当性を主張するために都合よく機能するだろう。しかし、恵まれていない集団の成員にとってはどうだろうか。現状の不公正を、ふさわしさの視点だけで認識しようとすると、自己非難や劣等感にさいなまれてしまう。社会制度やシステムが生み出す不公正は、自分自身が序列のどこに位置していようが当事者として認識されうる。現状の社会秩序が関わる不公正をどのように認識すれば、心理的安寧を得られるのだろうか。

ジョン・ジョストらは、我々がこのような不公正な現状に折り合いをつけようとするプロセスを、システム正当化理論（system justification theory）で統合的に説明しようと試みている。[18] この理論によると、人には現状の社会システムを、そこに存在しているという理由のみで正当化しようとする動機（システム正当化動機）がある。なぜなら、人は不確実で無秩序な状態を嫌うがゆえ、たとえ現状のシステムに問題があったとしても、それを織り込んだうえで予測可能な社会の方がはるかに心地よいと考えるからである。現状の社会秩序の肯定は、恵まれた、社会的に優位な集団の成員にとっては自尊心の高揚にもつながり精神状態を安定させる。恵まれない、社会的に劣った集団に属する成員にとっては、現状の肯定は自尊心を低下させ精神状態の悪化につながる。しかし同時に、現状を受け入れさえすれば、「なぜ私はこのような恵まれない集団に属しているのか」という、個人レベルでは解決が困難な問いからは解放される。個人や所属集団の成功に対する関心が薄い場合、恵まれない劣位集団において現状のシステムを受け入れる傾向はさらに強くなるという。

システム正当化理論は、公正世界理論と同様に、人が公正さ（fairness）や正統性（legitimacy：権力や制度による支配の根拠を、被支配者を含め受容しているかどうかに関わる概念）を求めようとするととらえている。ただしその背景に、環境に対する統制感や、不公正状況の回復に対する欲求のみが仮定されるのではなく、現状のシステムを「正当なもの」と合理化できればよいのだと考える。この点において、システム正当化理論は、公正世界理論を包含する形をとっているといえるだろう。現状が正当であると見なす根拠に真の正義の存在は必ずしも必要ではなく、イデオロギーに基づく信条や社会的学習を通して合理化ができればそれでよい。公正世界信念に関わる多くの研究は、公正世界信念の個人差と被害者非難を通した目に見えやすい信念の回復過程に焦点があてられているが、システム正当化理論は、より幅広い原因（特性、状況、文化）と結果（イデオロギー、正義、集団間関係）の関係（現状が正当で必要不可欠なものであることは社会的に妥当なのだという信念）を対象に理論化を試みている点が特徴的といえるだろう。[19]

アーロン・ケイら[20]は、責任の所在や個人的な損得勘定とは無関係に、人が現状を合理化し受け入れようとする傾向にあることをシステム正当化の観点から示した。二〇〇〇年のアメリカ大統領選挙は、最終的な開票結果が出るまで共和党候補（ブッシュ）と民主党候補（ゴア）のどちらが勝つのか予測できないほどの接戦であった。投票の一週間前に、合計二八八名の共和党支持者、民主党支持者、無党派層の人々に対して二人の候補者が大統領になることの望ましさについて、それぞれ回答を求めた。その際、一方の候補者がもう一方に勝利する確率の情報を五段階設定し、そのうちの一つが呈示されるようにした（例：ある条件では「共和党候補者が勝利する可能性が非常に高い」と呈示され、別の条件では「民主党候補者が勝利する可能性が非常に高い」と呈示される）。望ましさの得点を比べたところ、全体として支持政党の候補者が、勝利する可能性に関係なくより望ましいと評価されていたが、共和党、民主党のいずれを支持するかに関係なく、勝つ可能性が非常に高いと示された候補者に対する望ましさの

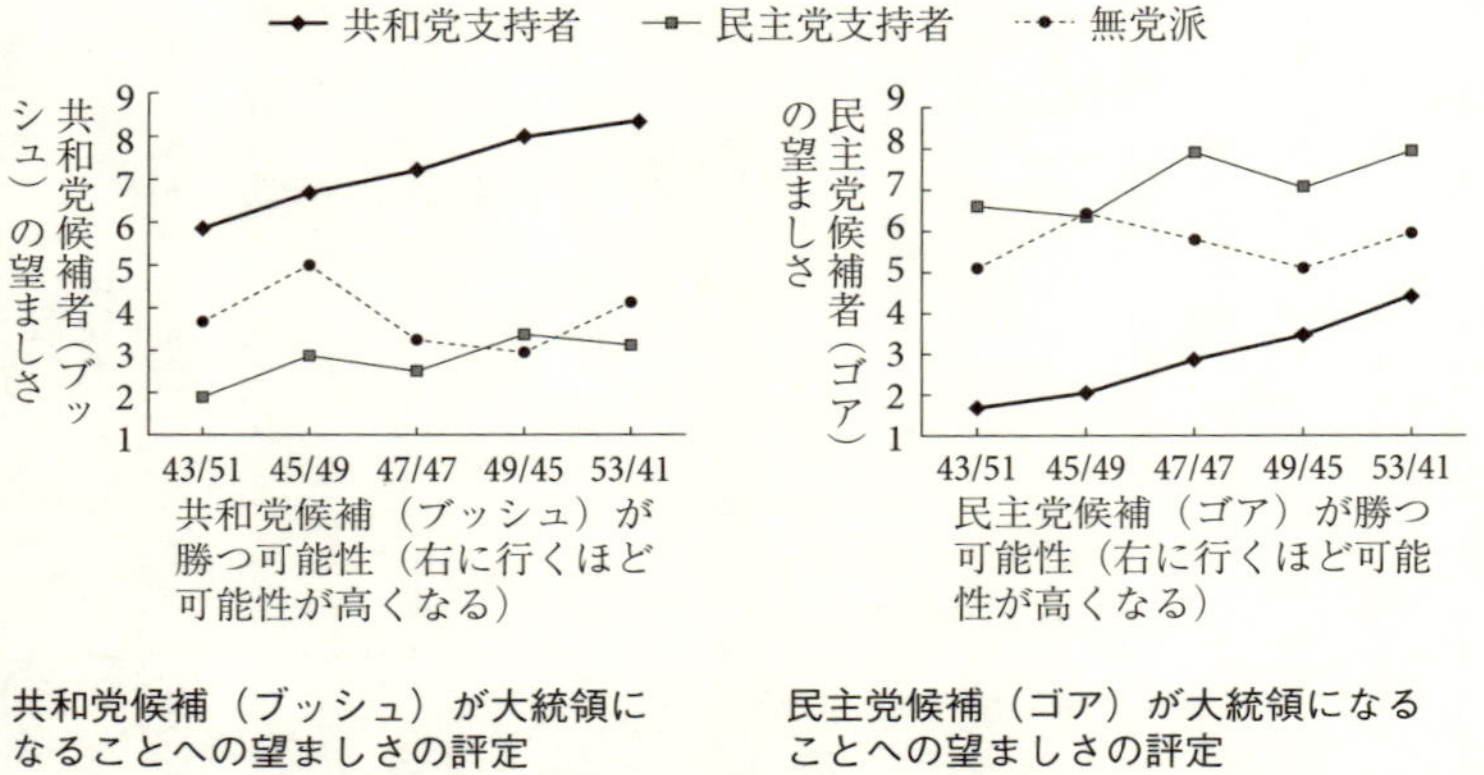

図 2-1　共和党候補，民主党候補が大統領になることの望ましさと候補者の勝つ可能性 [21]

（注）　たとえば，左図の 43/51 は，ブッシュが勝つ確率は 43％，ゴアが勝つ確率は 51％と呈示された条件における，ブッシュの望ましさの程度の平均値が示されている。

得点が高くなった（図2－1）。この傾向は、無党派層、つまり、選挙に対してあまり関心のない人たちの間では見られなかった。対立候補の勝利は、本来であれば受け入れがたい事実のはずだが、勝利の可能性が高いと示されると、それを受け入れ、「支持しない政党の候補者だが、この人物は大統領としてうまくやるかもしれない」といった、現状の予期的合理化が見られるのだ。

●「すべてを手にする人はいない」——相補的ステレオタイプを用いた合理化

先に示したように、「人はその人にふさわしいものを手にしている」という考えのみで現状の不公正に対処していては、劣位集団の成員は常に自尊心が低い状態となってしまい、あまりに酷である。そこでシステム正当化のプロセスにおいて、別の方略——すべてを手にする人はいない（no one has it all）——が利用される。映

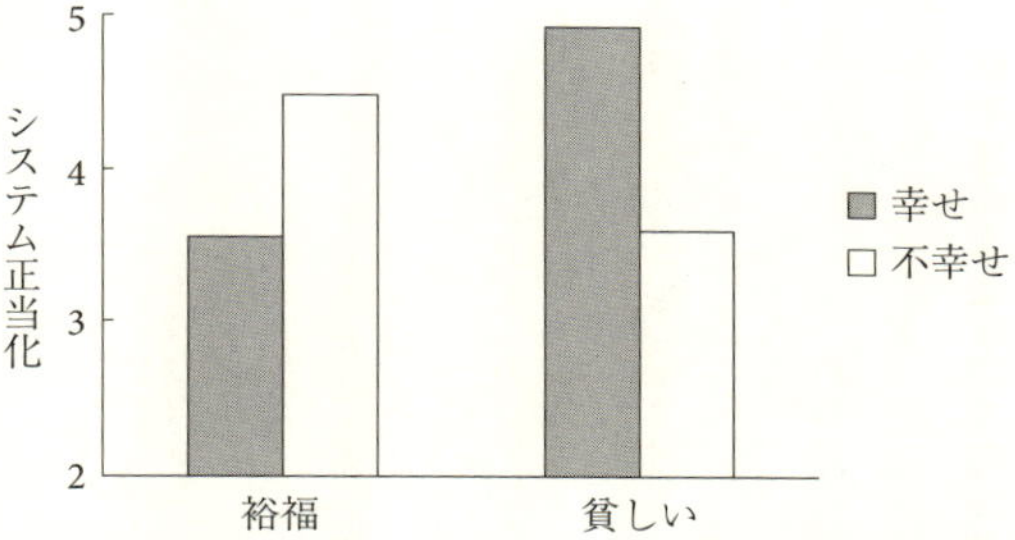

図 2-2　相補性ステレオタイプがシステム正当化に及ぼす影響 [23]

画やドラマで、富を得たが孤独な人物、成功を収めたものの意地悪で狡猾な人物、貧困に負けず幸せな日々を送る人物、が描かれている様子を見たことはないだろうか。これらはすべて、望ましい特性と望ましくない特性が組み合わされている。ケイとジョスト[22]は、このような相補的なステレオタイプが、現状の社会システムを肯定的に受け入れるための手助けをしていると考えた。この仮説を検証するために、①裕福で幸せ、②裕福で不幸せ、③貧しくて幸せ、④貧しくて不幸せ、の四パターンのいずれかの特徴をもつ人物を描写した短い文章を呈示した後、現状の社会システムがどの程度正当なものであるか尋ねる項目に回答させた。すると、相補的なステレオタイプを示す②と③の文章を読むと、①と④の文章を読んだ場合よりも現状の社会システムが受け入れられやすかった。「すべてを手にする人はいない」に合致する情報に触れると、現状のシステムが公正で正統であると認識されやすくなるのである（図2-2）。

「人はその人にふさわしいものを手にしている」と「すべてを手にする人はいない」は、うまく使い分けられ、現状のシステムの正当化認知に貢献する。ケイら[24]は、どのような使い分けが行われているのかを明らかにするために二つの実験を実施した。まず、参加者に自国の経済、社会、政治状況が悪化しており多くの国民が国外への移住を考えているとする、現状のシステム不全が強調された情報（システム脅威）を与えてシステム正当化動機を高める条件と、システム脅威を与えない条件を設定した。その後、社会的勝者（この場合は権力者）もしくは敗者（この場合は肥満）がどのような特性をどの程度持ち合わせていると思うか尋ねた。すると、システム脅威にさらされると、得られた結果（社会的勝者 or 敗者）と関連が強い特性（知性や独立性 or だらしなさ）については「人はその人にふさわしいものを手にしている」と考えて、勝者をもち上げ（権力者は知的で独立的だろうと判断）、敗者を非難（肥満の人はだらしないだろうと判断）した。一方で、関連が弱い特性（幸福さ or 人づき合いのよさ）については、「すべてを手にするものはいない」と考えて、社会的勝者をけなし（権力者は不幸せだろうと判断）、敗者をもち上げる（肥満の人は人づき合いがよいだろうと判断する）ことが示された。

続く実験でも、得られた結果と関連が強い特性には、因果応報的な関係（つまり、「人はその人にふさわしいものを手にしている」に合致する状態）を示された方が、得られた結果と関連が弱い特性には、相補的な関係（つまり、「すべてを手にする人はいない」に合致する状態）を示された方が、現状の社会システムを受け入れやすくなった。前者がシステム正当化動機を満たすための手軽でわかりやすい戦略であるのに対して、後者は、潜在的に正当化動機を満たしているのではないかと考えられている。

●現状の肯定を促す宗教の教え

宗教がシステムの正当性認知のために果たす役割も大きい。多くの宗教は、格差や不公正な序列に対する解決策を提供しており（たとえば死後の世界での罰や報い、前世の業）、これが現状のシステムを受け入れやすくさせる。過去の行いから生じた現在の出来事を公正で正統なものと捉えられれば、現状の社会秩序もまた、受容するべき存在となる。実際、宗教心が強いほど、システム正当性認知がなされやすい[25]。しかし、強力に機能するあまり、差別や偏見を助長しかねない宗教上の教えやしきたりを、劣位集団も含めて受け入れることがある。その一つの例が、性差別やジェンダー差別である。宗教的に重要な意味をもつ施設や地域に女性（または男性）が入ることを認めない女人禁制（または男子禁制）のルールや、妻は夫に付き従うべきであるとする、家庭内での性役割に関わる教えなどは、現代の社会状況になじまない場合が増えてきているにもかかわらず、いまだ堅持されがちである。大相撲の土俵に女性が上がれないのも、初日の前日に執り行われる「土俵まつり」から、千秋楽の「神送りの儀式」までの一五日間、土俵には神が宿っており、神聖な場所であるため女性は立ち入っていけないという神道の教えが根拠となっている。宗教的なイデオロギーとシステム正当化の関係は、複雑かつ大きな研究テーマである。今後、社会心理学的な視点からさらなる検討が進められることが期待されている。

4　おわりに

本章では、人がさまざまなレベルで生じた不公正状況を目のあたりにしたときに、どのような方略を使って公正感を取り戻し、心理的安寧を得ようとするのか、そのプロセスに注目した。そして、公正世界理論とシステム正当化理論の二つを取り上げ、それぞれの理論を支持する研究知見を紹介してきた。不確実で秩序がなく、混とんとした世界を人は好まない。それゆえ、そのような場面に直面すると、被害者非難、被害者に対する将来的な補償、加害者の非人間化、現状のシステムの合理化などの手段を用いて秩序を取り戻そうとする。そしてその過程において、時に他者を傷つけたり、現代社会ではすでに意味をなさないシステムや制度が維持され続けるといった弊害を生み出したりする。これらの方略がしばしば無意識的、直感的に選択、実行されるという事実に極力自覚的でありたい。

第3章

偏見・差別をめぐる政治性

——象徴的偏見とイデオロギー

偏見や差別のない社会を望む気持ちは、多くの人々に共通したものであるに違いない。しかし、具体的にどのような方法を用いて、偏見や差別を解消するべきかという問題になると、必ずしもみんなの意見が一致するわけではない。ある特定の政策を採用して実施しようとすると、たいてい、それとは利害の一致しない人々が他方にいることが明らかになるからである。政策の選択には意見の衝突がつきものであり、またそれを解決する際には、力関係がものをいうことが多い。この意味において、偏見や差別の解消は、政治性を帯びた問題である。つまりそれは、「他人を色メガネで見るのはよくない」「すべての人が平等に扱われるべきであることは、誰にでもわかるはず」といった、道徳論や理想論だけで解決できるものではなく、さまざまな集団がどのように扱われることが社会的正義であるといえるのか、またそれを実現するために行使が許される権力とはどのようなものなのかについて、異なる価値観や主張が衝突するなかから、選択と決定を行うことが求められる問題なのである。

本章では、偏見・差別をめぐる政治性と、それに関係する心理過程について考える。はじめに、差別や格差の解消のための政策が成果を収める一方で、新しいタイプの偏見が生み出される可能性について述べる。この議論は主として、アメリカ社会における人種問題に関して行われてきた経緯があるため、取り上げられる題材や理論のもとにある考え方はアメリカ社会の実情を反映しているという特徴をもつ。続いて、他の地域や分野における偏見にも同様の心理構造が関係している可能性について述べる。次に、政治的イデオロギーと偏見の関連について論じる。イデオロギーは、「社会の変革か、安定の維持か」といった問題に関わる政治的態度や、政策決定に強い影響を与える価値意識で、変革あるいは現状維持を志向する動機づけの過程が、これに関与すると考えられている。そして、こうした価値志向的動機は一般に、客観的な事実に関する論理的推論、すなわち高次の認知過程にまで影響を与えることが知られている。そこで、イデオロギーに根ざした動機的過程が偏見を伴った認知へと至る過程も、主要な問題として取り上げる。

1　象徴的偏見

●現代流の偏見

一九六〇年代を中心に、アメリカ合衆国全体で広がった人権運動の影響、そしてその後の教育改革により、一般の人々がもつ偏見の内容には顕著な変化がもたらされた。たとえば、有色人種が白色人種よりも「劣っている」と考える人や、男性ではなく女性が家事や育児を担うことが、本来の家族の姿、社会のあり方だと信じる人々は、以前に比べて明らかに減ったと考えられる。また、人種や民族、宗教などを理由に、就職や結婚などにおいて差別的待遇を行うのが正しくないことは、誰もが認めることであろう。だから、アメリカ合衆国にかつて、こうした差別的処遇をむしろ法的に認める州が存在していたことには、アメリカ人の間ですら否定的な反応が多い[1]。こうした「古典的」(old-fashioned)な人種偏見が姿を消す一方で、少数者が急激に権利を拡大することに対する、多数者(つまり白人)の反感が、新たなタイプの偏見を生んでいるという指摘が、一九七〇年代頃からなされるようになった。「現代的レイシズム」(modern racism)あるいは「象徴的レイシズム」(symbolic racism)などの名で知られるのが、それである[2](くわしくは第6章を参照)。その中心にあるのは「公民権の拡大により黒人に対する偏見・差別は解決済みで、今日ではそのような問題は存在しない」→「それなのに黒人は急速な地位向上を求めすぎる」→「したがって、彼らが受けている優遇処置は不当である」という信念で、一見すると三段論法のような論理性を備えているかに見える。もちろん、黒人をはじめとする少数者の地位向上は、いまだ不十分というのが実情なのであるが、上に述べた見かけ上の「論理」が、一部の人々の共感を呼んでしまうのだと考えられる。また、「他の少数者集団は自力で困難を克服してきたのだから、もしいまでも黒人に不遇が認められるとしたら、それは本人たちの努力不足のせいだ」といった言説も、これに伴ってしばしば現れる。

象徴的レイシズムという名称の由来は、一つには、黒人やヒスパニック系など人種的少数派の権利拡大を象徴する種々の優遇政策が、典型的な批判や攻撃の的となることにある[3]。その基礎にある心理過程としてデイヴィッド・シアーズらは、以下の二種類の要素に着目する[4]。その第一は、黒人全般に対して生じる不安、恐れ、嫌悪といった感情、あるいは自動的に活性化する認知表象である。そこには、異なる人種に対する単純な不安や脅威の知覚もあれば、暴力や犯罪といったイメージと結びついたステレオタイプの活性化もあるだろう。第二の要素は、「黒人による行きすぎた権利主張は、自助努力を重視するアメリカ社会の伝統に反する」という価値観である。これは、次節で述べる北米的な保守イデオロギーと強く関連しており、また道徳的ニュアンスをも含んでいる点も注目される。そして、ネガティブな感情と自助努力のイデオロギーというこれら二種類の要素は、互いに相乗効果をもち、「イデオロギーのゆえに生じるネガティブ感情と、ネガティブ感情のゆえに生じるイデオロギー的解釈」といった複合的心理過程が、少数者優遇政策への反感を招く。それは世論調査の結果にも示されている。[5]

●政治的な意義

象徴的レイシズムの重要性は、政治的争点としての人種問題において顕著に表れる。その端的な例が、「象徴的レイシズム尺度」を用いた一連の研究結果に見られる。[6] この尺度は、先に述べた「人種差別は過去の問題」「黒人は権利を主張しすぎ」「黒人の不遇は本人たちの怠慢が原因」といった観点への賛否を問うもので、これにより有権者の象徴的レイシズムの強さを測って、黒人やヒスパニック系など人種的少数派の候補者に対する投票行動や、少数者の地位向上を目的とした政策への賛否に与える影響を分析するのである。その結果は、少数者の地位拡大について多数者（白人）がもつ、現実的な利害感情も重要な予測要因であるものの、しばしばそれを上まわる予測力を象徴的レイシズムがもつことを示している。すなわち、近隣に占める黒人・ヒスパニック系住民の比率がきわめて低い地域でも、また犯罪などの危険を感じることがほとんどない地域でも、そして、これら少数者の進出によって実際に家計が圧迫されたわけでもない人々の中にも、彼らの権利擁護に賛成できないという意見が見られるのである。選挙結果の分析などで、「生活に困窮した白人層が少数者に対する反発を示した」といった解釈が行われるのを、目に（耳に）することがあるが、そうした現実的な要因よりも、黒人やヒスパニック系など少数者集団全体に対する、漠然とした象徴的レイシズムの方が、より大きな影響を与える場合があるというのが、「象徴的政治行動」（symbolic politics）に関する実証的事実なのである。

象徴的政治という観点が有用なのは、人種問題だけに限らない。たとえば、女性の急速な社会進出に対する反感が、保守的・伝統的価値観との交互作用によって「象徴的セクシズム」を生起させる可能性があることは、前段までの議論から容易に推論されるであろう。[7] LGBTなどの性的指向性における少数者が、ネガティブな感情と保守イデオロギーによって反発を受ける過程についても同様である。つまり、人種問題に限らずさまざまな集団を対象とする偏見の中に、「象徴的偏見」と総称することができる共通点が見出されるのである（第6章も参照。また障害者への偏見について第8章も参照）。

さらに近年では、「多文化主義」（マルチカルチュラリズム：multiculturalism）に基づく政策への賛否にも、象徴的政治という特徴が見出される。たとえば近年のアメリカ合衆国では、親が不法滞在者であってもアメリカで出生すれば市民権を与えるべきだとする考えや、英語以外の言語も公用語として認めて学校教育や公的情報における使用を保障すべきだといった主張の、是非が問われている。これらは「アメリカとはどのような国か」「アメリカ人とは誰か」という国民アイデンティティの中核に関わる政策だといえる（第7章も参照）。ここでも、移民や人種的少数者に関する抽象的で漠然とした感情や、「アメリカ的価値」に関わるイデオロギー的信念が、重要な影響を及ぼす。それは、「愛国心」[8]などの具体的な国民意識と同等の影響を与えうることが、実証研究により示されているのである。同様の現象は、次に述べるように、北米に限らず世界各地で見出されている。

●世界に広がる象徴的偏見

あからさまな表現による古典的偏見に代わって、間接的で象徴的なニュアンスをもって表現される新種の偏見は、ヨーロッパをはじめ他の地域でも広がりつつある。[9] 移民や難民に対する排外的態度は、その典型的な例といえる。すなわち、移民の増加によって自身の経済状況や地域の雇用が脅かされるといった実利的な要因よりも、「私の国は他のヨーロッパ諸国よりも多くの移民を受け入れている」という知覚や、「国としての文化的一体性」の志向といった象徴的信念、さらには保守イデオロギーなどの方が、反移民感情を規定する要因として、より大きな説明力をもつことが示されているのである。[10] また、移民排斥をスローガンとする、いわゆるポピュリスト政党が、必ずしも移民の居住率が高い地域でだけ支持されているわけではなく、むしろ地域経済の景気全体など、移民以外の要因の影響が大きいという指摘もある。[11]

先に述べた、多文化主義をめぐる問題にも、同様の議論があてはまる。具体的には、一つの国家の中に複数の公用語や自治政府の存在を求める運動、スカーフの着用に象徴される宗教的慣習の禁止（あるいは許可）、そしてもちろん、移民や難民の受け入れに関する政策などへの賛否が、熱い論争と運動を引き起こしている。そのいずれにおいても、集団間の感情とイデオロギー的価値観に基づく象徴的政治の心理が、多かれ少なかれ偏見や葛藤の原因となっていると考えられる。

では、日本の状況はどうであろうか。人種や民族性に関わる偏見についてのくわしい説明は第6章に譲るとして、他の分野においても、少数者集団に対して象徴的偏見が存在することは、十分に考えられる。「生活保護を受けているわりには、ぜいたく品をもっている」といった不当な批判などは、その典型的な例といえるであろう。社会的弱者に対する保護を過剰な優遇と見なす背景には、自助努力の価値観に基づいた解釈と、おそらく軽蔑などの感情が複合した過程が働いていることが予測できる。同様に、「分《ぶ》をわきまえよ」と言わんばかりの偏見は、字義通り、まさに弱者であるがゆえに向けられやすいものであるといえる。障害者や高齢者、あるいは性的マイノリティや生活困窮者などが、極端な場合には暴力の対象にさえなる背景には、こうした心理過程があるのかもしれない。さらに、移民や難民の受け入れ実績が国際的水準と比べてきわめて低いという日本社会の特徴も、その根底に、こうした象徴的偏見が働いている可能性を考えてみる必要がある。

2　偏見とイデオロギー

●政治的イデオロギー

政治的な意思決定に重要な影響を与えることが知られている信念体系の一つに、イデオロギーがある。イデオロギーの定義は、それが用いられる文脈によって、また研究分野によってさまざまであるが、本章との関連が深い「政治的イデオロギー」に限って述べると、「どのような社会秩序が適切で、それがどのように確立されるべきかに関する、信念体系」というのが、社会心理学分野における代表的な定義である。そこには通常、社会の原則をめぐって、互いに対立し合う価値観が含まれていて、それぞれが一定の集団に共有されていると考えられている。また、認知的・感情的・動機的要素からなる点も特徴であるとされる。[12] 具体的には、そこには「保守」「リベラル」という陣営間の対立が想定されており、欧米をはじめ多くの政治体制においては、それぞれが「右」「左」とも表現される[13]。政党支持との関連も一般に認識されていて、たとえばアメリカ合衆国の場合、前者が共和党支持、後者が民主党支持を指すと、多くの有権者が理解していると考えられる。欧米の研究には「あなたの政治的傾向は、『保守・リベラル』のうち、どちらに近いですか？」といった質問、しかもたった一問に対する回答をもって「政治的イデオロギーの尺度」とする例が散見されるが、その背景には上記のような事情がある。

●政治的イデオロギーと個人差

イデオロギー研究における代表的な社会心理学者であるジョン・ジョストは、保守イデオロギーの心理的特徴として、「変化に対する抵抗」と、「不平等の容認」を指摘する[14]。裏返していうと、リベラル主義の特徴は、変化に対するオープンな態度（開放性）と、社会的平等の希求ということになる。実際、リベラル主義者が概して、社会的弱者や少数派の権利拡大について好意的であることや、他方の保守主義者が、社会に共有された権威や伝統的価値、そして社会的秩序の維持を重視するのは、それぞれ、社会的変化に対する開放‐抵抗の差異であると解釈できる。また、不平等の解消を重要視するリベラル主義政策には、法的規制や、政府など公権力による介入が伴うのが典型的であるのに対し、保守主義者が「小さな政府」や自由競争原理を主張するのは、すでに有利な地位にある多数派の現状維持にとってそれが望ましいからだと考えることができる。

保守イデオロギーの二つの特徴のうち、まず変化への抵抗という心理的特質に着目して、社会的弱者や少数者に対する偏見の源泉を明らかにしようとした初期の試みは、おもに性格研究の分野で進展を見せた。その代表的な例が「右翼的権威主義」[15]（right-wing authoritarianism：RWA）に関するものである。ＲＷＡとは、「この世界は危険に満ちている」という全般的な信念に基づいて、急激な社会変動による伝統的な価値の変化や喪失、さらには弱者による反逆に「脅威」を感じる性格傾向を指す。そして、保守主義者の、伝統や権威への回帰や服従といった行動傾向は、そうした脅威への反動であるという説明がなされる。性格特性としてのＲＷＡは、保守的な政策や政党への支持、そして社会的弱者に対する攻撃性や偏見、差別的待遇の容認といった態度と関連することが、多くの研究から明らかになっている。[16] とくに、多数派社会にとっての脅威の知覚が、ＲＷＡと少数派排斥との関連を増幅させるという知見は、ここで想定される心理過程について実証的根拠を与えたものといえる。[17]

一方、不平等の容認と関連が深いと考えられるのが、「社会的支配傾向」（social dominance orientation：SDO）である。これは、「弱肉強食は社会の基本的原理だ」という信念をよりどころとし、より強い権力をもつ集団とそうでない集団に分かれるのは社会システムの必然だと考え、集団間の優劣の差や上位集団による抑圧は、安定した社会秩序のためにむしろ必要であるとさえ見なす傾向だとされる。[18] いわば社会的優生思想の素人理論版である。個人差変数としてのＳＤＯを測る質問紙尺度には、「社会にとって、より有益な人たちと、そうでない人たちがいる」「すべての人々の平等といったことに関心を払うのをやめれば、この国はもっとよくなる」などの項目が含まれている。こうした特徴から明らかなようにＳＤＯは、不平等の容認という保守主義の特徴と強く関連している。

社会的少数派に対する偏見を見る限り、保守主義者の方によりそれが強く現れることを示す研究結果は、たしかに多い。[19] また、性格特性を手がかりとした分析は、この関連を生じさせる心理的要因について示唆的である。しかしこうした論法は、「〇〇主義者は偏見が強い」といった、まさしくステレオタイプ的な考えや、「偏見は性格によるのだから変えられない」といった決定論的な思考を招くおそれもある。実際、社会心理学、分けても集団間の対立や偏見の分野における研究者にはリベラルな観点をもつ者が多いため、研究目的や結果の解釈に、「リベラル・バイアス」が存在するという指摘もある。[20] そこで、性格特性を超えて、人間の多くが共通してもっている心理的原理に着目した分析を行うことが重要となる。それは、偏見やイデオロギーに限らず、人間の心理過程全般に関わる考察にとっても、重要な意義をもつ。なぜなら、どのような心理過程が、どのような条件のもとで特定の様式をもって発動すると、それが特定のイデオロギーや偏見となって現れるのかを、明らかにすることにつながるからである。こうした観点に立った研究の成果を、以下に見ていくことにする。

●政治的イデオロギーと心理過程

個人差の観点からではなく、イデオロギーが多くの人々の認知や行動に影響を及ぼす可能性と、その心理的原理について重要な枠組みを提供しているのが、ジョストらによる「動機づけられた推論過程」(motivated reasoning) に関する論考である。これは、先入観を維持しようとする動機づけが、高次の認知過程にまで及ぼす影響に関する分析である。そこではとくに、「認識的」(epistemic)、「実存的」(existential)、「関係的」(relational) という三種類の動機づけが、保守イデオロギーの基礎となると論じている。[21]

第一に挙げた認識的動機は、人々がそれまでに経験したことのないような状況に直面したときに示す対処方略と関係がある。未経験の状況がもたらす不安を低減しようとする動機は多くの人間に共通したものだと考えられるが、それに用いられる方略の一つは、自分がいまどういう事態におかれているのかを、できるだけ早く理解し、いったん獲得した理解の仕方を維持し続けるというものである。これは、「認知的完結欲求」（need for cognitive closure）と呼ばれ、RWAや保守イデオロギーとの関連が報告されている。[22] 一方、この欲求が高くない状況では、新奇な状況を経験することを好み、対処方法もさまざまなものを試みる志向が現れる。その代わり、秩序や一貫性に欠けるという面も明らかになりやすい。こうした心理過程は、リベラル・イデオロギーに反映されやすいと考えられる。

次に実存的動機とは、おもに自己、あるいは所属集団（内集団）の生命や安全を脅かす事態への対処に関わる動機である。これは、第12章に紹介されている「存在脅威に対する管理」（terror management）の過程や、「感染脅威」への対処などに関与するものだと想定される。これまでの研究の中には、保守主義者の方が、望ましくないネガティブな出来事に対する注意を強く働かせ、また敏感に反応する傾向が、行動指標だけでなく生理指標においても示されるという報告がある。[23][24] また、種々の「道徳基盤」（moral foundations）に関する分析で有名になった、ジョナサン・ハイトらの研究では、不純・不潔なものを排除する道徳意識や、権威に対する敬意の道徳意識が、保守とリベラルの間の差異を明確に区別する指標となることを示している。[25] 死への意識や、不純なものが感染・蔓延するという恐怖が、伝統的なあるいは多数派の支持する価値観への回帰や、少数派の排除に至りやすいという実証的事実を手がかりに、保守主義と偏見の関係を説明する試みは、今後もさらに続けられていくものと思われる（第4章も参照）。

最後に関係的動機とは、他者との社会的関係やネットワーク、あるいは集団への所属を求める過程である。保守であれリベラルであれ、イデオロギーはその定義からして、社会的共有という性質をもつので、これを獲得・維持することで、親和欲求や所属欲求が満たされるという効果が予測される。

認識的・実存的・関係的という三種類の動機は、自身が生活する社会システム全般を肯定し、さらには正当化しようとする傾向と関連すると考えられる。第2章や第9章でも触れている「システム正当化」過程との関連である。[26]それは当然、保守的なイデオロギーと強く結びつくであろう。加えて、これらの動機は、個人の認知や行動だけではなく、特定の状況下で集合的に起こる現象の説明にも、有用性を発揮する場合がある。認知的完結欲求を例にとると、多くの人々が、できるだけ単純な状況認識と早期の解決を求めるような社会情勢のもとでは、個人差を超えた一般的な保守化傾向が高まることがありうるだろう。さらにそれが、特定の集団への偏見、差別や攻撃へと至る過程と関係することも予測できる。

三種類の動機は、それぞれ独立にイデオロギーを規定する場合も考えられるが、相互に関連し合っている可能性もある。大災害、テロ事件や戦争といった危機的状況で発生するといわれる、偏見に駆られた言動などは、その極端な例と考えることができるかもしれない。その理由は、こうである。そもそも人が未経験の新奇な状況に直面したときに、何が起こっているのかを理解し、それに対処するには、一人でいるよりも、複数の、あるいは多数の人々の間で知識や情報を共有する方が効果的であろう。そこで、事態を正しく認識したいという認識的動機と、他者と一緒にいて経験を共有したいという関係的動機が互いを助長し合うというのは、起こりえることである。ましてやこの傾向は、病気や暴力の発生、そして死の脅威を伴う、災害や戦争といった状況では、生存の必要性（実存的動機）によっていっそう強められるかもしれない。もちろん、このような危機的状況で、集団が到達する認識や対処方略の内容は、個人の場合と比べて、何らかの基準で見て「正しい」こともあれば、むしろ「誤って」いることもあるだろう。いずれにせよ、不確定性に満ちた状況下では、人々に何らかの

「認識」と実感を与え、多くの人々の思考を束ねる性質をもつイデオロギーが、なおさら影響力を発揮することは十分に考えられる。とくに、危機的状況を逃れて「本来の社会がもつべき姿」へと回帰しようとする、システム正当化や保守イデオロギーの影響は大きいかもしれない。そしてすでに述べたように、保守イデオロギーは、外集団に対する偏見や排斥傾向と結びつきやすいという傾向を元来もっているため、それが危機的状況で暴発すると、なおさら攻撃的な言動を喚起しかねない。災害や戦争に際して、少数者や外集団に対する攻撃や抑圧が起こるという現象は、日本の歴史においても思い当たる事例を挙げることができるし、それは他の国々や地域においても、多かれ少なかれ同様である。危機的状況でシステム正当化過程が喚起されることや[27]、それがイデオロギーと関連することを示す実証的知見は多い[28]。今後は、これらの過程と偏見との関係についても、より包括的な観点からの理解を可能にするような分析が必要である[29]。

●イデオロギーと偏見に関する注意点

これまで、保守イデオロギーの基礎に想定される動機過程の性質、そしてそれが偏見へと至る可能性について述べてきたが、これらの実証的知見が必ずしも「保守主義者ほど偏見が強い」ことを示すわけではないという点にも注意が必要である。保守主義であれリベラル主義であれ、それぞれがきわめて抽象的で包括的な概念である。たとえば、経済政策において保守的信念をもつ人が、人権や環境などの社会的問題についてはリベラルな信念をもつといった例は珍しくない。また、偏見の対象となる集団も多様である。したがって、何に関するイデオロギーが、どの種類の偏見と関連するかは、領域固有的であることが多い[30]。

「変化への抵抗」と「不平等の容認」という保守主義の特徴が、認識的・実存的・関係的の各動機と相互に関連している可能性についてこれまで述べてきたが、これらの動機が強まると必ず保守主義に至るとか、偏見や差別を起こしやすくなるというわけではない。実際、環境問題などの話題しだいでは、リベラル主義者の方が教条的な傾向を示す場合もある。[31]「あるべき社会の姿」といった、抽象的な内容をもち高次の思考を要すると考えられる認知過程でさえ、動機づけといった低次の過程の影響を受ける場合があること、そしてそれが政治的イデオロギーをめぐる認知で顕著に起こりやすいことに、心理学的意義を見出した点が、ジョストらの分析の主要な貢献であったことを、銘記しておきたい。[32]

●日本社会とイデオロギー

これまでに述べた、イデオロギーと偏見の関係に関する実証的知見は、欧米の社会から得られたものが多い。これらの社会と、政治的にも文化的にも背景の異なる日本社会に、同様の議論がどの程度まであてはまるかについて考えることも重要である。しかし実際には、日本でイデオロギーと偏見の関係について、心理学的あるいは政治学的な枠組みを用いて系統的に調べた実証研究は、きわめて少ない。信頼のおける標本抽出法を用いた調査研究、あるいは心理過程を詳細に吟味できるよう入念に計画された実験的研究に限っていうなら、管見では皆無に等しい。[33] その理由はいくつか考えられる。

まずイデオロギー研究の側から見ると、日本における優れた研究は、典型的には投票行動の分析を行う政治学者によってなされてきたものである。[34] この分野の研究にとって、少数者に対する偏見の程度を調べたからといって、それが投票行動の分析や予測に役立つことは、あまりないのであろう。同じ理由から、政党や政治家が、偏見に関わる問題を、国論を二分するような政治的争点に据えることは、ほとんど考えられない。つまり、日本社会において偏見の問題は、政治家や研究者にとって政治的イシューとなりにくいことが考えられる。たしかに、教育や雇用の格差をはじめとする富の配分、あるいは女性や性的マイノリティの地位をめぐる人権関連のテーマを政策の一部に掲げる政党はあるし、それらに関わる有権者の政治的意見と、「保守－革新」といったイデオロギーの「自己イメージ」、あるいは政党支持との関連を調べることが実施されることはあるかもしれないが[35]、いずれも政治学の中心問題とはなりにくいであろう。

一方、心理学研究者から見ると、日本におけるイデオロギー的な「対立軸」が、欧米におけるそれとは、意味内容においても歴史的背景においても異なっているであろうことが、直観的にも予測できるので、偏見の研究を行う際に要因として扱うのが難しいというのが実情なのであろう。実際、一九五五年以降の半世紀以上にわたって自由民主党が政権の座につく政治状況を「現状」とする前提のもとでの「保守－革新」と、先述のジョストらの分析に登場する「保守－リベラル」のイデオロギーとでは、異なる点があっても不思議ではない[36]。

しかし、かりに政党が掲げる政策や投票行動との関連性が低かったとしても、先に挙げた「適切な社会的秩序、そしてその達成方法に関する信念」という政治的イデオロギーの定義を思い起こせば、これが偏見とどのように関わっているのかを研究し続けることに、心理学的な意義があることに変わりはない。今後の研究において、たとえば実在的・認識的・関係的動機と偏見が日本社会においてどのように関連しているかを調べることなどは、重要な課題であろう。あるいは、これらとまったく異なる種類の動機について、オリジナルな視点から検証する可能性があるかもしれない。

現実の世界の状況に目を向けると、「グローバル化」が進む現代にあって、日本の社会が偏見と政治は別問題という認識や態度を貫いていくことは、難しいであろう。少数者や社会的弱者の地位向上、もしくは人権擁護に関わる必要性は、すでに現実に私たちの社会において高まっているし、国際的な活動をする組織や個人にとって、その重要性はなおさらであろう。移民や難民に関わる問題も、近い将来、多くの日本人にとって無縁なものではなくなるかもしれない。そのような状況で、偏見や格差のない社会を築く試みにとって、個人がもつ、あるいは社会的に共有された信念体系や認知様式の影響を知ることは、重要となるであろう。

3　おわりに

本章では、偏見や差別をいかにして解消するかという問いのもつ、政治性について考えた。社会的弱者の基本的な権利を守り、格差を是正した社会を築くことが、人道的善意だけで達成できるのであれば、それに異論を唱える人は少ないであろう。しかし実際には、弱者の権利擁護と、自身の利害とが一致しないと考える人々もいるかもしれない。具体例として、弱者の保護を目的に制定された法によって、義務づけられた環境を整備するために、補助金を支給したり、公金を投入した設備の設置・建築を行ったりする場合を考えれば、それがわかるであろう。そうした状況で、政策の選択について、ある程度の賛否の違いが生じるのは当然ともいえる。欧米等の社会で、偏見の否定や差別の解消が、しばしば政治的争点となる背景には、こうした現実に関する認識があるのだろう。しかし日本では、偏見の問題を政治的な文脈で理解しようとすることは比較的少ない。理由の一つは、「偏見をもたれる側の気持ちを考えれば、それが正しくないことがわかるはず」といった、心情主義的な観点からこの問題をとらえ、また解決しようとする点にあると考えられる。権利の保障と政治という観点、人道主義や共感に基づく観点の、どちらが正しいとか優れているとかいった議論はここでの主題と無関係であるが、偏見と不公正について社会科学的な観点から接近するにあたっては、権利の衝突と政治的緊張、そしてそれに関わる心理過程の働きを考えることによって、問題解決への新たな手がかりを探ることが重要である。

第4章 集団間情動とその淵源

本章では、情動・感情を中心において偏見・差別現象を考え、おもに三つの事柄に言及していく。第一に、感情からの観点では代表的な集団間情動理論を取り上げるが、この周辺には情動・感情を取り上げたさまざまな研究者の成果があり、そうしたものも含めて説明を行い、用語としては情動と感情をとくに区別せずに用いている。第二に、とくに嫌悪感情を取り上げ、その原因や成り立ちの分析を加えた。最後に、そうした集団間情動やマイノリティ差別を生じやすくしている条件や淵源について現代社会の現象に即して理論的なベースを提供するための議論を行った。そこでは生態学的観点や歴史的・宗教的観点などのこれまでの社会心理学的議論では主たる位置を占めていなかったパースペクティブを加えて論じるが、こうした方向性も近年社会心理学領域で興隆し始めた動向である[1]。

1　集団間情動

これまで偏見の研究ではおもに感情的要素としては、感情をポジティブ、ネガティブと大きく分け、とりわけ差別に関するネガティブな情動とひとくくりされる形で扱われていた。偏見において情動的要素は非常に重要な説明因子であることから、さらに詳細にその情動の差異を知り、特定化を図ることは意義深いものと考えられる。[2] ダイアン・マッキーとエリオット・スミスは、集団間情動に着目する理論を提唱した。情動に関する認知的評価理論を下敷きとし、状況などのさまざまな要因の評価のもと、特定の情動が生じるようなマトリクスを想定した。認知的評価理論は多くの理論家から提案されており、扱う要素も理論によって異なっているが、例として、アイラ・ローズマンに基づくモデルを図４－１として挙げておく。

このような条件ごとに生じる感情が変わり、決定されてくるといった図式は、逆になぜそうした感情を経験していて、それを変化させるにはどういった要素に手をつけ、介入すればよいのかを構想する手がかりをも与えてくれる。たとえば責任主体（エージェンシー）を他者から自己に移し替えることで、怒りを罪悪感に変化させていくのは何らかの加害行為を行った者への処遇において時に重要なポイントといえるだろう。

逆に過剰に自責を感じる者においてそういったエージェンシーを想定せず、やむをえない偶然の状況要素を重視することで罪悪感を軽減させることも可能かもしれない。このように考えるとこうしたモデルが原因帰属の理論と密接な関わりをもつものであることも理解できるだろう。

		ポジティブ情動 動機に一致		ネガティブ情動 動機に不一致		
		報酬がある	罰がない	報酬がない	罰がある	
状況が原因	未知	驚き				力が弱い
	不確実	希望		恐怖		
	確実	喜び	安心	悲しみ	苦悩，嫌悪	
	不確実	希望		欲求不満		強い
	確実	喜び	安心			
他者が原因	不確実	好意		反感		弱い
	確実					
	不確実			怒り		強い
	確実					
自己が原因	不確実	誇り		恥，罪悪感		弱い
	確実					
	不確実			後悔		強い
	確実					

図 4-1　ローズマンに基づく情動の認知的評価モデル[3]

マッキーらはこうした情動は、集団レベルでも成立するものととらえ、ある集団が他の集団に対してどのようなイメージを有するかという問題とともに、どういった情動を集団的に感じているかがその集団間関係や集団への行動を決定する要素として重要な意味をもつと考えたのである。認知的評価モデルでは、情動の主体は個人であり、自身に関わる事態についてどのような出来事が生じたかが重要であった。しかし、人は直接自分自身に起きたことでなくても、自身が所属感を感じる集団に起こったことにも情動を経験する。たとえば、自国が攻撃にさらされたり、何らかの侮辱を受けたりした場合に、その国の人たちは怒りを感じるかもしれない。現代の移民に対する感情もどのくらい直接の接触経験があるかどうかとは独立に移民集団に対してどのような感情をもつかどうかが排斥感情やさまざまな政策に対する賛否に影響を及ぼすものと考えられるだろう。

マッキーらは手始めに集団に対する二つのネガ

ティブ情動である怒りと恐怖を分けることを試みた。怒りと恐怖を分ける条件は勢力（power）である[4]。勢力は、集団が優位であるか劣位であるか、あるいは、この状況を自分でコントロール可能であると感じられるかどうかなどが条件となる。自分たちの方が優位であってどうにかできると思った場合には、相手方に怒りを感じやすく、それがひいては攻撃を引き起こしやすくするものと考えた。一方、自分たちの勢力が弱いときには恐怖を感じ、相手集団を避け、近づかない行動につながると想定した。彼女らは麻薬取り締まりの厳格さに関わる態度や同性愛に対する態度などで内集団、外集団を規定し、自分と同意見の人たちの割合によって勢力の強弱を操作する研究を行った[5]。おおむね勢力が強い場合に、より怒りを感じやすく、この集団間情動が媒介して外集団に対する攻撃や対抗意図へと影響することが確かめられた。一方、勢力の弱さから恐怖や回避行動が生じることは明らかにならなかった。

そこで、より恐怖を喚起しやすい状況として、一人あるいは集団で外集団の一人あるいは集団と遭遇し、濡れ衣を着せられて非難される状況をシナリオで呈示する実験を行ったところ、恐怖情動は喚起されるが、必ずしも回避行動につながらない結果であった。さらに回避行動に関与すると考えられる嫌悪情動も含めて検討を行ったが、嫌悪情動と特定的に結びついた反応を十分検出するには至らなかった。

上記の研究でも見られたように、当該の外集団を攻撃したり、回避したりする背景となる情動には嫌悪情動が何らかの役割を果たすのではないかと想定される可能性が検討されているが、実験シナリオ、すなわち立たされる状況しだいで情動の効果は変動することが示唆される。情動はそのとき、その場での反応という側面が強いので、状況に対応して敏感に変化しやすい性質があるものと考えられる。さらに深く検討していく必要があるものの、認知的評価モデルにおいては、全体的なネガティブ情動とともに嫌悪情動を区別するような条件がうまく特定できているわけではない。そうなると、どういった状況が嫌悪情動を引き起こすことになるのか、嫌悪情動の根本的な発生の基盤を分析し、さらに、第11章において示されているような進化的な起源を考えていく必要があるだろう。

2　嫌悪感情と恨み——穢れをめぐって

嫌悪の発生基盤として病気、感染を避けるのに有用な働きをしたという点が指摘されている。[6] 感染はとりわけ食物と強く関わるので、腐ったものや排泄物、動物の死骸などを避ける反応を惹起させるが、他の感染源として血を介したものも古くから知られていた。牧畜の文化（移動でも定住でも）では動物の血を流すことは日常生活から生じる必要があり、かえって動物や血を捧げることが崇高な宗教性をもつというような宗教が成立する背景をなすが、[7] 農耕民においては日常的ではなく、日本においては魚食のほか、山間部周辺で山の動物を食す以外には、農耕や運搬・移動の道具として動物を利用はしても、食べる習慣は広く定着はしなかった。血穢に関わる女性の生理や牛馬の死骸処理に関わる人々に対する差別が生まれる基盤としてこうした事情が存在した。[8] こうした基底心理は現代においてもＨＩＶ差別などに強く関与している。

こうした嫌悪感情は「穢れ」と表現されることがあるが、穢れは実質の感染を伴わなくても、精神的に生じる場合がある。例として修行僧が妄想的に肉欲を想像したとしたら「精神が穢れた」という物言いに「なんとなくわかる」と感じる人は多いのではないだろうか。こうした「心の穢れ」はまったく目に見えず、実証できないものであるのでやっかいである。悪い企てなど悪いことが頭の中をよぎることも人は悪い徴候ととらえがちである。これを薄めて広げたものが、「場の空気が悪くなる」といった空気信仰であり[9]、誰かを憎むとか嫌うとか恨むとかの悪感情も場に穢れという危険な要素を発生させる原因として働き、極力そうした悪感情が相互関係の中で生じないように配慮するといった心性が働きがちになる[10]。

これが「論争」を避けたり、面目をつぶすような行為を控えたり、相手の恨みを買うような行動を抑制したりするといった心性につながる[11]。実際、他者の恨みを買えば、いつか復讐されるかもしれないし、所属集団内に発生するそうした事態はチームの生産性を下げるかもしれない。すべてが非合理的で意味のない対処ではないという点にも注意する必要がある。しかし、短期的に他者の気分を損なわないように改革案や代替案を表出することを控えて、集団全体で悪い方向に進んでいけば最後には全員が大きな損害を被ることになり、多大な損失が生じる（企業の倒産などにはこうした問題がつきものである。改革がうまく進まず頓挫してしまう[12]）。

これだけでは、集団内対立や集団間対立ということにすぎないが、集団内の「空気を読まない」人間に「いじめ」を行ったり、虐待したりしたとすれば限りなく差別と近い事態を招くことになるのは明らかであろう。いわゆる「空気を読む」、他者の気持ちを推測することが苦手な発達障害者に対して、現在学校の内外で繰り広げられている差別の事態はまさにこういった根から生じている側面があることには注意したい[13]。

しかし、そもそも「恨みを買う」と何が起こるのだろうか。これを自由記述で書いてもらってKHCoderで分析した結果では、その一つの典型として、「悪いことが起こる」との連合が観察された[14]。集団内で悪感情を発生させ、穢れをもち込むことは魔術的にそれを原因として悪いことを引き寄せ、実際に生じさせてしまうリスクがあるということである。太古ではこうしたことの表れとして災害が認識されていたし、最も有名な例として藤原氏の摂関政治が行われていた平安時代における菅原道真の怨霊が宮廷に雷を落としたり、疫病を発生させたりしたという話が当時流布したという現象に見て取ることができる[15]。

日本は地震、津波などの災害の多い地域であり、なかなかに人知でもってそれらを完全に防ぐことも、また予測することもかなわない。しかし、科学の未発達な状況においては世に起こるすべての事態を擬人的に理解し、「神の怒り」「神罰」「仏罰」(神が人間のような感情をもっといった点で擬人化している)、あるいはさらにわかりやすく、実在の人物が怨霊となって災いをなしたなどさまざまなとらえ方で、「誰かの意図」を架空的に構想して、世界をある意味で「理解可能」な場とすることで安寧を得るといった方法がとられるのである。それであれば、神として祀る、あるいは成仏を祈るなどコントロール可能な対処を「構想」することが可能となり、幻想的な安心を得ることもできるわけである[16]。まったくコントロール不可能という事態におかれる方が人は恐怖を感じるだろう。日々の生活を安んじて営むことができなくなる。

国家鎮護の役目を担った仏教が流派、形態を変えながら、ながらく政権と結びつき、保護されてきた所以は、多くの世界の国においても国家が奉じる宗教を有していたとりわけ古代・中世の時代にあっては、いわば「当たり前」の対処であったといえる[17]。すると、当然これに反対したり、反逆したり、時に新しいアイデアをもたらして改革しようとする者たちが、弾圧されるという経緯もこうした筋立ての中から理解することが可能である。それは権威を脅かすとともに、穢れをもち込む赦せない行いと感じる集団的感情反応を呼び覚ますのである。

対立の一つのあり方は価値観の相違であり、重要とするものが多く異なるといった場合である。たとえば生活のあり方として、農耕と牧畜は大きく異なるが、移動を常とするかどうかによって、土地の所有権など、所有という事柄、概念について違いが生じてくる。しばしば農耕民に対する周辺の牧畜民による略奪といった事態が生じるのも、生活の糧の不足の問題とともにそうした所有権の神聖さの違いといった価値観の衝突が見られるのであろう[18]。

3 生態学的観点

こうした歴史的経験に基づき、互いが互いに対して、偏見、嫌悪感をもち、集団間対立を強めていくという構図があった。こうした生態学的観点からの研究はまだ少なく、差別・対立の基盤としての生態学的条件、地理的条件なども今後共存を図るためにはさらに検討を深めていかねばならない観点であると考えられる[19]。

自分の信ずるもの、頼るものの一つが権威や現状の社会のあり方そのもの（現状肯定）であった場合には、これを批判する者が敵に見えてしまう。自分が大切にするものの価値を貶める言説に出会うと屈辱感を感じる[20]。ここにも現状肯定派と改革派との根深い対立の芽がある。本来、同じ社会で生きる者は、互いに知恵を出し合って、みんながより生きやすく、住みやすくしていく改善策があるのならば、改善とその方法を議論し、共有していくことが理想的であろう。しかし、現状を肯定するあまり、そうした「改善」についてもみずからの存立基盤を脅かす批判をなすものとして、過剰に警戒し、敵意を抱くといった反応が呼び覚まされることがあるのだ[21]。

議論を勝ち負けの勝負、競争と見てしまうと、たとえみずからが利益を享受するような改革であってもみずからが提案、主導したもの以外はすべて敵意をもって対するといった非合理的な対応が現実に現れることになる。議論や交渉という場をどのような枠組み、フレーミングで理解するかといった解決態度の違いによって不毛な対立を続けたり、それを避けたりすることができるのだ。[22]

4 マイノリティ問題

ところである文化の中で差別が生じるとき、女性差別以外ではおおよそマイノリティ側が差別されることが多い。植民地時代あるいはその名残を残した時代に少数の白人が現地の人々を差別した歴史的経緯も見られるが、ここでは現代のマイノリティについて社会学的な観点とは異なるアプローチから若干考察しておきたい。

そもそも日本においては、自分たちが社会の中で「普通」であると考えることで安心感を得、[23]他人と同じであると考えがちであり、[24]「人と違っていること」を評価しない傾向がある。障害者問題でも性的マイノリティ問題でも日本における民族的差別の問題においても偏見や差別をもつ側の人々は、マジョリティであることに安心を感じて日常を送っている。

多数・少数は現代の「民主主義」の世の中では重要なものであり、多くのことが「多数決」によって決まると原理的に少数の意見は黙殺されやすくなる。そういうことが本来の民主主義であろうか。「民主主義」は西洋の個人主義的考え方が基盤になっている。主権を一人ひとりの民衆に与えるということは民衆が自律的に選択を判断しうることを前提にしている。このような考え方は歴史的には必ずしも一般的なものではなく、古代ギリシャなどのポリスにおいてもこうした政治参加が可能な「市民」とは市民という特権を享受している一部の階層に限られた。そこには教養や知識レベル、自律的判断が可能な少数の民としての市民が基盤にあったわけで、現在のように国民全員がいわば「市民」であることを想定していたわけではなかった[25]。ギリシャの政治を共和制と呼ぶが、当時からして共和制支持者は政治参加を民衆一般に拡大することには否定的であり、それは容易に衆愚制に堕すものと想定されていた。衆愚的な懸念は早い頃から政治史的には気づかれており、民衆全員による政治参加というのは、けっして「最高」の政治形態、究極の政治形態と認識されていたわけではなかった。

広い民衆に基盤をおく形の民主主義は難しい問題をはらんでいる。ポリスの政治の「民主主義」は直接民主主義であり、ジャン－ジャック・ルソーら[26]も民主主義の望ましい形態としては直接民主主義があるべきだという考えであって、代議制はそのやむをえない代替物でしかなかった[27]。したがって正しく民主主義を構想すれば次善の策でしかない代議制による議会政治などは本来の民主主義に近づけるための努力を意識的に継続して払い続けることによってはじめて本来の望まれる民主主義の機能に接近しうるものでしかない。だから、代議制の世界において多数決で勝ったものにそれだけで全面的に政策を委任するなどという発想は民主主義の根本を十分理解しない、歪曲した解釈ともいえるだろう。多数決はあくまで「一つの簡易的な方略――ヒューリスティック」であり、その他、多くの民衆の意向を直接反映する手段があれば極力それを総動員して活用するのが本筋なのである。だから広く意見を公聴する「パブリック・オピニオン」の機会を有効にもつ方がよい。日程や方法を内閣や多数党が決定しがちであるので、運用方法には注意を要し、形式に堕した、あるいは意向を反映させる時間的なゆとりもない「パブリック・オピニオン」聴取機会を構成することで名分だけ果したような免罪符として用いられることがないように、十分な実質的機能を確保することが大切であろう。本来はそういった機会から多数決で漏れた、あるいは選択肢にすら挙がらなかったアイデアなどを集めて政策に反映させるための努力を行ってはじめて民主主義の精神を生かしていく態度といえる。

ルソーのいう「一般意志」はけっして代議制の議員によって担われるものではない。寄せ集めの集合体は一般意志とは異なる「全体意志」であるとルソーは定義して区別している。そもそも人々の考えを寄せ集めて、その集合体をつくってもけっしてそれは一般意志にはならない。一般意志は人々の本来のいわば潜在的な望みの共通部分を純粋に抽出したものであり、誰にとってもその妥当性を証明することはかなわない。

高く抽出された一般意志が存在するのは、いってみれば神の御業であるといった、背景に一神教をおいた思想において魔術的に成立する理路なのである。結局煎じ詰めれば妥当性は神の承認ということになりかねない[28]。

そうした宗教的機序に信用をおかない日本においては、けっして本来の意味での一般意志が成立する仕組みを欠いてしまっている[29]。結局方法が見つからないので、次善の次善の策のように多数決を過度に濫用して政策決定を進めていくことが常套手段となってしまった経緯がここにある。これが日本で運営されている「民主主義」の特徴ともいえる。もちろん発祥の地であるヨーロッパ政治においても多数を力に強引にことを進めることがあるわけだが、そこに潜在的に微々とした後ろめたさ、やましさといった感情が伴うことは重要であり、究極的にはそうした民主主義に対する潜在態度が重要な局面では生きてくる可能性があると想定できる。日本文化においては、そうした陰影を伴わないため、多数の暴力が歯止めなく働く恐れがあることを意識して、マジョリティによるマイノリティ圧迫／差別の現象も見ていく必要があるものと考えられる。

したがって、「少数意見の尊重」として語られる要件はそうした欠点を補う方法の一つであるし、「熟議」の利用もそうした手続き改善の一つの試みである。熟議の末、少数意見にも配慮した妥協や、合意された何らかの選択をみなで選び取る可能性に道を開くものであるといえるだろう。[30]

少数に配慮しなければ、たとえば生物的要件において偶然少数である者たちは常に多数決で負け続けることになり、人権的な価値がマジョリティとマイノリティで異なる理由もなんらなければ（普通あるはずもあるべきでもない）、それによって処遇が異なるのは不公正であるからだ。民族的少数者、障害者、ある種の病者、それは常に社会の少数者として存在し、ある時点で時間を切れば、子どもが少数である世界、若者が少数である世界、高齢者が少数である世界など、さまざまな在り方が措定可能である。したがって社会の中で「多数」であるというだけではそこに「正義」がおかれる理論的基盤は希薄である。それが少数への配慮が必須とされる理由ともなる。

5　差別と二過程モデル

多数が横暴に振る舞う可能性を是認する社会では、その多数の意見がどういったものであるかも十分吟味されなければならないだろう。[31]意見とはしばしば社会心理学のいうところの「態度」であるが、態度には認知的成分、感情的成分、行動的成分がある。態度と行動を区別するためにいまは行動的成分については脇においておくとすれば、認知的成分はまさに理性的、論理的に検討されたような意見であり、理屈として賛成、反対といった結論の基盤となる。それに対して感情的成分は基本的に好き、嫌いの感覚からなり、日本語の「よい」「悪い」はしばしば絶対的価値の表明というよりは、たんなる好悪の反映であることも多い。本章の目的の感情的側面からの吟味ということでいえば、論理的「意見」を直観的好悪が凌駕する危険性について考察することが必要であろう。直観をシステム１（タイプ１）、熟慮的考慮をシステム２（タイプ２）と呼ぶが、[32]近年このテーマは広い領域で有効な切り口となっている。行動経済学においても意思決定が経済的合理人としての人の理性的得失判断に基づかず、感情的、直観的に決定されるあり方が広く議論されている。[33]

政治的意思決定においてもしばしば選挙が多くの大衆の直観的な好みや「ブーム」によって投票行動や獲得議席が如実に影響されるものであることは明白に知られている。[34]政策の中身の詳細な吟味を行う人の方がむしろ有権者の中の少数派ではないかとさえ疑われる。

こうした場合に「マジョリティ」の意見は、多くの思料を伴わない直観的感情である可能性が高まる。となれば前節のような直観的、生理的な嫌悪感情が前面に現れることの危険性は増すという理路が明白になるだろう。

「マイノリティはなんとなく嫌い」から政策、制度にわたる少数者差別や不利な行政運営などに帰結する危険性が高まるわけである。二〇一六年のアメリカ大統領選挙においても民族差別的、移民排斥的言辞を多く弄してきたトランプ氏が大統領に当選したことは投票するある程度多くの国民がそうした感情的言辞に感情的に賛同し、支持を集めた結果だといえるだろう。

感情は容易に暴走して、幾多の戦争の後の反省や国際的な法によってこれまで世界が営々と築いてきた人権などの価値をあっという間に転覆させてしまう結果を生み出すのである。[35]このように多数の意見の反映が、たんなる感情的な差別の自由発露となることは、民主主義というシステムについて本来望まれているプロセスではないし、そうならないように歯止めのシステムが必要とされるわけである。そこでは、人権の価値の守護など司法の役割などが大きいだろう。実際、トランプ大統領が発令した移民排斥に関わる大統領令を司法の側（連邦裁判事）は違憲と判断して入国制限を差し止めた（二〇一七年二月三日のシアトル連邦裁判所の決定など）。

しかし、日本においては最高裁判事への出世主義と判事の内閣任命の仕組みから司法は十分行政とは独立しておらず、現状では政権の顔色を常にうかがいつつ、政権から是認されやすい判決を結論として出しがちであり、そのため高等裁判所の判決を最高裁判所がそのように覆すこともしばしば見られる。[36] つまりマイノリティ差別が歯止めなく進行しがちな社会的な仕組みが見られる（国民のたんなる心理的要因ではなく、システムとしてそうした流れがつくられ成立しやすいということである）。したがって、ここで個人の道徳的自覚だけを高めて、「差別はよくないからやめましょう」と謳い上げても、その効果はかなり限定的なものとならざるをえないだろう。

そこには社会をともにつくり上げ、ともにその社会で生きていかなければならないという現実に根差した公共心が問題となることもあるが、ここで「公」・「公共」について、少し踏み込んで考えてみよう。

6　差別と公共

個人が基礎となっている社会においては個人の労働が交換されて財が得られ、個人の所有権が成立する。個々人に所有権があるというのはけっして当たり前の世界ではなく、中世においてたとえば土地は多重に権利者、関与者があり、それは封建制度を有していたヨーロッパにおいても日本においてもそうであった。土地には耕作人がおり、領主がいて上位の貴族、国主、また教会などがあった。日本においても土地管理者は村のようなものであり、そこに領主や寺社、藩、幕府などが関与していた。田植えや稲刈りを共同で行い、村によっては日あたりの加減などでその年の耕作担当者が回転していくような慣習をとっていた地方などもあり、年貢を納めるときも村でまとめて納めるということがなされていたために、一区画＝所有者といったリジッドな所有・担当関係は戦後の土地改革がなされた最近までなかったのだ。土地が村の管理・所有になっていた時代では、共同で運営する都合からのある意味「公的」な制約は当然としてあった。水利の方法など一人で勝手に決めるわけにはいかない。個人所有権が生じたヨーロッパにおいても通常こうした「土地」の公的性格は現在においても残されており、それが文化財保護や景観保護の思想の基盤をなしている。土地と建物は個人の所有でありながら、同時に公的性格をもち、街や自治体の考え方や土地利用によって制約を当然に受けるものというものであった。そういう点からすれば戦後日本の土地の個人所有は相当ラディカルな制度であり、これが自治体などの道路拡張など公的政策の遂行に足かせともなっている[37]。街に土地をもつ者ももたない者もおり、公的負担を行い、住民が街を共同利用しているとき、ある人がその土地の個人所有者であるのはどういった経緯でそうなったかを遡っても、たまたまそこを耕していたとか、そのあたりに住んでいたということ以上のものではたいていない。それがそれほど「守らなければならない」神聖なものであるかは現在検討の余地もあるとも考えられる。「先祖伝来の土地」などという言い方はこうした土地神話をなす一つの思想、信念といえる。

土地自体を財として資本主義的に制約なく、売買可能と考えるのも一つの「思想」（じつはかなりラディカルな思想）であり、資本主義国家であっても土地の公有制が強くイメージされている国もあり、さまざまである。

キリスト教世界の中から生まれた個人の人権感覚の背景には、神の前での平等という考え方があり、人間が神の被造物であることから、この世界の何らかを所有するといっても元来のそれは神のものであるものを分有するとか、一時貸借するといったものであり、細かくは宗派によりさまざまなニュアンスがあるが、いずれにしろその一回きりの生を受けた一個人が自己の生涯の中で自由勝手に何でもできるということでは元来なかった[38]。しかし日本ではそう受け取られている。個人の自由や権利とは誰にも邪魔されない好き勝手であるといった誤った信念が行きわたることになったのである。

日本においては、公と私の関係が社会的に十分に検討されておらず、学校教育の公民的分野においても基本となる政治哲学やそれを日本でどうとらえるべきかが有効に学習されていないきらいがある。むしろ積極的に公を「お上」と勘違いさせて、よそよそしいものとして自分の私的世界から切り離させる機能を結果的に果たしている恐れさえあろう。公というものは私と異なるどこか別の世界のことであり、自分とは関わりの薄い誰かがやってくれているものといった無関心に基づく依存心が横たわっている。日本における行政と個人の関係はそういったものでありがちであろう[39]。

為政者集団は常に人口的には少数であるので、行政を担う者は特別の誰かであるといった意識が民衆の間にあり、為政者たちと自分たちとの間に距離をとり、政治参加などほとんど想定していなかったといえるだろう。一揆や反乱などもいわば民衆の願いを（本来）賢明な（と望まれる）為政者は慮ってほしいという「お願い」が過激化していったものととらえることも可能であり、一種の過激な依存形態ともいえる。自治を獲得する方向での改革はほとんどごく例外的に存在しただけであった。

こうしたことが歴史的経緯として日本社会において「公」が人々にはピンとこない、何かよそよそしい宙に浮いた概念のごとくに感じられる理由であり、「人目を気にする」という経路を用いる方法しかその日常的行動を調整するすべがほとんどないわけであるが、そのことが公的な政策を決定するといった、より抽象的な日常を越えた上位的な思料を必要とする事柄への関与欲求を低めてしまっているものと考えられる。[40] それによって公共的に正しいかどうか、よいか悪いかなどの観点から自己の偏見や差別を点検したり、あるいは、実際に法によって行き過ぎた行動に制限を加えたりするといった有効な対処の実効性に限界を与えているものと考えられる。

7 おわりに——縦の圧力と横の圧力

ここまで制度や公の問題にも言及してきたように、差別を助長し、改善を遅らせる大きな要因として社会全体の対応、法整備の問題をも指摘した。

そこでこれを整理すると、差別に向かう圧力は、「縦の圧力」と「横の圧力」に分けて考えられることがわかる。縦の圧力とは夫婦別姓問題などの制度による問題、基本的にイエ制度を維持しようという方向への力が自由を妨げているといったような側面である。それに対して横の圧力とは、日々の人間関係の中、日常場面において生じる暗黙の規範や「社会の空気」といった点から障害者や同性愛者へ向けられる「まなざし」という形で加えられる圧力である。

社会心理学は人間関係の心理学でもあるので、人々の関係の中に見られる後者の圧力、上下関係の薄い中で（黒人差別など階層的問題があるけれども）、本来横向きにフラットである（べき）はずの関係の中でいわば「横から口を出す」形であるべき姿を圧力として語ったり、足を引っ張ったりするなかで、ジェンダーをめぐる問題を混沌とさせたりもする。そこには無用に強い規範意識や他者の生活におせっかいに首を突っ込んで諭そうとする「ふつう」規範の働きが見られ、横向きの妬みや社会的比較が関与していくプロセスであろう。

しかし、制度に基づく縦の圧力も差別解消に向けては当然考慮していくべき問題であり、どうしたらよいかのビジョンやアイデアを提示することで、それを阻む考え方をより明瞭に可視化し、阻む圧力について、それに対する恐怖感や怯えの感情なども含めて心理学的な解析を進めるという方法論も可能であろう。恐怖感を喚起しうる対抗行動を避けてシステム正当化に傾く心理なども関与するだろう。もちろん、横方向にかかる人々の規範意識を背景にして政策が進められる点もあるので、縦横の相互影響関係も重要である。今後より多角的に人々および社会の差別に対する対処を研究していくにあたって、これら縦横の両面で推し進めていくことが必要になるだろう。

本章では人々の集団的、集合的な感情という観点から偏見・差別現象が現れる機序について検討を行った。これまで心理学や社会心理学がその領域の論理の中にとらわれすぎであり、思い切って伝える発信がまだ十分でないとの見立てから、論理として語れる部分においてはいくぶん積極的にアイデアや理論提示といった形で発信を行い、それがどれほど正しいかは公的な場における議論および実証という形で解決していく方が生産的であろうと判断している。そういう意図を込めてやや踏み込んだ論述を展開したものである。

第5章 偏見の低減と解消

平等主義的な規範が広く浸透した現代社会では、偏見や差別は社会および個人が克服すべき問題としてとらえられている。半世紀前と比べると、人々の権利の保障に関わる社会制度や法律の整備、啓発活動の実施といった具体的な取り組みが進み、少なくとも公に表明される範囲では、古典的レイシズムに代表される特定の集団の人間性を否定するような、あからさまな侮蔑的偏見、たとえば「特定の人種は生物学的に人間的な道徳性に欠ける」といった種類の偏見は減少した。しかし、偏見がなくなったわけではなく、旧来の偏見に代わって、現代的レイシズム、回避的レイシズム、象徴的レイシズムといった、一見、偏見とは気づかぬような「隠微な偏見」が広がりを見せている（第3章、第6章、第9章参照）。人々が規範に配慮してあからさまな偏見を表出しなくなっただけなのか、偏見の内容が実際に変化したのかは議論が分かれるところではあるが、いずれにせよ、特定の対象への否定的な認知と感情、つまり「偏見」が現代を生きる人々の中にも依然として存在していることは間違いない。また、国際的な市場開放や移動の容易化に伴って、人種、民族、宗教といった社会文化的背景の異なる人々の接触機会が増加したが、その中では新たな対象への偏見や差別が生み出されてすらいる。前章までの議論は、私たちの正常で適応的な心理的機制と社会的な動機が偏見を避けがたく、頑健に生み出すことを浮き彫りにしたが、社会的事実も偏見が頑健な現象であることを示している。

こうした性質を乗り越えて、偏見という社会問題を解決に導くにはどのようにすればよいのだろうか。いまのところ、人の心から偏見を消し去る、即効性と持続性のある特効薬的方法は見つかってはいない。偏見の解消が簡単には実現しないという前提に立つと、二つの意味での偏見の低減と解消の試みを実践することが重要と考えられる。一つは、個人の認知過程において、偏見やステレオタイプが判断や行動に反映されるのを抑制するという観点、つまり対人判断や行動に表れる偏見の低減と解消である。もう一つは、長期的かつ段階的に偏見を是正するという観点、つまり偏見そのものの低減と解消である。本章では、これら二つの観点に立った学術研究を紹介し、偏見の低減・解消のための具体的な方略について考えていく。

1　偏見の認知的制御

●ステレオタイプ的思考の抑制

偏見の対象に出会うと、自分の意思とは関係なく、相手の社会的カテゴリーに合った否定的内容のステレオタイプが自動的に活性化され、思考や判断に影響を与えやすくなる[1]（第1章参照）。そのことを示す好例がパトリシア・デヴァイン[2]の実験である。この実験では、白人の参加者に黒人を表すラベル語（例：ブラック、ニグロ）と黒人ステレオタイプと関連する語（例：バスケットボール、音楽、貧しい、怠け者）を意識できないほど短時間で呈示したうえで、人種のわからない人物の情報を読ませ、印象を判断するよう求めた。すると、黒人への偏見が弱い人であっても、強い人と同様に、対象人物を攻撃的と判断したのである。ここで重要なのは、攻撃性は黒人ステレオタイプの一つではあるが、事前に呈示された語には含まれていなかったという点である。つまり、この結果は、偏見が弱い人も、強い人も、カテゴリー情報やステレオタイプの一部に接すると、ステレオタイプ全体が無意識のうちに活性化し、思考に影響を受けること、偏見の強さにかかわらず活性化されるステレオタイプの内容には違いがないことを示している。

その一方で、黒人を示すラベル語を挙げさせるという、自覚できる形式でステレオタイプを活性化した場合には、たとえ匿名状況であっても、偏見が弱い人は偏見が強い人よりも、黒人に肯定的な考えを示し、「黒人は怠け者／攻撃的」のように黒人全体をステレオタイプ的な特性語で表すことを避けるようになった。[3] 偏見が弱い人は、ステレオタイプの活性化に気づくことで、それを対象に適用しないように意識的に思考をコントロールしたと考えられる。

ステレオタイプの適用を意識的に制御できれば、他者に偏見の目を向けたり、差別をしたりすることはなくなるはずである。そのためには、第一の条件として、非ステレオタイプ的な思考を促す動機を個人がもつ必要がある。たとえば、正確な人物判断が求められたり、対人判断への説明責任が求められる状況で生じる、対象人物の細かな情報を精査しようという動機である。[4] また、「人種や性別で人を判断するのは望ましくない」といった個人がもつ平等主義的信念、[5] 相手の行動が自分に影響するような相互依存関係、[6] 平等主義的な社会的規範の顕現化、[7] ステレオタイプ的反応を避けるようにとの他者からの要請[8]なども、ステレオタイプの適用の回避へと人々を動機づけることがわかっている。

さらに第二の条件として、思考へのステレオタイプの影響を自覚することが、その意識的制御には不可欠である。しかし、ステレオタイプの活性化は、無意識のうちに自動的に生じるものであり、対人判断の際にその影響に気づくのは容易ではない[9]。また、我々は、自分自身を偏見やステレオタイプをもった不公正な人間だとは認識したくはないがゆえに、それらをもたず、影響もされないと、自分自身を騙そうとすることも少なくない[10]。そのため、ステレオタイプの影響を実際に感じ取って、それを抑制するというよりは、先述した動機が偏りのない思考を促すことで、ステレオタイプの影響に注意が払われ、意識的な思考の制御が生じると考えられる[11]。ただし、近年では、多様性教育の中で、潜在的なステレオタイプや偏見の存在に気づかせるようなプログラムも実施されている。こうした試みは、偏見やステレオタイプの影響を抑制したいという動機を育むだけではなく、我々がステレオタイプの潜在的影響に気づくチャンスを増やす可能性がある。

ステレオタイプ的思考を意識的に制御するための最後の条件は、各自が十分な認知資源を有することである。活性化したステレオタイプを否定したり、ステレオタイプ以外の情報に目を向けたいと思っても、それができるだけの認知資源がなければ、失敗に終わる。認知資源の状態を常に十分に保つことは現実的に困難であり、この点がステレオタイプ的思考の意識的制御という方略の限界ともいえる。ただし、特定の思考の制御を繰り返し行うと、「こう考えればよい」という代替的な思考方略が確立され、認知資源が節約できるといわれており、こうした訓練が制御の成功には重要といえる[12]。

楽観的にまとめるとすれば、制約はあれども、我々は自分の意思で判断や行動に偏見が表れないようにコントロールすることができるようである。

●ステレオタイプ抑制後のリバウンド効果

先に挙げた非ステレオタイプ的思考を促すさまざまな動機はどれも、短期的にはステレオタイプに従った反応の抑制に役立つ。しかし、その後の影響は各動機が我々の思考をどのように方向づけたかで変化する。ステレオタイプ抑制と呼ばれる「ステレオタイプ的な思考をしないように」との回避的な制御は、そのときはうまくいっても、その後にステレオタイプ的思考がかえって増加する、リバウンド効果[13]（rebound effect）を生じさせることがわかっている。

「シロクマのことは考えないでください」

この文章を読んだみなさんは、少なくとも今日は、いつもよりもシロクマを思い浮かべることが多くなるだろう。特定の思考、たとえば「シロクマ」を思い浮かべないようにするには、思考を監視し、それが思い浮かんだ際に思考から追い出す必要がある。そのためには、避けるべき思考が何であるかを常に活性化させておかなければならない。「特定の思考をしないように」との努力は皮肉にも、抑制したい思考を活性化させ、それが頭に上りやすい状態にしてしまうのである。そして、「考えないように」との思考の監視が緩んだり、思考の制御に必要な認知資源が使い果たされると、抑制していた思考の増加、つまりリバウンド効果が生じてしまう[14]。

たとえば、ある実験で、「偏見やステレオタイプに基づいて考えないように」と教示したうえで、スキンヘッドの男性の写真を見せ、その人の典型的な一日の生活を記述するよう求めると、教示がない場合と比較して、ステレオタイプ的な記述は少なくなった[15]。しかし、別のスキンヘッドの男性についてあらためて記述を求めると、最初に抑制教示を与えられた人たちの方がステレオタイプ的な表現を多く使用し、実際にスキンヘッドの男性に出会った際にはより離れた位置に座ったのである。このリバウンド効果は、ステレオタイプの抑制教示のように、他者からの要請でステレオタイプ抑制をした場合だけではなく、自主的に抑制を行った場合にも認められている[16]。

リバウンド効果の存在を考慮すると、偏見的反応を避けるために、ステレオタイプを抑制することは得策とはいえない。代替策としては、たとえば、ステレオタイプを抑制するのではなく、正確な人物判断をしたいとの動機づけによって、それ以外の個人的な特徴に目を向けさせる方法が挙げられる。しかし、偏見の対象となっている人物について「正確な判断をするように」と他者から言われた場合には、「偏見やステレオタイプを使用するな」という意味だと解釈される可能性が高い[17]。平等主義をたんに強調するようなメッセージも、同様の意味で受け取られるだろう。非ステレオタイプ的な思考を促すような介入策を考える場合には、こうした可能性に配慮することが必要である。

なお、ステレオタイプ抑制に関する研究では、ステレオタイプを抑制したいという強い動機を個人がもっている場合や、人種のようにステレオタイプを抱くことが望ましくないという社会的規範や個人的信念が強い集団の場合は、リバウンド効果が起こりにくいという指摘もある[18]。ただし、すべての人、またすべての偏見の対象がこうした条件に必ずしも恵まれているわけではないことを考えると、ステレオタイプ抑制にはリスクが伴うといえる。

●偏見の自己制御モデル

ステレオタイプ的思考を避けたいという動機をもっている人でさえ、認知資源が十分でなかったり、ステレオタイプの影響に気づけなければ、ステレオタイプに従った判断や行動をしてしまう。デヴァインとマルゴ・モンティース[19]は、こうした失敗を繰り返さない心理的な仕組みがつくられることで、偏見の低減や解消が実現されるとする偏見の自己制御モデルを提起している。

このモデルが強調するのは、偏見の自己制御を働かせる「手がかり」が各自の中につくられることの重要性である。平等主義的規範の内面化などによって、偏見のない自己というイメージが形成されると、それに反する判断や行為をしたと気づいたときにはおのずと罪悪感や良心の呵責が生じる。そして、なぜそのようなことが起きたのかを探ったり、同じことを繰り返さないようにと考える反省が起こる。罪悪感や良心の呵責が罰として機能し、それを避けるための状況分析と学習が促されるのである。[20]その結果、過去に偏見を示した文脈や対象は、同じ失敗を予期させる「手がかり」として機能するようになり、同様の状況では偏見的反応の意識的抑制が起こるようになるというのがデヴァインらの主張である（図5－1）。

偏見がないと自負する人が、仕事の打ち合わせで他社の男性と女性に出会ったときに、男性を上司だと思い込んで対応し、その後に女性が上司であることがわかったという体験をしたとする。「女性は地位が低い」という偏見で相手を判断したという自分の失敗に気づくと、罪悪感などの負の感情が経験され、その失敗が「仕事」の文脈で「女性」と接した際に起きたことが学習されるのである。すると、「仕事」と「女性」は、偏見的反応の意識的制御を駆動させる「手がかり」として機能するようになり、その後は仕事で初対面の女性に出会っても、その地位が低いと決めつけないようにしようといった自己制御が働きやすくなるのである。実際、偏見が弱い人は、みずからが偏見的な反応を示したと気づくと、より強く罪悪感を抱き、その後は反応するまでに時間をかけるようになることが示

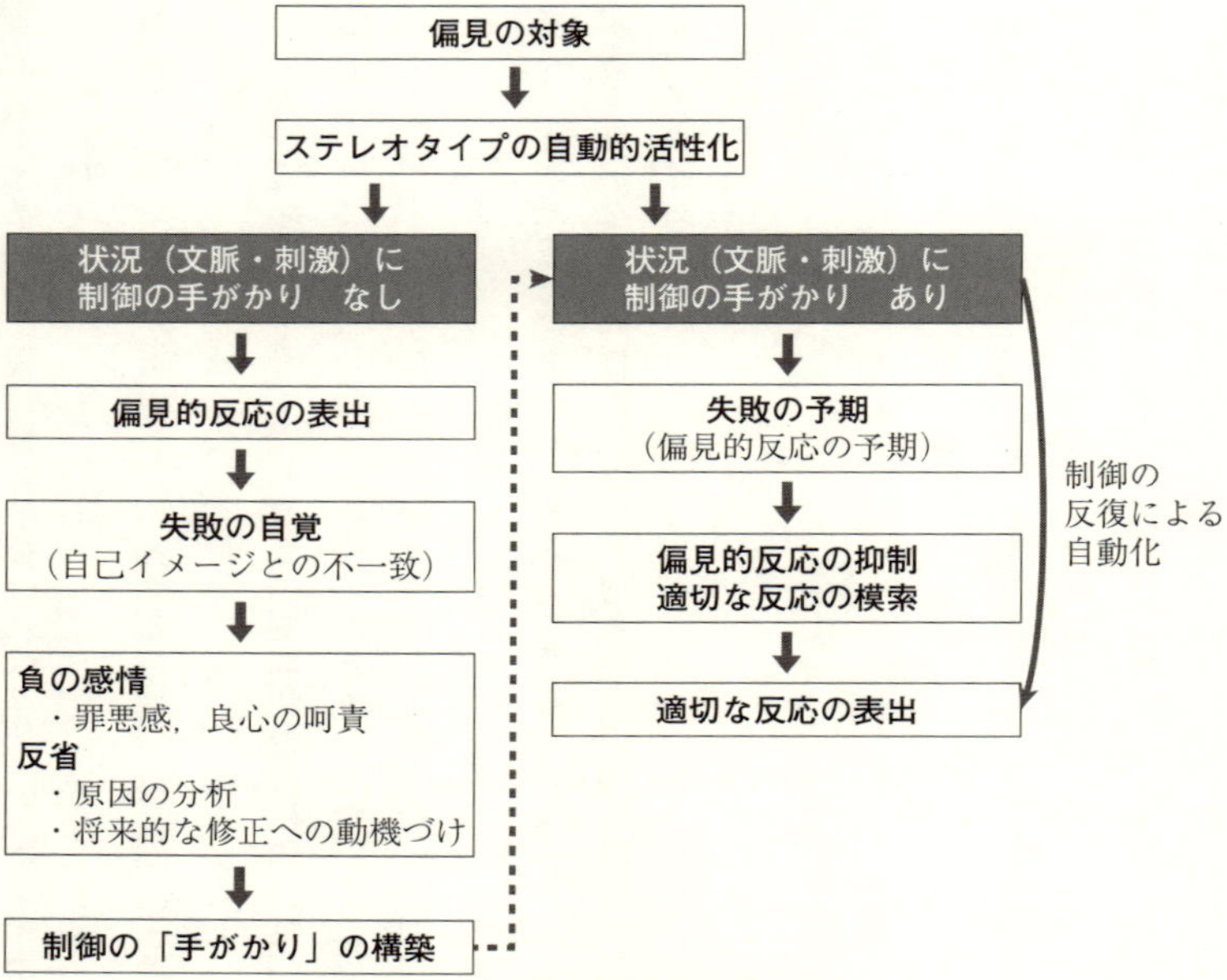

図 5-1　偏見の自己制御モデル[21]

されている。[22] さらに、特定の「手がかり」のもとで偏見の自己制御が繰り返されると、しだいに「こう反応したらよい」という習慣化された適切な反応が自動的に生じるようになる。[23] 十分な練習さえ積めば、意識的に偏見的反応を抑制したり、どう反応すればよいかを探索したりする必要がなくなるのである。

　偏見の自己制御モデルは、偏見が弱く、偏見のない自己イメージをもつ人々を念頭においたものであるが、偏見が強い人にも適用可能である。偏見が強い人は、偏見がないという状態についての基準が低い、あるいは偏見のない自己イメージをもたないために、偏見の弱い人が罪悪感を抱くような行為でも、こうした感情が喚起されない。しかし、偏見の抑制を求めるような社会的規範があり、その基準に反する行為をすると社会的に排除されたり、叱責を受けるといった罰が与えられる場合には、偏見的反応を制御する「手がかり」が学習されると考えられる。つまり、外的基準で抑制すべき偏見的反応を見つけ、社会的制裁を避けて、社会的承認を受けたいという外発的な動機によって、自己制御が働くようになるというのである[24]。ただし、偏見の強い人が罰を経験するのは「公的状況」であるため、それが「手がかり」に加わってしまい、匿名状況を始めとした社会的圧力が弱い状況では、偏見的反応の自己制御が働きにくくなることも予測される。その一方で、我々は成長の過程でさまざまな社会的規範を自分のものにしてきており、社会的規範に従って行動するうちに、個人の中に判断基準が内在化し、内発的動機が生まれることもまれではない。そうなれば私的な状況でも偏見の自己制御が駆動するようになると期待できる。

このように偏見の自己制御モデルは、特定の時点での偏見的反応の抑制ではなく、一連の過程の中でいかに偏見的反応が抑制されるかに焦点をあてたものといえる。現実的にはさまざまな制約条件が存在しており、検討すべき課題も残っているが、このモデルは平等主義的な自己観や社会的規範の活性化によって我々が将来的に偏見に打ち勝つことができることを示している。

2 偏見の是正

●接触仮説

第1節では、思考や行動に現れる偏見を低減および解消するための方略について考えてきた。偏見が存在する以上、それが現実的な問題を引き起こさないように防ぐという視点は不可欠であり、思考や行動の意識的制御はそのための有効な方略と考えられる。しかし、こうした制御は常にうまく機能するとは限らず、偏見そのものが解消されなければ、それが表出されるリスクがなくなることはない。偏見の解消は、やはり重要な課題である。

学術的研究の枠を超えて、学校教育などの実践場面でも有効性と有用性が高いと考えられている偏見の低減方略は「相手との接触」である。これは「偏見は相手への無知や誤解に基づくものであり、接触機会を増やし、真の姿に触れれば、おのずと偏見はなくなる」という接触仮説[25]に基づくものである。ただし、現実はそれほど楽観的ではなく、接触がかえって偏見や敵意を強めてしまうことも珍しくない[26]。接触仮説を唱えたゴードン・オルポート自身も認めているように、偏見の低減に有効なのは、いくつかの適切な条件を備えた接触に限られる。なかでもとくに重要な条件は、地位の対等性、協同、社会的・制度的支持、親密な接触である[27]。以下、各条件の具体的な内容を説明する。

① 地位の対等性

集団の垣根を越えて接触する際には、互いに対等な立場におかれることが望ましい効果を生むとされている。上司や部下よりも、同僚との方が親密で深い関係を築きやすいことは想像しやすいだろう。また、偏見の多くは、相手が劣っているとの信念を含んでいる。この信念に合致する形で、偏見の対象が従属的な立場や低い地位におかれた場合には、接触によってむしろ偏見の強化が起こりやすくなる[28]。そもそも、社会的地位が高く、相手に対して影響力をもつ立場の人、つまり勢力者は、それだけで非勢力者をステレオタイプ的にとらえやすくなる[29]。偏見を強化せず、互いの真の姿を知るには、地位の対等性が欠かせない条件となる。

② 協同（目標の共有と協力）

協力しなければ達成できないような共通する目標が与えられることも、接触が肯定的効果をもつための重要な条件である。[30] こうした目標があると、友好的に振る舞うことが互いの利益になるため、接触によって相手の好ましい面を知る機会が増える。また、協力し合うことで、従来の「我々（＝内集団）」と「彼ら（＝外集団）」の枠組みではなく、「彼ら」も含めた新たな「私たち」という内集団意識（共通内集団アイデンティティ[31]：common in-group identity）が生まれることも、偏見の低減に役立つと考えられる。たとえば、多人種で構成されたスポーツチームが勝利に向かって努力する姿は、目標の共有と協力の効果を示すよい例である。[32] ただし、協力しても目標を達成できなかった場合には、外集団への好意度がかえって低下することがわかっている。[33]

③ 社会的・制度的支持（法律や制度、規範による支持と強制）

集団間の接触を促し、そうすることを支持する法律や制度、社会的規範などの枠組みがあることも、効果的な接触を生み出す。これには、差別的な行動を規制し、平等な扱いを促す枠組みも含まれる。たとえば、一九五四年に下された人種分離教育を憲法違反とするアメリカ連邦最高裁判の判決や、一九八五年に日本で制定された男女雇用機会均等法などは法的な支持にあたる。また、身近なレベルでは、学校全体の取り組みとして、国籍や人種の異なる相手と接触する機会を設けるといったことも、接触の制度的支持にあたる。

こうした枠組みは、賞賛や叱責、社会的排除などの形をもたないものも含め、報酬や罰によって集団間の望ましい関係の構築を直接的に促す機能をもっている。また、最初は法律や制度に合わせて平等主義的に行動しているだけであっても、その行動が報酬の獲得や罰の回避につながることが学習されると習慣化したり、行動に沿った態度や感情が形成されると期待できる。前者は強化学習の知見から、後者は認知的不協和理論や自己知覚理論から導かれる予測である。さらに、社会的・制度的支持は、偏見や差別が容認されるものではなく、その対象と協同して社会生活を送るべきなのだ、というメッセージを広くそして強く社会に発信する。社会的・制度的支持がなされることがもつ社会的意味は人々の価値観や信念を変容させると考えられる。

④ 親密な接触（十分な頻度、期間、内容）

接触の頻度、期間、内容は、相手やその所属集団について豊富な情報を得たり、相手と親密な関係を構築したりするのに十分であることが求められる。得られる情報が多くなるほど、ステレオタイプや偏見が誤解であることに気づいたり、お互いの類似性の発見に伴う共感や好意が生じるチャンスが増える。[37] さらに、十分な接触によって相手の理解が進むと、接触時に感じる不安は軽減され、認知的な余裕が生まれる。その結果、ステレオタイプの影響を受けにくくなり、それを反証する事実にも気づきやすくなる。[38] 関係が進み、集団の垣根を超えて個人同士の友情が結ばれると、友人を介して他の外集団成員について学んだり、外集団への共感が促進されるなどの肯定的効果がさらに生まれ、相手集団全体への態度も改善されやすくなる。[39]

接触仮説の大きな魅力は、偏見低減への具体的で実現可能な示唆を我々に与えてくれる点である。先の四条件を踏まえた偏見低減のための集団間接触プログラムが数多く考案されており、その導入が進む教育場面ではすでに一定の成果を挙げている[40]。

●集団間接触の段階モデル

集団の垣根を越えた親密な接触には、偏見を低減する潜在的な力がある。しかし、個人同士、あるいは少数の人々の間で良好な接触が生じたとしても、相手の所属集団が意識されていなければ、集団全体への態度の好転は期待できない[41]。それでは、お互いの所属集団を明確化したうえで接触すればいいかというと、話はそう簡単ではない。人々は、異なる集団に属する人との交流に否定的感情、とくに不安を抱きやすく、相手との親密な接触を避けようとしたり、接触したとしても緊張や不安を伴ったネガティブな体験となり、相手への否定的態度が強まってしまったりすることも珍しくはない[42]（集団間不安理論）。また、相手の所属集団が意識されると「〇〇集団の人だからこうだろう」というステレオタイプ的期待が生じ、それに一致するところばかりが目につくようになりやすい（確証バイアス[43]）。このように相手の所属集団を強調した接触は、かえって偏見を強めてしまう可能性が高いのである。

トーマス・ペティグルー[44]は、この接触仮説が抱えるジレンマを克服し、外集団全体への認知と感情を効果的に改善するには、段階的に接触の形式を変化させることが重要だとする、集団間接触の段階モデルを提唱している（図5－2[46]）。

まず、初期の接触では、接触への不安を軽減し、相手と親密な関係を形成することが課題となる。そのためには、集団を離れた個人同士として接触することが有効とされている。たとえば、接触の際に、相手の個人的理解を目標に定めたり、協同作業での役割分担を個人の特性に基づいて行うように促したりすると、「所属する集団」という情報の重要性が相対的に弱まり、相手を特定の集団の一

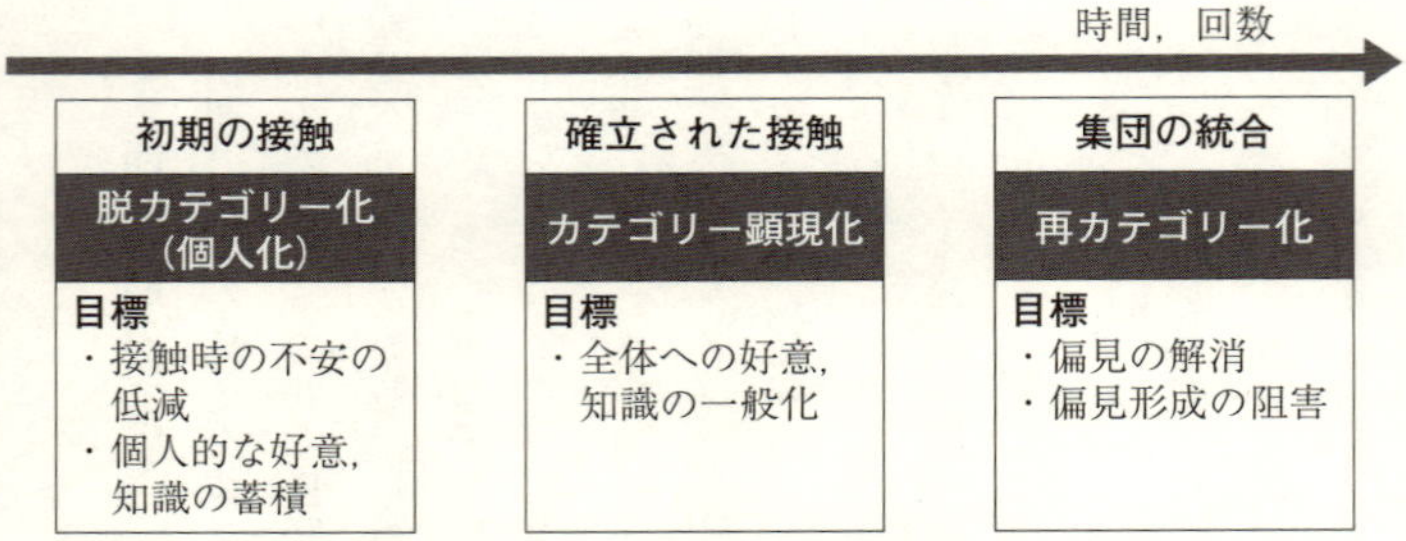

図 5-2　ペティグルーの段階モデル[45]

員ではなく、そういう集団成員性ももった「個人」としてとらえやすくなる（脱カテゴリー化[47]：decategorization）。そのほかにも、一人の人をカテゴリー化する基準が豊富にあること（交叉カテゴリー化[48]：cross-cutting categorization）や、同じ集団に属する人々であってもそれぞれ多様性があることを強調するといった手段も、所属集団のもつ意味を希薄化させ、個人への焦点化を生じさせる。こうした「個人化された」（personalization）状況では、所属集団の違いに基づく不安や偏見が抑制され、親密なやりとりが可能になり、相手の個人的側面についての理解が促進される。

この段階で重要なのは、接触を繰り返すなかで、接触相手自身に関する豊富な情報、とくにステレオタイプに一致しない情報や自分との類似性を示す情報を得ることである。また、個人的に相手との間に信頼や好意、共感といった肯定的感情が育まれることも求められる。

外集団成員との間に個人的な関係が確立した後には、集団成員性を明確化したうえでの接触が求められる（カテゴリー顕現化[49]：salient categorization）。なぜなら、接触相手から偏見やステレオタイプを覆すような情報が得られても、それが「集団」に関する情報として処理されなければ、いっこうに集団全体への態度は改善されないためである。集団成員性が強調された文脈では、接触相手から得た豊富な知識や良好な印象は外集団成員に関する情報として処理されるようになり、「こういう人もあの集団にはいたのだ」と集団全体への情報の一般化が生じるやすくなる。さらに、「外集団成員」と関係を構築したという認識は、新たな外集団成員との接触への不安を軽減し、良好で豊富なさらなる集団間接触を生み出し、偏見の低減に寄与すると考えられる。こうして段階的に集団間接触が進展すると、互いの集団成員性を意識しつつも、個人的で親密な関わりをもつことができるようになる。このような関係は集団間友情（coss-group friendship）と呼ばれ、偏見の低減に大きな効果をもつといわれている。[50]

ただし、注意が必要なのは、相手を「外集団成員」と認識したうえで接触し、偏見やステレオタイプに反する事実を学んだとしても、その人が例外的な個人（individuation：個別化）あるいは例外的な人々（サブタイプ化：subtypeing）と認識されると、集団への一般化が生じなくなる点である。この現象を避けるには、多くの外集団成員と接し、それぞれが少しずつステレオタイプに反する特徴をもっていると気がつくことが有効と考えられる（帳簿モデル：book-keeping model）。[51]

なお、段階モデルでは明確に議論されていないが、初期の接触から第二段階に至るまで、同じ人物と接触し続ける必要はないかもしれない。この段階で新たな外集団成員と出会ったとしても、それをきっかけに、以前に個人的に接触した人物を「そういえば、あの人も同じ集団の人だった」と外集団の一員として再認識するようになり、偏見や集団間不安がある程度は低減すると考えられる。

接触の最終段階では、内集団と外集団の人々について、両集団を内包する大きなカテゴリーに属する仲間として認識される状態に至ることが偏見の解消には重要とされている（再カテゴリー化：recategorization）。[52] このような新たな内集団意識が芽生えれば、従来の内集団と外集団という枠組みに基づく偏見やステレオタイプは解消され、再び生み出されることもなくなる。前節でも触れたが、「我々」と「彼ら」という線引きを弱めて、集団を越えた「私たち」という仲間意識を生み出すには、集団間で互いに協力し合わなければ達成できない共通の目標を導入するという方略が有効である。また、現実世界を見ると集団や社会的カテゴリーは階層性を持っていることが多い。たとえば、日本人と中国人というカテゴリーの上層には、アジア人というカテゴリーが存在する。包括的な内集団意識の育成には、すでに人々の頭の中にある、上位カテゴリーをいかに活性化するかもポイントとなるだろう。段階モデルを提唱したペティグルーも指摘しているように、集団間接触においてこの段階にまで至るケースはまれではある。しかし、接触を通じた偏見の解消を考えるうえでは、この段階までを一連の流れとしてとらえることは重要であろう。

以上のように、偏見低減の段階モデルに沿った接触は、理論的には偏見を低減する効果をもつと考えられる。しかし、接触段階に沿って集団成員性の顕現性を変化させることは、それほど容易ではない。たとえば、人種や性別などの視覚的に目立つ特徴によるカテゴリー化は制御が困難であることが示されている。[53] この問題について、近年の研究では、インターネットを介した集団間接触が解決をもたらすのではないかと期待されている。インターネットによる接触では、そこで交わされる情報をたやすく制御することができる。[54] たとえば、視覚や音声によって集団成員性が明らかになるような場合には、接触の初期には文字だけのやりとりを行い、その後に映像と音声の両方を備えたビデオチャットでの接触に切り替えることで、集団成員性の顕現性をコントロールできる。また、接触段階に応じて、入力を求める情報を制御したり、相手に開示する情報を統制することも容易である。実際の状況を見ると、ソーシャル・ネットワーキング・サービス（SNS）やオンラインゲームなどの中は、互いの人種や性別といった集団成員性を知らないままにコミュニケーションが行われ、親密な関係性が築かれている例も多い。インターネット空間では、すでに段階モデルに沿った偏見の低減が生じている可能性がある。

●接触仮説のその後の展開――拡張接触仮説と仮想接触仮説

近年の研究では、内集団成員に外集団に所属する友人がいると「知ること」や内集団と外集団の人々が友好的に接触する様子を「見聞きすること」でも、集団間の態度が改善されるという「拡張接触仮説」(extended contact hypothesis)に注目が集まっている。[55] その効果は、すでに多くの研究で実証されており、身近な内集団成員を介した拡張接触だけではなく、集団間の友情を描いたテレビ番組や読み物にも認められている。[56]

拡張接触の有効性は、直接的接触と対比すると理解しやすい。第一に拡張接触では、直接的接触で生じるような不安や恐れ、緊張をあまり感じることなく、外集団成員に関する情報を得ることができる。不安や恐れが弱まり、認知的な余裕が生まれると、人々は先入観にとらわれずにみずからの得た外集団成員に関する情報をくわしく処理し、外集団に対する態度やイメージに反映させることができるようになる。[57] 第二に、外集団に所属する人々との交流が語られるときには、たとえば、「〇〇人の友達と会ったときに」などと、接触相手や文脈の説明の中で集団成員性に触れられることが多い。つまり、拡張接触で得られた情報は、たとえ個人的な友情関係を示すものであっても、外集団に関する情報として認識されやすくなる。[58] 第三に、直接的接触を促すことが物理的に困難であったり、良好な接触を生み出すことが難しい集団(例：分離的居住環境、極端な対立関係)であっても、拡張接触による関係改善は試みることができる。拡張接触は、直接的な集団間接触が抱える問題を乗り越えることのできる、制約の少ない偏見の低減方略といえる。

さらに、内集団成員と外集団成員の関係を見聞きすることで、人々は両集団の成員の関係性のあり方を学習したり[59]、外集団の成員との接触を仮想体験（代理的接触：vicarious contact）したりする。こうした経験は、外集団成員との直接的接触に対する不安を取り除き、集団を超えた友情の確立が可能との認識を育む[60]。また、内集団と外集団の双方に、集団の垣根を越えた対人関係の構築を好ましく受け入れる風土、すなわち規範があるとの知覚も促す[61]。拡張接触は、外集団成員を偏見の対象から、潜在的な友人へと変えることでも、外集団への偏見を低減し、さらには将来の良好で効果的な直接的接触の創出にも寄与すると考えられる。

そのほかにも、直接的接触に頼らない偏見の低減方略として、自分自身が外集団成員と友好的な接触をしていると「想像」することで偏見が低減されるとする「仮想接触仮説」（imagined contact hypothesis）も提唱されている[62]。たとえば、初対面の高齢者と出会ったという状況を想定させ、相手の容貌や、どのような会話をし、何を学び、たんなる高齢者ではなく、どんな人だととらえることができたかを具体的に想像するよう求めると、こうした想像を一切しなかった場合や高齢者について考えるようにとだけ促した場合と比較して、高齢者への態度が好転することが明らかになっている[63]。

特定の状況の仮想体験、つまりメンタル・シミュレーションは、神経システムにおいて、実際に体験した場合と類似した感情、動機、記憶、行動表象を活性化させる[64]。外集団成員と友好的に交流している状況を想像した場合にもこうした反応が生じることで、偏見の低減、接触への不安の軽減、外集団成員とうまく交流できるという自己効力感の上昇といった肯定的な効果が発生すると考えられる[65]。

仮想接触の効果は、精神障害者や同性愛者など、さまざまな集団への偏見で実証されている。ただし、仮想接触が偏見を低減する力は、具体的かつ鮮明に接触状況を想像できた程度に応じて変化することがわかっている。つまり、友好的関係が想像しにくい場合には、仮想接触の効果はおのずと弱まる。さらに、仮想接触が偏見に与える影響力は、それほど大きくはないという指摘もなされている[66]。こうした問題はあるが、当事者の負担が少なく、実施も容易な仮想接触の活用は重要と考えられる。たとえば、直接的な集団間接触の前に不安や恐れを軽減するための手法として、仮想接触を取り入れることは有効だろう。

社会心理学の中では古典的理論ともいえる接触仮説は、現在も偏見低減の有力な方略としてとらえられており、理論的な発展を見せている。偏見の低減方略に関するこれまでの研究は、各方略の短期的かつ単独の効果に目を向けがちであった。しかし、集団間接触の段階モデルが示唆するように、偏見の低減には長期的かつ段階的な視点が欠かせない。今後は、拡張接触や仮想接触など、新たに得られた知見を一連の偏見低減の試みの中に取り入れ、適した役割を与える理論的な作業が必要だろう。

3　今後の課題

本章では、偏見の表出の抑制と、偏見自体の是正という二つの視点から偏見の低減と解消という課題について考えてきた。理論的にいえば、どちらの意味での偏見の低減・解消も可能である。しかし、実験や社会調査の中で実証された理論であっても、それを現実場面に適用するには「実践するための方法」が欠けていることも少なくない。たとえば、平等主義的な自己観や社会的規範の活性化が偏見の自己制御を促進するとしても、こうした自己観や規範を活性化させる効果的で現実的な方法を考案する必要がある。また、実践にあたるのは社会心理学を専門としない人々であることも多く、理論が十分に理解されていないことも多い。偏見の低減と解消という社会的な要請に答えるには、基礎研究と実践の谷間を補完する、実践方法を考え、実際に試み、その効果を学術的に検証する応用的研究が不可欠である。また、偏見の低減には、制度や法律といった社会システムによる偏見の制御も重要な要素と考えられるが、その心理的影響の検証は十分ではなく、研究課題の一つとなっている。

偏見低減に関する研究では、新たな潮流として、集団に対する潜在的な態度や認知を変容させる試みが盛んになっている。前者は対象と肯定的あるいは否定的感情（快／不快）の意識されないレベルでの結びつきであり、後者は対象と特定の認知の潜在的な結びつき、すなわち無意識的なステレオタイプである。従来は、潜在的な態度や認知を変容させるのは困難とされてきたが、近年の研究では反証事例の学習によって変化が生じることが報告されている。たとえば、尊敬を受けている黒人（例：俳優のデンゼル・ワシントン）と嫌悪の対象となっている白人（例：連続殺人犯のジェフリー・ダーマー）の写真を連続して見せると、黒人と否定的感情の潜在的な結びつき、すなわち潜在的な人種偏見が弱まり、その効果が二四時間後も持続することが示されている[67]。この知見は、周囲から与えられる情報に応じて、我々の潜在的な態度や認知が柔軟に変化する可能性を示している。今後の研究では、偏見の低減に有効な情報環境や必要条件など、現実場面への適用につながる知見がもたらされていくだろう。

偏見は人間に備わった適応的な心理的機制の副産物であり、おそらく完全になくすことはできないだろう。しかし、本領域の研究成果は、個人と社会が偏見を解決すべき問題ととらえたり、人と人が互いを深く知る機会を得ることで、いまよりも偏見のない世界が実現できることを示している。そして、基礎研究の充実と応用研究の展開によって、偏見の低減への道はさらに広がると期待される。

第Ⅱ部

偏見・差別の実態と解析

さまざまな集団・社会的カテゴリーに関する偏見と差別

第6章 人種・民族

1　人種・民族という問題

●人種・民族とは

本章では、人種および民族に関わる偏見・差別の心理学研究について概観する。またこれらの研究の意義をより理解できるよう、日本における偏見・差別の現状と研究動向についても紹介する。

人種と民族という、しばしば異なるものとして定義され使用される二つの概念を同時に扱うのは、この二つの概念の間に大きな共通性が認められるからである。頻繁に用いられる定義は、人種は肌の色に代表される生物学的・遺伝学的な類似性によるカテゴリーであり、民族は言語、宗教などの文化によって規定されるカテゴリーであるというものである。しかしながら、人種の違いが、外見的なもの以外の特徴についてどの程度生物学的・遺伝的な差異と対応しているのかについては、議論の余地がある。また、人種間や民族間の差異についての人々の認知という問題を考えるときにこうした使い分けがどの程度有効であるかにも、疑問がある。たとえば、アメリカにおける黒人に対する人種偏見の研究では、現代の人種偏見においては黒人がアメリカ的な文化的規範に抵触しているという認知が重要な役割を担っていることが示されている[1]。

さらに、何を民族とし何を人種とするか、またそうしたカテゴリーがどのように用いられるかにも、時代による変遷が見られる。たとえば、南・東欧系の人々と西・北欧系の人々との間の差異は、現在では白人という人種内での比較的小さなバリエーション（民族の違い）と見なされることが一般的であるが、二〇世紀初頭のアメリカでは南・東欧系の人々は西・北欧系の人々と異なる劣った人種と見なされ、そのことがこれらの人々の出身地域からの移民を制限するという立法に影響した[2]。

要するに、人種と民族とは、用法の上で区別がなされる場合もあるものの、まったく異なる実体であるとはいいがたいのである。行動や制度の面での差別という問題について考えたときにも、人種に関する問題と民族に関する問題には大きな共通点がある。そのため、こうした差別に対処するための法・制度も、人種と民族とを同時に扱うことが多い。たとえば、人種差別に関する代表的な国際条約である「人種差別撤廃条約」（あらゆる形態の人種差別の撤廃に関する国際条約：International Convention on the Elimination of All Forms of Racial Discrimination）は、第一条において「この条約において、『人種差別』とは、人種、皮膚の色、世系又は民族的若しくは種族的出身に基づくあらゆる区別、排除、制限又は優先であって、……」と定義している。この条約に基づいて設置されている国際機関である人種差別撤廃委員会は、日本における在日コリアン（韓国・朝鮮籍住民）、アイヌ、琉球人、被差別部落民、イスラム教徒などのおかれた状況を改善するよう、日本政府に対して繰り返し勧告を行っている。こうした勧告に対しては、これらの人々に関する問題は「人種」問題と無関連であるかのように見なし矮小化してしまうという冷淡な反応が日本人の側からしばしばなされるのだが、人種差別撤廃条約の主旨や明文化された条項と照らし合わせて、的を外したものである。

ここで、人種差別撤廃委員会が被差別部落民やイスラム教徒に対する差別も視野に収めていることからもわかるように、人種・民族に関する偏見・差別と世系や宗教に関する偏見・差別の間にも、密接な関わりがある。たとえば、二〇〇一年のアメリカ同時多発テロ以降頻繁に見られるようになったイスラム教徒に対する差別は、中東系民族に対する差別との重なりがある。本章の残りの部分において世系や宗教に関する偏見・差別にはほとんど触れないのは、人種・民族に関する偏見・差別については膨大な研究の蓄積があり、その典型的な研究を紹介するだけでも紙幅が足りなくなるという事情による。また、日本国内においても少数先住民族の権利を巡るさまざまな問題があるとはいえ、日本人が異人種・異民族として認識するのは多くの場合移民を巡る問題でもある。しかし、移民に関する偏見と差別については第7章が中心的に扱うため、本章ではそれらと重なる議論は割愛する。

●人種・民族偏見という視点

今日社会心理学で人種・民族が扱われるとき、ステレオタイプや偏見——人々が集団の成員に対してもつ信念や態度——の観点からなされることが多い。しかし、心理学で人種が扱われるようになった当初は、様相が異なっていた。二〇世紀初頭には、社会的に劣位におかれていた黒人が劣位におかれるべき理由——知的能力の劣等性——を客観的に示すことが研究の焦点だったのである。またアメリカへの移民の急増を抑制する必要性から、上述したように南・東欧系の人々の劣等性も論じられた。

こうした時代においては、現に存在する人種間のヒエラルキーの正当な理由を理解することが求められていたのである。「劣っている」人々に対して抱かれる否定的な認知や態度は、たんに客観的な事実を反映したものであるにすぎないと考えられていた。[3]

しかし、一九二〇年代以降、社会的要請の変化や研究者コミュニティにおける民族構成の多様化などを背景に、人種・民族間に現実に存在する差異にではなく、それらの間に差異を見出してしまう人々の心理に関心が向けられるようになった。[4] さらに、一九三〇年代以降、人々が無意識に抱く欲求に注目する精神分析理論による「偏見」の説明がなされたことなどを受けて、その非合理的な側面がクローズアップされていったのである。[5]

その後、偏見やステレオタイプを生み出す社会的要因に注目するものや、正常で合理的な人間の認知メカニズムから説明しようとするもの、感情や動機の役割に注目するものなどさまざまなアプローチが生まれ、偏見についての多くの研究がなされてきたのだが、[6] それらのアプローチについてはすでに第Ⅰ部で詳述されているため、ここで詳述するのは控える。いずれにせよ、人種・民族偏見の研究は、偏見という一般的問題についての理論やアプローチを多数生み出すことに貢献し、それらが他のさまざまなカテゴリーについての偏見の研究にも適用されていったのである。たとえば次項で詳述する黒人に対する「新しいレイシズム」(人種・民族に関する偏見・差別)についてのアメリカでの研究は、その後他のさまざまなマイノリティにおけるその相似物の検討につながった(第3章参照)。人種および民族は、性別、年齢と並んで人々が他者を認知するときに用いられる基本的な属性の一つであるため、それらに基づいた偏見を理解しようという試みはそれ自体として重要なものであったのだが、それと同時に、さまざまな集団間関係についての実証研究の豊かな培地でもあったのである。

2　今日のレイシズム

●新しいレイシズム

次に本項では、二〇世紀末以降の人種・民族偏見の研究において重要な役割を果たし、また他の領域へも応用されていった「新しいレイシズム」の研究について紹介する。

現在の先進国においては、人種や民族に関する偏見をおおっぴらに表出し差別的な待遇をすることを抑制する社会的規範が存在することが多い。たとえば、クリスチャン・クランドールらはアメリカの大学生を対象に、一〇五の社会的カテゴリーのそれぞれに対してネガティブな態度を抱くことがどの程度許容されるかを尋ねる調査を行っている。その結果、黒人やネイティブ・アメリカンなどの人種・民族カテゴリーに対するネガティブな態度は、許容できない側の端付近に位置していた[7]。

アメリカにおけるこうした社会的規範の成立には、二〇世紀中盤以降の複数の出来事が影響していることを、ジョン・マコナヒー[8]は指摘している。一つには、ナチス・ドイツの人種主義政策が、人種主義を突き詰めたときに何が起こるかを最悪の方法で世界に知らしめたことが挙げられる。もう一つには、一九五〇年代から六〇年代にかけての公民権運動により人種差別が非合法化される過程で、人種差別は不当なものであるという認識が受け入れられるようになったことである。後者の運動とその成果は他の国々にも波及していったし、また各国における市民運動や移民の流入による人種的多様性の増大も、人種・民族に基づく不平等をよしとしない社会的規範の受容をもたらした。

しかしながら、二〇世紀後半以降の研究は、人種・民族偏見はこうした社会的規範の変化によって消え去ったわけではなく、より隠微な表れ方で残存していることを示してきた。デイヴィッド・シアーズやマコナヒーが中心になって発展させてきた象徴的レイシズム[9]（symbolic racism）あるいは現代的レイシズム[10]（modern racism）、サミュエル・ガートナーやジョン・ドヴィディオが中心となって発展させてきた回避的レイシズム[11]（aversive racism）、アーウィン・カッツとグレン・ハスによる両面価値的レイシズム[12]（ambivalent racism）などがそれである。また、二〇世紀末には、認知心理学の知見を取り入れた潜在的レイシズム[13]（implicit racism）の概念も登場した。以下では、象徴的レイシズム／現代的レイシズムと回避的レイシズムを取り上げ、解説する。

●象徴的レイシズム／現代的レイシズム

シアーズやマコナヒーは、公民権運動以前と以後で、レイシズムの質的な変化があったことを指摘している。公民権運動以前のレイシズムは、古典的レイシズム（old-fashioned racism）と呼ばれる、黒人は生得的に劣っているという信念に基づく露骨な偏見である。日本に住んでいることが多いと思われる読者が〝人種偏見〟という言葉を聞いて真っ先に想像するのも、おそらくこうした露骨な偏見であろう。

しかし近年の新しい社会的規範のもとでは、このようなあからさまな偏見を表出することは困難になった。そこで、社会的により容認されやすい信念に基づく偏見が現れたとされる。そうした象徴的レイシズムあるいは現代的レイシズムは、①差別はすでに存在しない、②したがって現在黒人が低い地位に留まっているのは、差別によるものではなくたんに本人たちの努力不足によるものである、③それにもかかわらず黒人はありもしない差別に対する抗議を続け、④その結果、手厚い社会保障などの不当な特権を得ている、という、相互に関連する四つの信念に基づくものである。こうしたレイシズムは、古典的レイシズムとは異なり人種そのものを非難しているのではなくただそれらの人々の振る舞いを批判しているだけに見えるため、自分に対しても、また他の人々に対しても、自分が表明しているのは人種偏見ではないというエクスキューズを行いやすい[14]。こうした偏見を、シアーズらは〝象徴的レイシズム〟、マコナヒーらは〝現代的レイシズム〟と呼んでいる。

こうした〝マイノリティの特権〟という信念の存在をより印象的な形で示したのがマイケル・ノートンとサミュエル・ソマーズである。彼らは、黒人および白人の回答者に対して、一九五〇年代から二〇〇〇年代にかけての各年代において黒人に対する差別と白人に対する差別がそれぞれどの程度強かったかを回顧的に評定させた。その結果、一九五〇年代についての評定は回答者の人種にかかわらずほぼ同じ傾向を示した――黒人に対する差別は非常に強く、白人に対する差別はほとんどなかった。黒人の回答者による評定では、黒人に対する差別は年代を経るにつれて徐々に弱まってきたが、二〇〇〇年代についての評定でも、この間一貫して低く評定されている白人に対する差別との間には大きな差異がある。その一方白人の回答者による評定では、年代を経るに従って黒人に対する差別は急速に減少し、それと引き換えに白人に対する差別の評定が急速に高まり、二〇〇〇年代には白人に対する差別の方がより強いと評定されている。ノートンとソマーズは、これは白人が人種間の不平等という問題をゼロ和ゲーム――一方が利益を得ると他方は同じだけ損失を被る状況――と見なしていることの表れであると考えている[15]。

現代的レイシズムに相当するものは、黒人以外の他の対象、たとえば女性[16]や同性愛者[17]などでも観察されている。また日本においても、在日韓国・朝鮮人に対する現代的レイシズムが存在し、ツイッターの投稿でも古典的レイシズムと現代的レイシズムがともにしばしば表出されていることが示されている。[18] したがって、こうした偏見は、それまで不利な地位におかれていた被差別マイノリティの状況が改善されたときに比較的普遍的に見られる現象であり、現にマイノリティが何らかの特権を得ているという事実ではなく、むしろマジョリティの一般的な心理傾向を反映したものであることが示唆される。こうしたマジョリティが認知する〝マイノリティ特権〟が現在の政治的力学を考えるうえで欠かせないものであることは、二〇一六年のアメリカ大統領選において、黒人や移民のせいで自分たちが虐げられていると感じている白人たちがトランプ候補の支持層の一定割合を占めていたことによって、象徴されている。

●回避的レイシズム

現代的／象徴的レイシズムは、偏見を抱く人々がそれを自由に表出できない外的規範（社会的に強制された規範）のもとでどのように振る舞うかに注目した概念であった。一方、これと同時期にドヴィディオとガートナーが発展させてきた回避的レイシズムの概念は、人種間の平等という理念を内的規範（個人的な信念）としても受容している人々が、それにもかかわらず差別的に振る舞う状況に注目している。そのような人々は渋々と平等に振る舞おうとしているわけではなく、積極的にそれを実現したいと考えている。しかしそれにもかかわらず黒人との接触は、不安などの不快な感情をもたらす。こうした不快な緊張状態を解消するために、あるいは未然に回避するために、人々は黒人との接触を回避しようとする。ただし、ただ黒人を回避しネガティブに処遇することは彼らの内的規範に反する。そのため、こうした回避動機が差別行動をもたらすのは、そうした行動が人種偏見に基づくものではないと合理化することが可能な状況下においてである。

一例として、ドヴィディオとガートナーの研究[19]を挙げる。実験参加者たちは、黒人もしくは白人の架空の応募者たちの面接の抄録を読み、その応募者を採用するべきかどうかの判断を行うよう求められた。抄録にはそこからうかがえる応募者の適性が高いもの、中程度のもの、低いものの三段階が用意されていた。参加者はランダムに、六種類（人種二通り〔黒人・白人〕×適性三通り〔高・中・低〕）の条件のいずれかに割り当てられた。

適性が高い応募者の場合、採用するという判断をすべきだということは明瞭である。また適性が低い応募者の場合には、採用しないという判断をすべきだということが明瞭である。これらの条件下では、応募者が黒人であったか白人であったかは、実験参加者たちの判断に影響しなかった。しかし、適性が中程度の——明確に優れているわけではないが劣っているわけでもない——応募者のときには、採用すべきか採用すべきでないかは、不明瞭である。応募者が黒人である場合に白人である場合よりも採用すべきであるという判断が減ったのは、このような条件下であった[20]。

こうした回避的レイシズムの研究は初期には、主としてどのような状況下で人々が差別的に振る舞うかの検討に集中してきた。また個人差を扱う場合には、偏見そのものの個人差を測定するのではなく、アメリカの共和党支持者（保守派）と民主党支持者（リベラル派）のように政治的指向性が異なる人々が特定の状況下でどのような異なる振る舞いを見せるかを検討するといった形で研究がなされてきた[21]。このように差別を行う個人にではなく状況に比重がおかれたのは、他のレイシズム概念と異なり、本人が否認する不安や不快感の個人差を測定する効果的な手法がなかったことにもよっている。

しかし近年では、プライミング[22]（priming）や潜在連合テスト[23]（Implicit Association Test）を用いて潜在的偏見を測定する手法が確立されたことにより、個人差に注目した研究も増加している。

3　被差別経験

●人種・民族とヘイトクライム

人種・民族に関する偏見・差別について考えるとき、ヘイトクライム（hate crime）またはバイアスクライム（bias crime）と呼ばれる現象は重要である。アメリカにおいては、ヘイトクライム統計法が制定されており、人種・民族、宗教、性的指向などについての偏見を動機とする複数の刑法犯（器物損壊から殺人まで）をヘイトクライムと定義し、その統計をＦＢＩが収集・公表している。この統計に基づくと、人種・民族・世系についての偏見に基づくヘイトクライムは、二〇一六年に計上された単一の偏見に基づくもののうち過半数の五七・五パーセントを占めており、二位の宗教に基づくもの（二一・〇パーセント）、三位の性的指向に基づくもの（一七・七パーセント）を大きく凌いでいる。[24]

ジャック・マクデヴィットらは、ボストンで起きたヘイトクライムを分析し、加害者の動機を四つに類型化している。彼らによると、「ヘイトクライム」と聞いて真っ先に思い浮かべられるであろう、特定の集団を悪とするイデオロギーに基づく「使命型」は、全体の一パーセントに満たなかった。全体の六六パーセントを占め最も多かったのは、被害者集団への偏見や敵意そのものに駆動されているというよりも、スリルの追求やパワーの誇示のために偏見に基づいて容易に攻撃できる標的を選んだ「スリル追求型」であった。これに、居住地などへの「侵入者」を排除しようという「防衛型」（二五パーセント）、何らかの被害に対する反撃としての「報復型」（八パーセント）が続いた。報復型は、何らかの被害を受けた当事者がその直接の加害者に対して報復を行うものではなく、自分と同じ集団に属するメンバーに対する攻撃――事実である場合も、流言・デマにすぎない場合もある――への報復としてなされるものである。[25]

マクデヴィットらの研究はアメリカの一都市におけるものであり、一般化はできない可能性があるものの、その示唆は大きい。日本においては、ヘイトクライムが多発するような事態への危機感はほとんど抱かれていないように思われる。その理由の一つは、排外主義が高じてヘイトクライムに至るというのがあまりにも現実離れしており、（近年においても複数の事例があるとはいえ）蓋然性が低いと見なされていることにあるように、筆者には思われる。そうした極端な思想に基づく「使命型」のヘイトクライムがまれなものであるという認識はたしかに正しいのだが、そもそもそれらがヘイトクライムとしては例外的なものであることは、認識される必要がある。

高史明[26]が指摘したように、現在の日本ではインターネット上を中心に外国籍住民に対する差別的言説が流行しており、彼らと犯罪との関連性をことさら強調するような投稿もしばしばなされている。政治家など公的な地位にある人々がそれを容認する、あるいは積極的に支持するような言動を行うことも珍しくない。二〇一一年の東日本大震災の直後の混乱下でも、在日外国人による犯罪の脅威を煽る流言・デマが盛んに「拡散」された。[27]このような言説空間は、大災害の後などの混乱下において、「防衛型」「報復型」のヘイトクライムを引き起こすきっかけとなりうる。関東大震災後の朝鮮人虐殺が、加害者たちの――あるいは現在においてそれを正当化しようとする人々の――主張の上では、「不逞鮮人」に対する「自衛」や「報復」であったことは、再度認識される必要がある。またそうした状況下でなくとも、ある対象に対するものであれば攻撃が容認されるという社会的規範は、「スリル追求型」のヘイトクライム――構成比として最も大きな部分を占める――を増加させているおそれがある。

また、マクデヴィットらの他の論文[28]では、被害経験が被害者にもたらす心理的影響について、ヘイトクライムと他の犯罪とを比較している。ヘイトクライムの被害者では、侵入思考（考えないようにしているにもかかわらずネガティブな思考が「侵入」してくる経験）、安心感の欠如、神経質、抑うつなどのネガティブな経験がより多く見られた。また、ヘイトクライムは、直接の被害者のみでなく、同じ集団に属する他の人々にも脅威をもたらす。とくに「防衛型」のヘイトクライムでは、そうした派生的な被害により被害者の属する集団の成員一般の行動をコントロールすることが目的の一つとなっている場合もある。[29] こうしたヘイトクライム（および犯罪には至らないハラスメント）の脅威は、被害者集団に属する人々に、みずからのアイデンティティを隠させるような圧力となる場合もある。たとえば、在日コリアンはアメリカでの黒人と異なり、外見でマジョリティ（日本人）と区別することが困難である。また名前についても、通名（日本人風の姓名）の使用が制度化されている。このような環境下でみずからのアイデンティティを隠さざるをえないこと、あるいはそうするか否かの選択を強いられることは、本人の自己認識や自己評価に対する脅威ともなりうる。

●差別に関する調査と法制度の必要性

前述のようにアメリカにおいては、ＦＢＩがヘイトクライムについての各州の統計を収集し、一九九二年より公表している。州によってヘイトクライムの基準や対応が異なることなど、この統計にはさまざまな限界があることも指摘されているが、経年変化などの参考資料となる統計が公表されていること自体は評価できよう。

これに対し日本では、ヘイトクライムが法的に定義されておらず、その公式統計も存在していないため、その傾向や推移を推し量ることは著しく困難である。アメリカのようにヘイトクライムに対してとくに重い刑罰を科す法律の導入には議論の余地は残るものの、それに先立って立法された「ヘイトクライム統計法」の事例は、参考になるのではないかと思われる。

また、犯罪には至らない差別の実態については、これまで民間団体や地方自治体による調査はなされてきたものの、国のイニシアチブによる調査はなされてこなかった。しかし近年、法務省の委託により、ヘイトスピーチ（差別煽動表現）に注目した「ヘイトスピーチに関する実態調査」[30]、ヘイトスピーチに限られない被差別経験一般についての「外国人住民調査」[31]などが行われ、結果が公開されている。こうした調査が実施されるようになったのは、先にも触れた通り近年の日本では外国人および外国にルーツをもつ人々に対する差別的言説が流行し、脅迫的な街宣・デモも活発になされていることに起因している。こうした事態を受けて、二〇一六年六月には「ヘイトスピーチ対策法」（本邦外出身者に対する不当な差別的言動の解消に向けた取組の推進に関する法律）が成立、施行されている。

このヘイトスピーチ対策法は、人種・民族差別を解消することを目的とした日本ではじめての法律であり、一定の評価が可能である。実際にこの法律を受けて、ヘイトスピーチは反社会的な行為であるということを踏まえた判断が、行政や司法の場で増加している。一方で罰則規定がない理念法であることなどを巡って、実効性に疑問がもたれているのも事実である。また、その名称が示している通り、この法律はヘイトスピーチ（第二条において〝「本邦外出身者に対する不当な差別的言動」とは、……、本邦外出身者を地域社会から排除することを煽動する不当な差別的言動をいう〟とされている）の解消を目標とするものである。したがって、「発言」や「表現」以外の差別行為一般については、これを抑止する包括的な法律は日本には存在しないのである。上述の「外国人住民調査」によれば、過去五年間に住居を探したことがある外国人住民のうち「外国人であることを理由に入居を断られた」「日本人の保証人がいないことを理由に入居を断られた」といった差別を経験したことがある回答者の比率は、それぞれ約四〇パーセントに上った。「生まれてからずっと」日本に居住している場合でも、これらの差別を経験した比率はそれぞれ二〇パーセントを超えていた。[32] こうした差別一般についても是正のための立法の必要があるし、またその必要性が認識されるようになるためにも、実態を明らかにするための調査（心理学的研究を含む）などさまざまな試みがなされる必要があるだろう。

4 人種・民族の統合の方略

人種・民族に関する偏見や差別が現に存在する社会において、いかなる方略をとればそれを解消できるかという研究もなされてきた。とくに、初期に関心を集めたのは、人種や民族は存在しないかのように扱うという、カラーブラインド（colorblind）方略である。カテゴリーが存在しない以上、平等は達成されるはずである。こうした方略は、古典的な「人種のるつぼ」（melting pot）モデルとも整合し、集団間接触の研究における個人化／脱カテゴリー化モデル（第5章参照）とも整合する。

しかし、その単純明快さにもかかわらず、実証研究はカラーブラインド方略の欠点を明らかにしてきた。人々は無視しようとしている情報にもしばしば影響されるものであり、現に偏見や差別が存在する社会においてそれらが存在しないかのように「装う」努力は、失敗に終わりがちである。また、この方略は現に存在する偏見・差別を認識し解消しようという積極的な取り組みをもたらさないし、マイノリティがマジョリティに併呑されることをよしとするものであるという問題もある。[33]

カラーブラインド方略は、人権教育への批判の文脈でももち出されることがある。たとえば日本において、在日コリアンや被差別部落民に関する人権教育は、「寝た子を起こす」、つまりすでに過去のものとなっている偏見・差別を新たに植えつけるものであるとの批判がしばしばなされるのである。このような批判は、教育場面の外でも偏見・差別を植えつけたり、助長したりするような情報に接触することがまったくないのであれば、成り立つものかもしれない。しかし、これらの人々への差別は現実の社会に存在するし、近年ではインターネットを通じてそれらに接触することもますます容易になっている。[34] 説得研究において、事前の「免疫」がない問題については容易に態度変容が起こることが示されてきたことを考えると、このような主張の妥当性は非常に疑わしいといわざるをえない。

これに対して、マルチカルチュラリズム（multiculturalism）方略は、人種や民族の境界を無視するのではなく、それらの差異に注意を向けさせることで偏見を解消しようという方略である。すべての人々が同一の文化をもつことではなく、それぞれの文化をもつことを尊重しようとする。したがってカラーブラインド方略とは異なり、社会において少数・非主導的立場にあるマイノリティも、マジョリティの文化に呑み込まれてしまわない。こうした方略は教育現場で盛んに活用され、集団間の態度を改善する効果も挙げているのだが、一方で、集団間の差異を強調することがステレオタイプの強化につながりうること、差異の強調は現在の集団間関係は必然的なものであるという信念をもたらしうることなどの問題点も指摘されている。こうした反省から、近年では、各集団の独自性を尊重しつつも、集団間の差異にではなく相互作用と、過去のそうした相互作用を通じて現在の文化が形成されてきたこととに関心を向けさせようとする、ポリカルチュラリズム（polyculturalism）方略も提案されている。[35]

マルチカルチュラリズムにしてもポリカルチュラリズムにしてもそれぞれに欠点もあるし、常に有効なわけではない。しかし、人種・民族問題の議論がいかにしてマイノリティをマジョリティの文化に同化させるかという関心に終始し、マイノリティの文化やアイデンティティが尊重されることがきわめて少ない日本において、それらの方略を学ぶ意義は大きいと思われる。

5　日本における実証研究の必要性

本章において紹介した心理学の研究は、ほとんどが日本国外、とくにアメリカにおけるものであった。これは、日本において人種や民族に関する偏見・差別を扱った実証研究が非常に乏しいことによる。たとえば、日本社会心理学会が発行する『社会心理学研究』に掲載され J-Stage[36] に収録されている一四七九編の論文のうち、「人種」「民族」「外国人」「在日」のいずれかをタイトルに含む論文は、書評論文三編を含めてもわずか一〇編である。日本心理学会が発行する『心理学研究』においても、四五八〇編の論文のうちわずかに一三編を数えるにすぎない。しかもこのうち八編は、一九四五年の終戦以前のものである。「中国人」「韓国人」など具体的な名称を用いればほかにも文献を見出すことができるが、偏見や差別を扱った論文は乏しい（いずれも二〇一七年一一月二六日現在）。

このように日本の心理学においては、人種や民族に関わる偏見・差別の問題はほとんど関心を集めてこなかった。本章の中で繰り返し述べたように日本にもそうした問題があるにもかかわらず、日本の心理学者はこれらの問題にほとんど目を向けてこず、それゆえに偏見・差別の現実が不可視なままに留められ、そのことがさらに研究関心の欠如を持続させるという悪循環にあったのではないかと思われる。こうした中で公刊された高の著作[37]は、在日コリアンに対する偏見についての社会心理学的研究をまとめたものである。高[38]は、アメリカの黒人に対する現代的／象徴的レイシズムの相似物が在日コリアンについても見出しうることを指摘したうえで、ツイッター上でなされる投稿の内容や性質についての計量分析や、質問紙調査を用いた偏見の規定要因の検討などを行った。その後、社会心理学だけでなく社会学や政治学などの周辺分野でも、こうした問題についての実証研究は増えつつある。ただし高[39]が繰り返し述べているように、海外でなされてきた研究の膨大な蓄積に比べると、日本での人種・民族についての偏見・差別の実証研究はまだようやく端緒に就いたばかりの段階である。

また、実在する人種・民族に関する偏見・差別のようなデリケートな問題に対する、日本の心理学におけるこれまでの研究関心の欠如は、このような政治的にデリケートな問題に関わらないことこそが客観的な科学の条件であるといった誤解にもよっているのかもしれない。しかし、国外では人種・民族に関わる偏見や差別の研究が盛んになされ、そのことが偏見・差別一般についての理解を深めることに貢献してきたのは、すでに述べた通りである。偏見や差別には人間の認知プロセスのような普遍的なメカニズムに負うところもあるとしても、現実の集団間関係によってより強く規定されていることは、軽視されるべきではない[40]。したがって、人種・民族に関する偏見や差別のような現実社会におけるデリケートな社会問題を研究することは、深刻な社会問題の低減・解消に貢献したいという動機に合致するものであるだけでなく、世界と人間についての理解を深めたいというアカデミックな関心をもそそるものなのである。本章を読まれた心理学者、あるいは学生の方々の中から、こうした問題を学び、あるいは研究する方々が大勢現れることを願っている。

第7章　移　民

社会経済的な変動に対する不安と、労働力の確保や人権問題との狭間で、移民に関する世界の関心は高まっている。中・長期的に定住国を変更した人々は移民と呼ばれるが、二〇〇〇年から一〇年間の移民増加率は、それまでの二倍にも達する。[1] 移民に対する関心の高まりは、そうしたことを背景にしている。人口の減少や労働力不足が懸念される社会では、移民受け入れの必要性は増しているのである。その一方で、国境の壁建設や極右の台頭など、移民に対する排他的な態度を示すような政治手法や政策も目立つ。日本においても、移民は「外国人労働者」と同意義に扱われ、定住性を否定する表現がなされることから、[2] 移民に対する排他的な態度の存在が推測される。需要の高まりを自覚しながらも、外国人の定住を受け入れ難いと感じる矛盾は、どこに起因するのだろうか。

本章では、法律や政策といったマクロな視点ではなく、個人の心理というミクロな視点から、移民に対する偏見や差別が形成される背景を考察する。本章では、移民を受け入れることに関する心理的葛藤を三つの視点から分析し、移民受け入れに関する心理的な抵抗（心理的ゲート）の存在を指摘する。

第一の視点として、自国に対する態度が、自国以外の「その他」に対する態度を規定する点を取り上げる。ここでは、「自分はこの国の一員である」という意識や、自国を愛する態度が、移民に対する否定的な態度や偏見といった心理的ゲートを生む可能性について指摘する。第二の視点では、移民を受け入れることによって自国の国民性が変化することへの不安を取り上げ、それに基づく心理的ゲートの存在を検討する。第三の視点では、移民が受入国側の人々にどのように認知されているかに焦点をあてる。移民に対する認知が、移民と受入国との関係性と相互作用しながら、心理的ゲートを生じさせる点を指摘する。以上、個人の心的状態に焦点をあてた三つの視点から、法律や政策とは異なる、移民に対する心理的ゲートの存在を明らかにする。

1 アイデンティティによる心理的ゲート

移民は、その異質性が理由で排除されるのかというと、必ずしもそうではない。移民が受け入れられるか、あるいは排除されるかは、移民集団自体がもつ特徴によって左右されると考えられがちである。しかし、受入国の人々が自国に対して抱く感情や信念もまた、移民に対する態度に影響を与えうる。ここでは、受入国の人々が自国に抱く愛着や、「自分はこの国の一員である」という自覚が、移民の受け入れに対する心理的ゲートを生じさせている可能性について指摘する。

人は、自国への肯定的な評価や行動の裏返しとして、自国以外の「その他」を嫌う傾向がある。自分が優れた集団の一員であると感じることは、他国や移民に対する排他的態度と関連する。これは、自分たちの国は優れていて好ましいのと対照的に、他国からの人々は劣っていて好ましくないという態度である。

この心理的プロセスを説明したのが、社会的アイデンティティ理論[3]である。人は、国などの社会的に意味のあるカテゴリーに所属していると感じることで、自分が何者なのかというアイデンティティを自覚することがある。「私は日本人である」といった感覚は、自己の意味を見出すうえで重要だといえる。そのため、自分のアイデンティティにとって重要な所属集団（内集団）である「うち」をポジティブに見ようという動機が高まり、「そと」の集団（外集団）よりもひいきして評価するのである（第1章参照）。

ここでの内集団とは、たとえ個人的には直接的な関わりがなかったとしても、自分と共通な性質をもっている人々の集合のことを指す。このような人々の集合を社会的カテゴリーといい、客観的な定義ではなく、カテゴリーを認知する個人の主観によってその枠組みが定義される。つまり、「うち」か「そと」かの判断基準には、自身の主観的な社会的アイデンティティが重要な役割を担うことがわかるだろう。「私は日本人である」と感じる際、その「日本人」が意味する範囲は主観的で、移民を「うち」の一部として見るか「そと」と見るかによって、移民に対する態度は違ってくるだろう。

●自国に対する態度の種類

しかし、内集団に対してポジティブな感情を抱いたり、ひいき行動をとったりすること全般が、外集団に対する否定的な認知、態度、行動に直結するわけではない点にも留意すべきであろう。自国に対する態度と移民を含む外集団に対する態度の関連性は単純なものではない。その関連は、自国に対する態度にもさまざまな種類があることを考慮することで整理される。

たとえば、愛国主義（patriotism）と国家主義（nationalism）は、どちらも自国への肯定的な態度を示すが、これらは質的に異なることが知られている。[4] 愛国主義とは、「自分の国が好き」というような自国の価値に対する単純な愛着を示す態度である。この、愛国主義の強さは、外国や外国人に対する排他的態度とは関連するとは限らない。[5] 一方、国家主義とは、自国の優越性を軸にした自国への愛着を指し、「自分の国は優れている／他国は劣っている」という信念と関連する。国家主義の強さには、外国人に対する排他的な態度との関連が指摘されている。[6] すなわち、自分の国を愛する態度をもっていることと、外国や外国人が嫌いという態度は独立していて、自分の国が他国よりもすばらしいという評価的態度こそが、他国への偏見と関連するのである。日本でも、自国に対する国家主義的な態度が強いほど、偏見的態度をもちやすいことが示されている。[7] 自国に対する態度の種類によって、移民の受け入れに対する態度にどのような差が見られるのか、精緻な分類が必要であろう。

2　「国民とは何か」の共有理解が生む心理的ゲート

移民に対する態度が、自国である内集団への態度を基準としているという点は、これから述べる別のプロセスとも共通している。

自国に「受け入れる」ということは、もともとの自国民と移民とが、共同で社会を構成することを意味する。すわなち、移民の受け入れは、内集団の性質の変化を生じさせる可能性を秘めているのである。この点において、移民に対する偏見は、他のマイノリティに対する偏見と性質が異なる可能性がある。

多くの場合、外集団に対する態度と、内集団の価値や定義は独立している。たとえば、人種や民族に対する差別（第6章）や、障害者に対する偏見（第8章）は、偏見をもつ側の内集団が外集団と一体化したり、外集団の存在によって内集団の特徴が変化することを想定しない。「障害者」への態度を改める際、「健常者」自身のアイデンティティが変化するわけではないし、「黒人」は「白人」として扱われることを望んでいるわけではないだろう。一方で、移民の受け入れの特殊性は、外集団を内集団に文字通り「受け入れる」必要があり、それによって内集団の定義や価値が変化する点にある。

ある国家が、移民受け入れに積極的な政策をとった場合を考えてみよう。この場合、新規な参入者は国民の一部となり、国民は多様性を増すこととなる。たとえば歴史的に多くの移民によって構成されるアメリカ合衆国は、その構成員の様相が時代を経て大きく変わったといえる。それにより、国民性に関する客観的および主観的な定義は変化するだろう。したがって、「私は〇〇人である」という社会的アイデンティティを自覚する人にとって、「〇〇人とはどのような人か」を再考する必要が出てくる。受入国側の人々は、移民の受け入れが、自国の「国民とは何か」の共有理解に変化をもたらすことを踏まえて、その是非を判断することになる。移民に対する態度を形成する心理的要因を検討する際には、このような特殊性を勘案する必要があるだろう。ここでは、内集団への受け入れが必要となるという移民の特殊性に注目し、それに伴う心理的ゲートとして、移民を内集団の一員として組み入れることの難しさを取り上げる。

●「国民」の概念化

そもそも人は、自国や自国民を、どのようなものとして理解しているのだろうか。「国民」を認知的に定義する枠組みを整理するうえで、市民的（civic）および民族的（ethnic）な側面を重視する二種類の方向性が指摘されている。[8] 国民を市民的な側面から定義する場合、国民としての「権利」が与えられるか否かは、出生地によって決まる。これは、〝jus soli〟（出生地主義）の精神に基づいたもので、親の国籍や人種にかかわらず、その国で生まれていれば国民として認められるという考え方である。また、市民的な側面を重視する場合、国民であることの権利を行使するための義務として、その国の社会的規範や法律を守ることが課される。その国で生まれ、その国の社会的規範や法律を守っていれば、その人は国民として扱われるのである。

一方、民族的な側面を重視した国民の定義は〝jus sanguinis〟（血統主義）をもとにしており、生みの親の国籍を引き継ぐことが国民として重要であると考える。したがって、この側面に従って国民を定義する場合、その国の主要な民族カテゴリーに祖先をもたない限り、その人は国民として認められない。さらに、上記二つに加えて、文化的（cultural）な性質の有無を重視した方向性が区別されることもある。[9] この側面を重視する場合、その国で共有される文化や価値観を尊重し、守ろうとする姿勢の有無に基づいて、国民であるか否かが規定される。

それではなぜ、自国で共有される国民の定義から逸脱する移民は、自国に受け入れがたいと感じられるのだろうか。それには、移民が内集団の定義や価値を変容する潜在的な脅威として認識される認知プロセスが関わっていることが指摘できる。[10] 先述したように、移民の流入により、自国に定住する人々の民族や人種、宗教などの背景が多様になるという社会の変化が生じる。そこで、「国民とは何か」についての人々の理解や定義が変容する可能性が高まることが予想される。

たとえば、自国の人口のマジョリティを占める民族とは別の民族が移民として定住する場合、民族的な側面から定義されてきたその国の国民性は否定されるだろう。また、外国で生まれた人が増加する社会になると、出生地主義によって生じる国民としての義務が遂行されないと感じられるかもしれない。その場合、「自国の規範や法律を遵守する」という市民的な側面による国民の定義が揺らぐことに危機感を覚えるだろう。あるいは、道徳的な価値観や習慣が異なる移民を自国民として受け入れた場合には、国民を「自国に共有される文化や価値観を尊重し、守ろうとする姿勢をもつ人々」と定義することができなくなる。このように、偏見形成の理由として、自国の国民を定義するうえで重視する側面が移民の流入によって壊されると感じる認知プロセスが指摘できる。

●「国民」の概念化から予測される態度

これまでの研究結果は、内集団の国民性を民族的に定義し、生得的に決定される側面に価値をおきやすいほど、移民に対して否定的な態度や感情を強くもちやすいことを示している[11]。国民の定義に民族的な側面を重視する場合には、国民であるか否かは、同じ祖先をもつといった生得的な要素で決定されると見なされる。ただし、ここでの祖先や血筋などといった表現は、比喩的な意味合いをもち、科学的な事実や根拠に基づくわけではない。自国をとらえる際、あたかも国民全体が血のつながった家族であると感じることに似ている。その場合、外国人は自国に受け入れがたく感じられるだけでなく、「本質的に」自国民と異なると認知されるため、いくら努力しても自国民らしくなることができないという理由で排除が正当化されやすくなることが考えられる。

一方で、市民的な側面から国民性を定義することは、移民に対する寛容な態度と関連し、特定の民族に対する偏見の表明しにくさに影響する。[12] これは、法に従うことや、納税の義務を果たすなどの市民的な行動は、移民個人の努力次第で調整できると感じられるため、自国に受け入れることに抵抗が少ないことを示している。さらに、文化的な側面から国民を定義する人であれば、移民が受入国の文化や価値観を尊重する努力を見せる場合には、国民として受け入れてよいという態度をもつと予測できる。

自身の努力や意識で獲得できる側面（文化の尊重や法の遵守）を重視するか、あるいは生得的に決定される側面（血筋）に価値をおくかによって、外集団の他者を受け入れることに対する態度は規定されるだろう。

●態度の個人差や文化差

移民に対する態度は、自国において「国民とは何か」がどの側面において定義されやすく、広く価値づけられているかにも依存する。多くの人が誇りをもっていたり、重要だと考えたりする自国の価値観に対して、人は敏感に反応するだろう。たとえば、「国民とは何か」を市民的に定義することが重視され、その価値観が広く共有されている国の人は、民族的な定義から逸脱する移民よりも、法を守る意思がないような移民に対して、排斥の態度が強くなる可能性がある。この場合、先述したような民族的な国民の定義と排他的態度の関係性は弱くなるだろう。

塚本早織とスーザン・フィスク[13]は一連の研究で、合計四八〇名以上のアメリカ人を対象に調査を行い、アメリカ人の移民に対する態度の心理的原因を調べた。「移民集団が大挙してアメリカ国内に流入する」と説明をした偽の物語を呈示し、そのような社会の変化についてどう感じるかを質問した。すると、アメリカ人参加者は、移民が平等や権利、政治的信念などといったアメリカ人の市民的な価値観を脅かす存在になりうると報告した。その一方、移民がアメリカ人の伝統や習慣、また同族的な一体感など、民族的側面に脅威を与える存在であると感じられた程度は比較的低かった。さらに、移民に対する（民族的ではなく）市民的な価値観への脅威の認知は、移民に対する偏見を説明する心理的要因であることが明らかになった。すなわち、移民がアメリカ人の平等や法遵守に対する価値観に脅威を与えると感じやすいほど、移民の流入に反対であると回答しやすかったのである。アメリカ人の移民への偏見の形成メカニズムとして、移民の流入によって市民的な価値観に変化が生じることに脅威を感じているという心理的要因が指摘できよう。

すでに多民族が共存するアメリカのような社会においては、同族性を強調する民族的な国民の定義は浸透しにくいため、国民としてのまとまりや自覚を感じる際に、市民的な側面が強調されて共有されがちである。そういった国では、市民的な基準こそが内集団を特徴づけるため、異質な外集団を受け入れる際に敏感に反応を引き起こすのかもしれない。

一方で、民族性を重視した国の定義の仕方が広く浸透している国では、別の観点から移民への偏見の理由が説明されるだろう。塚本らが行った日本人とオーストラリア人を対象とした研究では[14]、日本人はオーストラリア人と比較して、自国民の特徴に民族的な類似性や統一感を感じやすいことが明らかになった。日本人は、自国民と他国民を民族性の側面において明確に区別する認知的傾向があることが示唆された。この結果は、日本人の間に、「日本人には日本人の血が流れている」といった素朴理論が共有されていることや、市民的ではなく、民族的な側面を重視した国民性の定義がなされやすいことと、無関係ではないだろう。移民の流入により、日本人の国民性が「汚される」と感じるのもまた、内集団である自国と外集団である移民に相容れない本質的な血統の違いを認知しているからだと推測できる。

市民的および民族的な定義への脅威の認知に文化差があることに加えて、一言で「市民的」「民族的」に定義するといっても、各国や地域でその内容が異なる点も考慮されるべきだろう。ある国では建国の精神を尊重することに価値がおかれるが、別の国ではそれよりも国民の義務（納税など）を果たすことの方が重要であると考えるといったように、国民の定義の内容にも独自の特色があると考えられる。国民の定義や理解に関する質的な違いによっても、移民への態度は異なると予想される。また、複数の側面を重視する場合があることも留意すべきである。ミカエル・ヒジャーム[15]が指摘したように、国民が市民的であると同時に民族的であることも重視する人は、他民族に対して排他的な態度をもちやすい。複数の側面を用いて自国民を厳格に定義しようとする人ほど、自国民と他国民に明確な境界線を認識しているため、移民受け入れに消極的であることが示唆される。予測の方向性は難しいものの、国民を定義する際に用いる側面の違いには個人差や文化差が存在し、移民を自国に受け入れることを許容できるか否かに影響を与えることが示唆される。

3 移民に対する認知による心理的ゲート

ここまでは、受入国側の人々が自国に対してもつ態度や、「国民とは何か」の主観的定義が、移民に対する態度に影響を与える可能性を検討してきた。一方で、移民の側の特徴に視点を移すと、「受け入れられやすい」集団とそうでない集団がいることがわかるだろう。移民がどのような特徴をもっているか、あるいは受入国の人々にどのようなものとして認識されているかも、偏見と密接に関わっていると考えられる。ここではとくに、移民と受入国との類似性と、ステレオタイプに基づく移民の認知が、心理的ゲートをもたらす可能性を指摘する。

●類似性の影響

移民の受け入れられやすさを左右する一つの要因に、人種、宗教、習慣などの特徴が、受入国のマジョリティ集団の特徴とどのくらい類似しているかが挙げられる。民族や宗教によって区別される集団間の類似性は文化的距離（cultural distance）と呼ばれるが、移民と受入国側の間にある文化的距離の遠さは、移民に対する心理的ゲートを生じさせうる。

文化的距離が遠いほど、受入国側と移民との間には集団間葛藤が生じやすいといわれている。[16] これは、文化的距離が遠いほど、移民には文化的脱皮（母国文化の習慣を消去すること：cultural shedding）や文化的学習（文化の習慣を新たに学習すること：cultural learning）が必要となり、移民が受入国の文化に適応するために多くの労力を割くことが求められるためである。ハンナ・ザジェフカら[17]によると、集団同士が異なる性質をもつほど、マジョリティ集団は、マイノリティ集団に対して偏見を強くもつようになり、マジョリティ文化を獲得させる動機が高まるという。これを移民受け入れの文脈に適用すると、移民集団と受入国の文化的距離が遠く、異なる性質をもつ場合、マジョリティである受入国側の人々は自国の文化を維持しようとし、移民にも自国の文化に従うことを求める。そのため、文化的距離の遠い移民の文化適応はより困難となり、受け入れ側との葛藤が生じやすくなる。実際に、文化的距離が遠いほど外集団に比べて内集団をひいきする傾向や、集団間の競争、そして偏見が起こりやすいことが指摘されている。[18]

文化的距離と関連して、移住先の新しい文化や人々と「どのくらい似ていたいか」に関する移民の動機によっても、移民と受入国側の人々の類似性や集団間葛藤の程度は異なってくるだろう。そこで、移民側の異文化適応の動機から予測される類似性と集団間葛藤の関係に触れておくことにする。

異文化適応の研究で有名なジョン・ベリー[19]は、母国の文化や価値観への依存度と、移住先のマジョリティ集団との交流動機の二側面から、移民の異文化適応のタイプや程度を分析した。その文化適応モデル（acculturation model）によると、移民が母国の文化を放棄し、移住先のマジョリティ集団との交流を望むと「同化」（assimilation）、交流を拒否すると「疎外」（marginalization）の適応タイプに分類される。移住先で同化の適応方略をとるほど、移民は新しい文化や習慣を習得しようと行動し、いずれは受入国側のマジョリティ集団との類似度が高まることが予想される。疎外タイプの場合、移民は移住先の文化にもなじまず母国文化とも疎遠になり、社会的に疎外されてしまうだろう。一方で、移住後も母国文化を維持することを希望し、移住先での交流にも積極的な場合は「統合」（integration）タイプに分類され、母国と移住先どちらの文化も継承することになる。最後に、移住後も母国文化にのみ依存しようとする場合は「分離」（separation）のタイプに分類され、ベリーによる文化適応方略の個人差は以上四つのパターンによって説明される。移民側の心理状況や動機によって、移住後の文化適応の様相と受入国の人々との類似性や関係性が変化することを体系的に理解することができよう。

しかしながら、ベリーも指摘するように、移民側の上記のような文化適応動機やその効果は、受け入れ側のマジョリティがもつ態度、および政策や規範に依存して変化する。移民がマジョリティ集団に「統合」する方略をとることによって、集団間葛藤は低減するかもしれないが、この方略は、受け入れ側社会の制度や人々が移民に対して寛容であることが前提となる。したがって、受け入れ側および移民の両方の立場から異文化適応や集団間態度を検討することに意義があるといえる。

●能力の影響

類似度の観点から見る適応や態度の違いに加えて、具体的にどのような特徴をもつ移民がより受け入れられやすいと感じられるのだろうか。移民政策においては、移民の有能さ、すなわち移民個人の人的資本が、受け入れの判断基準となる。日本では二〇一二年より、学歴や職業、年齢などの基準を満たした外国人を「高度外国人材」として認定する「高度人材ポイント制」の運用が開始され、出入国管理において優遇措置がなされる。カナダやオーストラリアでも、移民は、能力や経験によってポイントが付与され、それに応じて定住の可否が左右されるという。これらの政策の実情から考えると、移民の能力に関する客観的な評価は、移民受け入れに関する心理的なゲートにおいて、重要な要因であると考えられる。

では、受入国の人々は、移民の能力が高いほど寛容な態度をもつようになるのだろうか。そこで問題になってくるのが、ヴィクトリア・エッセスら[20]が主張する、移民ジレンマ（immigration dilemma）である。移民ジレンマとは、経済力や労働力としての移民の有用性と、自国の価値や資源に対する潜在的脅威の認知との心理的バランスのことを指す。まず前提として、受入国の経済的な支援を必要とするような移民は、受入国に負担を強いるため、歓迎されない。とくに、受入国の経済状況が芳しくない時期においては、自国の国民の犠牲の上に援助が必要な能力の低い移民を受け入れることに対する反対意見が出やすいことが容易に予測できる。このことは、外国人の受け入れにポイント制度を導入し、より「有能な」外国人を呼び込もうとする制度の裏返しであるともいえる。

しかし、移民ジレンマの説明によると、経済的に自立した有能な集団もまた、受け入れることで競争相手となりうるため、否定的な態度をもたれやすい。移民ジレンマは、「ある集団の利益は他の集団の不利益の上に成り立つ」と考えるゼロサム信念（zero-sum belief）に基づくものである。エッセスらが行った一連の研究[21]の結果は、能力の高い移民集団は、受入国の仕事を奪うと判断され、偏見をもたれやすいことを示している。エッセスらはこの結果を、移民と受入国の間で、経済的および環境的な資源を奪い合う競争が生じる可能性があるため、人々がそれを避けようとした結果であると解説している。能力の高い移民を受け入れることによって、受け入れ側との相乗効果が生まれ、どちらにもメリットがあるとは考えず、「移民が利するなら我々は利さないだろう」といったように、どちらか一方だけに利益があると考えてしまうのである。

以上からわかるように、受入国側が移民に対して求める性質（この場合は経済的な有能さ）が、移民に対して高く評価されたとしても、必ずしも人々に受け入れられるとは限らない。移民の受け入れには、受入国に「必要か否か」という点だけでなく、移民の性質に関するより多面的な認知を考慮する必要があるといえる。

●ステレオタイプの影響

受入国側の人々が移民の性質をどのように認識し、受け入れに対する態度を決定するのかについて、より多面的かつ体系的にとらえることにする。そこで、特定の集団に対する固定的なイメージを説明する「ステレオタイプ」をめぐる研究に焦点をあてて見ていく。移民に対する態度は、移民個人に対する評価とは別に、移民それぞれが所属する母国の国家や民族に対するイメージの影響を受けることがわかるだろう。

ある集団の特徴に関する社会的に共有された固定的なイメージは、ステレオタイプと呼ばれる。ステレオタイプは、数値や基準によって表せるような客観的な根拠が存在するわけではなく、集団に対する主観的な先入観のことを指す。ここでは、その集団を構成する成員一人ひとりのもつ多様性は無視される。そうしたステレオタイプに基づく認知によって、移民に対する態度は規定されると考えられる。たとえば、アジア系の国を母国とする移民か、ヨーロッパ系の国を母国とする移民かによって、それぞれの移民がどのような性質をもつと認識されるかは異なる。すなわち、移民受け入れの際のポイント制度などによって評価される移民一人ひとりがもつ性質とは別に、移民が所属する集団に抱かれているステレオタイプが移民に対する態度を規定する重要な要因となる。

ステレオタイプの中で、対人認知の判断に有用だとされるものの一つが、能力に関するものである。たとえば先述したように、有能なイメージがもたれる移民集団は「必要」で、能力が低いというイメージがもたれやすい移民集団は「不必要」であるといったような判断がなされる。その際、「有能であれば善良であろう」といったように、能力は、他の望ましさの軸と並行して評価されることがある。裏を返せば、「能力が低いから乱暴だろう」「単純労働者は潜在的な犯罪者である」などといったように、負の側面についても誇張されて、排除が正当化されることもあるだろう。こういった能力に関するステレオタイプを適用した短絡的な評価は、移民に対する態度と密接に関わることが予測できる。

しかし心理学的知見によると、能力と他の望ましさの評価次元は、必ずしも重複しない。人の評判が能力だけで決まることがないように、実際のステレオタイプはより多面的で複雑である。

ステレオタイプの多面性を体系的に説明したステレオタイプ内容モデル[22]によると、人は、少なくとも二つの評価次元に従って、集団のステレオタイプを形成、維持する。一つ目の評価次元は、先ほどから繰り返し述べている「能力」（competence）に関するものである。ステレオタイプ内容モデルは、社会的地位によって能力に関するステレオタイプが規定されると説明する。たとえば、内集団よりも経済的に成功していて、社会的な地位が高い集団は、能力が高いと評価され、「その集団の成員は有能である」というステレオタイプが抱かれる。その一方で、社会や他者から援助を受けなければ生活できないような社会的地位の低い集団は、能力が低いというステレオタイプがもたれる。移民の能力に関するステレオタイプは、受入国側のマジョリティとされる国民から見た相対的な社会的地位によって規定されることがわかる。

ステレオタイプ内容モデルのもう一つ評価次元は、「温かさ」（warmth）である。これは、自分や自分の所属する集団にとって、対象となる集団が協力的かどうかを基準とした軸である。競争的な集団は冷たく、協力的な集団は温かいというステレオタイプが形成される。たとえば移民の母国が世界の一位二位を争うような経済大国で、受入国の貿易の競争相手となる場合、その国からの移民は非協力的で冷たいというステレオタイプによって評価されるだろう。移民の母国や民族集団が、受入国とどのような関係にあるかによって、移民の能力や温かさに関するステレオタイプは影響を受けるのである。

さらに、ステレオタイプ内容モデルの二次元（能力と温かさ）による外集団の評価は、相補的なステレオタイプを説明する点に特徴がある。集団には、「能力が高くても意地悪」「無能でも友好的」などといったように、否定と肯定が混在したステレオタイプが抱かれることがある。たとえばアメリカでは、経済力や学力が優れているという印象をもたれやすいアジア系移民は、高い能力評価の一方、競争的だと批判されることがある。このような相補的なステレオタイプは、否定的なステレオタイプを挙げつつ、一方の次元で肯定的な印象を強調することで、排他的態度を正当化する働きをもつ。アジア系移民の例になぞらえると、「彼らは有能だとは思うが、私たちとはうまくやっていけないと思う」というように、一見移民集団をほめながらも拒絶をすることが可能となる。肯定的評価と否定的評価の両方が混ざったステレオタイプに基づいて移民を認知することで、拒絶しているという自覚のないままに、移民に対する否定的な態度がとられうる。

このように、ステレオタイプに基づいた移民に対する認知は、時として自身では気づかないうちに、移民に対する心理的ゲートを生んでいる可能性がある。

4 おわりに

本章では、移民に対する態度や行動の心理的要因について、三つの視点から検討した。自分の国は優れているという態度の裏返しとして「その他」の外国人を嫌う心理的プロセスに加えて、移民の流入によって現状の社会や「私の所属する国」の概念が変わってしまうことが、時に脅威となりうることを指摘した。また、移民一人ひとりの特徴よりも、移民集団に対して抱かれたステレオタイプが原因で、偏見がもたれることも指摘した。ステレオタイプは特定の集団に対して社会的に共有された固定的なイメージであるため、そのイメージは集団に所属する個人の特徴の実情とは異なり、誤った評価の原因となる可能性が多いにある。

また、本章では割愛したが、移民に対する態度を考えるうえで、国や地域社会において共有されている文化的思考様式や価値観の影響は度外視できないだろう。自国に対する価値観や態度は、世代を超えて、社会で暮らす人々の間に文化として共有される。現在私たちが生活する社会が、国際化や国の政策の変化に伴い、多種多様な人々によって構成されるようになったとしても、歴史を経て文化的に形成され、継承された思考様式や価値観を急に変えることはできない。社会の様相や成り立ちが、国民性に関する価値観を形成し、今日の移民への態度や行動に影響してきたといえるからである。したがって、移民への態度は、目先の利便性や有用性のみを基準としているわけではなく、文化的に形成された心理メカニズムの結果であることも留意されるべきである。

国際化の流れに沿ったかのように見える移民受け入れ政策の影で、人々の間に共有されている国民性に関する価値観や定義の様相、また態度や行動といった心理的ゲートは、未だ開かれているとはいえないだろう。しかしながら、社会や文化などとの相互作用によって形成される心理的要因を多角的に検証することによって、そのゲートを開くメカニズムを解明することができるかもしれない。

第8章　障害

1　障害というバイアス

「障害に関する偏見・差別」とは何だろうか？　どのようにとらえることができるだろうか？　肢体不自由や白杖をつく人、手話を使う人に対するイメージや感情を測定する質問紙を行ったり、画像や単語を呈示して反応時間などのより間接的な手法で測定したり、実際に「障害」がある人と接触した際の行動観察を行い、その特徴や過程を整理することもできるだろう。筆者もそのように考え、アプローチしたことがある。[1]　しかし、このアプローチはすでにバイアスがかっているのではないだろうか……？

ろう（聾）者が語った次のようなエピソードがある。[2]「私は学校に入ってはじめて、自分がろうであることを知った」という。この発言は、デフ・ファミリーで育ったろう児が、学校に入るまで、自分の聴力について何も知らなかった……という意味ではない。その人は、世の中に聞こえる人と聞こえない人がいることも、自身の聴力の限界についても、「ろう」という言葉があることも知っていた。その「ろう」という言葉が、注目を浴び、特別な訓練を受ける対象であるという異なる解釈を、学校ではじめて知ったということである。

障害とは、英語で〝disability〟で、能力を表す〝ability〟に否定を表す〝dis〟がついた言葉である。しばしば、障害は「誰にもできることとできないことがある」「得意なことと不得意なことがある」ことと同様だといわれる。もし本当にそうであれば、障害と呼ばれる特徴にはすべての「できない」ことが含まれるはずだろう。しかし手話ができない聴者は障害者（障害のある者）にならず、発話ができないろう者は健常者（障害のない者）にならない。なぜだろうか？　このことを問わずに、ろう者を「障害者」と見なすこと、同様にある特性を「障害」としその人を「障害者」と固定化すること自体に、バイアスがかかっているのかもしれない。

すべての障害に対する偏見・差別が能力に基づくものではないが、本章では、能力に焦点をあてて、障害の構成に関わるバイアスを述べる（そのため体や顔の奇形や異形またそれに伴う痛み苦しみ、振る舞いの逸脱など平均との差異から構成される障害は直接の対象としない）。本章を通して、障害がどこに、どのように存在するのかを考えたい。

2　個人能力に基づく障害

誰もが生きていくために必要な能力を個人として備えているわけではない。私たち人間は、個人では非力であるが結集することで、生きるために必要な資源を得る。そのため資源や利得に必要な能力は自分自身に対する関心事なだけでなく、他者に対しても重要であり評価する対象となる。

第2節では、能力についての心理的現象から、障害との関連について述べる。とりたてて、特定の特性を挙げないとき、「障害」は一般にイメージされる三障害（身体障害、知的障害、精神障害）を含む言葉として用いる。

●統制可能性の知覚による障害への差別

他者の能力を評価するうえで、統制可能性（本人の意思によって行動を変えられる程度）の認知は重要な役割を果たしている。統制可能性は責任の所在を示す。統制可能であれば個人に責任が知覚され怒りを感じるが、統制不可能であれば責任の知覚は弱まり同情が喚起される。かつて、障害は因果応報によって生前の罪や罰から生じるとされ（道徳モデル）、本人や家族（とくに産んだ母親）は責め立てられたり、肩身の狭い思いをしたり除け者扱いされたり、追い出されたりすることもあった。生前の行いによって障害の発生は統制可能だという信念が、障害に対する排除を正当化させていたと考えられる（第2章も参照のこと）。

障害の意味づけの枠組みは宗教観から医学へと置き換えられたが、統制可能性の認知はいまも障害者への態度を左右する。バーナード・ワイナーらは障害を含む社会でスティグマ（負の烙印）となる対象の統制可能性を調べた。[3] 身体的な障害（盲目や肢体不自由）は、今日一般に「かわいそう」「気の毒」と同情の対象となるが、これらは発生の統制可能性が低く認知されているためである。同情は積極的な援助を動機づける一方で、対象から距離をとろうとし、排除や無視にもつながる両面価値的な

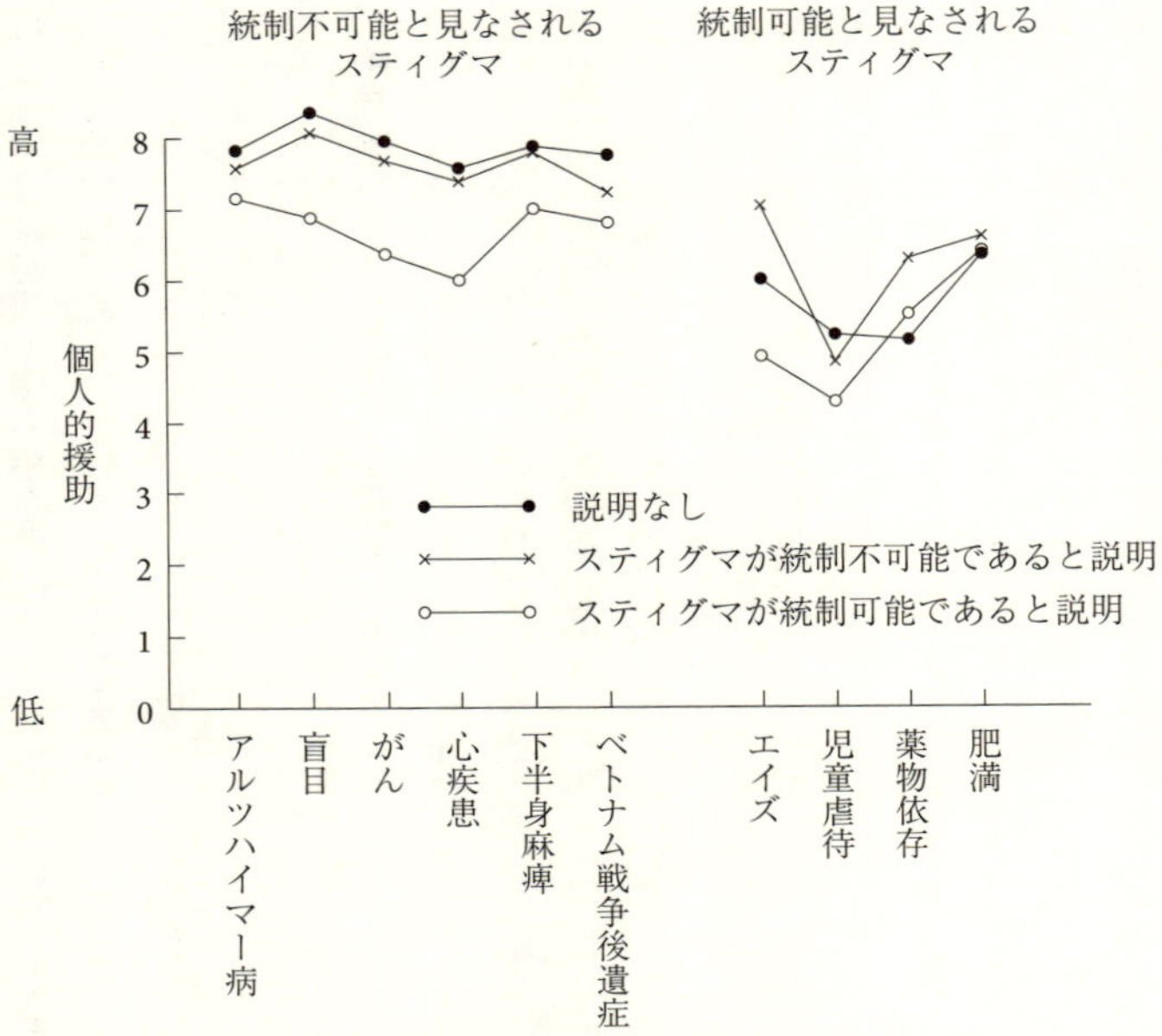

図 8-1　統制可能性の違いによる個人的援助の評定 [5]

感情である。[4]障害のある人を支援する政策が積極的に行われる一方、それらが「障害者」を保護し一般社会と分けられた場で行われ続けていることとも符合する。

統制可能性の認知が低くなるほど同情は下がり、怒りが感じられる。怒りは、援助を控え攻撃につながる感情である。みずからの心がけや意志によって統制可能だと見なされる薬物依存やエイズ、通常では発生が統制不可能と見られる身体障害も、不摂生や素行不良など統制可能な要因によって生じたと説明されると援助意図は低くなる（図８－１）。この場合、実際に生活できずに困っていたとしても援助されにくく、「自業自得」だと非難されることもある。精神疾患があるとわかったうえでも、仕事のミスに対する反応が厳しかったり、業務軽減を申し出ても配慮されなかったりすることの背景に、精神疾患は「心の弱さ」「気の持ちよう」といった統制可能性の高さに基づく責任の知覚があると考えられる。

統制可能性を高く知覚される精神障害や発達障害の症状に対して遺伝や脳機能など生物医学的に説明されることがあるが、このような説明は、生じる問題が本人の意思によるのでないことを伝えるために用いられる側面もあるだろう。実際、生物学的説明は、精神疾患の統制可能性の知覚を弱め、責任やネガティブな感情を緩和する。ただしその一方で、精神疾患に生物学的本質（脳や遺伝等）が知覚されることによって特性が固定化され、変化や回復に対して悲観的になったり、「精神疾患は危険だ」といったステレオタイプが強くなったりする。[6]

統制可能性の認知は経験や知識に基づく、判断する側の直感的で断片的な信念である。そのため観察や知識から統制可能性を高く見積もったが、実際本人が統制できる範囲は期待よりも狭いこともある。文字が歪んだり動いたりして見えることから、読み書きに特異的な困難を示すディスレクシアという特性をもつ人たちは、会話であれば難なく答えられることも、読むことや書くことになると容易に答えられなくなる。人より時間をかければ書けたり、一部だけ間違えていたりすることもあるため、周囲の人にとっては統制可能であるように見える。また、意思によって違法薬物を拒否できるように思えても、しばしば私たちは目上の人からの要求に不本意ながら従ってしまったり、寂しさや過重なプレッシャーによって普段は行わない判断を行ってしまうことがあるように、薬物依存に至るきっかけが必ずしも統制可能かといえばそうともいえないだろう。

能力の統制可能性は不確実で不可知である。個人によっても文化によっても異なるだろう。たとえば知能について、日本人は努力によって向上すると見なす傾向があり、仕事や勉強のネガティブな結果に注目し、改善を求める傾向にある。一方、アメリカは知能は先天的で変わりにくいと考える傾向にある。このような文化差に表れるように、ある能力の可変域は信念であり、実際の可変域はわからず、個人によってもばらつきがあるだろう。思った以上に変化しにくい事柄を変化させられると信じ、「できない」他者にさらなる努力を要求したり責任を追及したりすることは、他者に劣等感を植えつけ追い込むことになる。失敗を激しく非難されたり、仕事をやめさせられたり、生活がままならなくなっていたりする人は、社会保障を受け理解ある職員に囲まれ条件のよい職を得ている知的障害の人（統制不可能と認知される）[7]に対して、障害と認められないことにより不利益を被っていると、障害に基づく差別を感じるかもしれない。

障害への偏見・差別といっても一様ではない。それは障害そのものの違いというよりは、能力に対する統制可能性の違いによって生じる。統制可能性の直感的認知によって偏見・差別の序列が存在し、時に障害のない者の方が否定的に評価されることもある。

●障害からさらなる障害へ

女性や黒人と「能力の低さ」を結びつけることはステレオタイプや偏見だと認識されるかもしれないが、障害は何らかの能力が制限されていることを表すため、定義自体がステレオタイプの内容と関連する。障害は実際に身体能力や知的能力に基づく定義なのだから「障害者は能力が低い」というのはステレオタイプではなく事実であろうか？

私たちの知識は、それぞれが独立しているのではなく、相互に関連して構造化されている。そのため、障害に対する能力の認知もそれ単独にとどまらず、拡散していく。ジェームズ・リーズナーとジャドソン・ミルズは、車椅子に乗った人に対する健常者（障害のない者）の話し方を分析し、この現象を明らかにした。参加者は電話口の相手に向かってある場所への行き方を説明するのだが、相手が車椅子に乗った男性である場合、成人男性に話すときよりも抑揚をつけて、より多くの言葉を用いて説明した[8]。これは、子どもに対して話すときに見られる特徴である。概念の連合の程度を測った実験でも、「障害（肢体不自由）」と「子ども」は結びつきが強く[9]、実際に多くの車椅子利用者が、病院や駅、役所などの応対で、自分ではなく介助者や付き添っている人に話をされるという子ども扱いされた経験をもつ。足が動かないという特定の障害が、理解力にも拡散し、子どもっぽさと結びついているのだ。

障害は他の領域にも広がってとらえられる。顔が動かないことから意思がないと見たり、言語障害で流暢に言葉を発さないことから知的能力が低いと見たり、視覚障害の人に対して大きな声でゆっくりと話したり、その障害と直接関係のない能力を低く見積もった対応を行ったりする。これは、ヘイロー（光背）効果による障害の拡張（disability spread）である。

僕は、思ったことを上手く話せません。

話そうとするその瞬間に、言おうと思った言葉が頭の中から消えてしまうのです。

それは、どこかに行った時、ここには以前来たことがある。と錯覚する感覚に似ています。何だかわからないけれど知っている。そういう感じです。どこかに行くのに場所は知っているのに、その方法が見つからないのです。

僕には、感じる力も感じる思いもあります。けれども、どうやったらすらすら話せるのかがわからないので、どうしようもありません。[10]

これを書いた東田直樹さん[11]は、自閉症の診断を受けており、他者の目を見たりなめらかに言葉を発したりすることを困難とする。話さないからといって考えていないわけではなく、表情があまり動かないからといって感じていないわけではない。多くの人と表出スタイルが違うだけなのだとこの文章は伝える。私たちは、観察から能力を推測しているが、必ずしもその推論が正しいわけではないのだ。[12]自分自身の思い込みによって、人の尊厳を傷つけてしまうことがある。

また、同じ領域内でも障害は拡張される。知的障害の診断にはいくつかの発達検査が用いられるが、それらがその人の知的能力のすべてを反映しているわけではない。あるテレビ番組で、知的障害の子どもだけで買い物に行くという企画が取り上げられた。親御さんは心配していたが、子どもたちは迷いながらもまわりの店員に聞くことで買い物を達成することができた。

計算することができなくとも、商品の名前が読めなくとも、買い物をすることは可能である。ある特定の評価や検査に基づく障害は、社会生活における障害を必ずしも予測しない。なぜなら、障害として描かれる能力は個人の能力であって、生活する社会には他者が存在し、誰かが関われば個人の能力は補われるからだ。すなわち、個人に付与された「障害」とは、個人の能力に対する一部の評価でしかないのである。しかし私たちは、「障害」を中心的特性におきやすく、その期待から他者を判断し、挑戦や失敗する機会を奪ってしまうことがある。知能検査を開発したアルフレッド・ビネーは知能検査の得点が実体的にとらえられることを危惧していたが、彼の願いに反して、知能検査は人間の選別やレッテル貼り、断種手術に用いられた。数字やラベルは人間を無機質化させるリスクを高める。このような人間の危うい認知の変動に私たちは目を向ける必要があるのではないだろうか。

3 環境の中にある人

障害は能力についての個人的属性であるように思えるが、たとえば「字が読めない」という障害は、少なくとも印刷物などの媒体がなければ生じない（読み上げソフトや代読など別の方法を用いることによって、字を読むことの先にある目的は達成できるかもしれない）。そして、字が読めることがどれほど重要なのかは、社会の識字率の高さにもよるだろう。私たちはこういった環境の要因を軽視する傾向にある。

現在の社会心理学に多大な影響を与えた、ゲシュタルト心理学者のクルト・レヴィンは状況要因を考慮することの重要性を指摘した。レヴィンが $B = f(P, E)$ という関数で表したように、ある人の行動（B）とは、ある環境（E）におけるその人（P）との力学によって生まれるものである。第3節では、環境がどのように「障害」に作用するかを述べる。

●状況に埋め込まれた障害

社会には、「障害者」とされる人に対する特定のステレオタイプがある。依存的、能力が低い、いい人である、努力家など、これらのステレオタイプはさまざまな社会的場面で作用している。

しかし障害のある人がおかれている状況、取り巻く環境を考えれば、少し見え方も変わってくる。

たとえば、私たちは地位と能力はある程度結びついていると考え、地位の高さにはその人の能力が反映されているだろうと地位から能力を予測する。[13] しかし障害のある人がみずからの能力を発揮しようとしても、すでにみずからの力では統制不可能な不利な条件が与えられていることがある。

社会は普通の典型的な人を基準として構成されているために、その基準から外れる人は不利益を被りやすい。障害を十分に考慮しない社会保障システム、受験における合理的配慮の欠如[14]（例：パソコン利用や手話での受験）や支援つきの就労などが用意されていない結果が、障害者の社会的、経済的地位を規定している側面もある。しかも、「障害－依存的」というステレオタイプの影響で、「障害」を付与された人たちの主体性や向上心が削がれている可能性もあるだろう。[15]

私たちの生産活動の基盤にあるのは労働であるため、集団の維持に大きく貢献する能力は重視され、その能力の高い人は「社会の役に立つ」人材として重宝され高い地位に就くが、そうでない人は評価が低く、蔑まれたり低い地位を余儀なくされたりする。工場においては決められた工程を正確にこなす能力が、軍事においては頑健でスピーディーな身体能力が、対人サービス業においてはマインド・リーディングや応用力が、それぞれ労働の内容によって規定され求められる。現在障害と見なされている特徴は、労働に不向きな身体あるいは精神として浮かび上がってきた。

なおるかなおらないか、働けるか否かによって決めようとする、この人間に対する価値観が問題なのである。この働かざる者人に非ずという価値観によって、障害者は本来あってはならない存在とされ、日夜抑圧され続けている。[16]

社会の周縁におかれ、忘れられていく障害者の存在を社会に突きつけ、障害者解放運動を牽引した一人・横塚晃一さんの言葉である。

さらに付言すれば、私たちの認知バイアスによって対人判断において重視される特性自体が知的能力に偏っている。知性は（真実か否かはさておき）他の動物と人間とを区別する特性としてとらえられるため、知的能力の低い他者は、動物化され、より極端で残虐な行為が向けられやすい。[17] 労働に必要な能力は時代によって変化する側面もあるが、知能は他の能力と比べても重視されやすく、知的能力が低いと見なされた人は、時代を通じて最も不利な条件を背負わされてきたといえる。

このことを考えると、「障害者ができない」のではなく、プロトタイプを想定し特定の労働に偏る社会によって、できなくさせられている存在を障害者と見なし名づけているといえる（そして、頑張らされたり、いい人にさせられたりする）。私たちは状況の分析が不十分で観察した行為の原因を個人の特性に帰属させやすいために（対応バイアスという）、個人的属性として障害を構成しているのだ。本人が「できない」のではなく、社会によって「できなくさせられている」ことを強調するために、"disabled person"という表現がイギリス障害学では用いられる。日本においても、障害・障がいの表記の議論において、社会がつくる障害をうやむやにしないためにも、ひらがな表記に反対の立場をとる当事者もいる。このような障害者をできなくさせる社会環境の変更・調整を義務づけるのが二〇〇六年に国連で採択された障害者権利条約や、その国内法である障害者差別解消法の法制化（二〇一六年施行）であった。

しかしここでも、対応バイアスは顔を出す。差別是正のためにさまざまな措置がなされているにもかかわらず、格差があるとすれば、それは偏見・差別に基づく不平等によるものではなくマイノリティ自身の問題ではないのだろうか？と。この考えに基づくと、差別解消の要求は過剰で不当だと見なされる。これは敵意や蔑視に満ちた古典的な差別と異なった、マイノリティの訴えを棄却する現代的な差別のあり方である（第6章の現代的レイシズムを参照）。福祉国家といわれるスウェーデンでは、知的障害者に対して、「犯罪をおかしやすい」「強みがない」といった古典的な差別意識よりも、知的障害者は「もはや差別の犠牲者ではな」く、「権利を主張しすぎる」といった現代的差別意識が強い[18]。健常者と障害者を区別化し、健常者中心の社会をつくり出してきた差別の現実をとらえずに、障害者に向けられた処遇に焦点化すれば、障害を付与された人に重層的に差別が降りかかるだろう。

●隔てられた環境

できなくさせているのが社会なのであれば、その障害を克服する（能力をつける）社会のあり方を実践することで障害をある程度まで軽減させることができるだろう。しかしそれらはしばしば障害に専門的に対応した場として特別に用意されることがある。たとえば、障害のある子どもが通う学校や学級、訓練・療育施設などがそうだ。これらは障害に直面する人を差別から解放させることができるだろうか？

特殊学級（現在の特別支援学級）に在籍していた知的障害のあるのぶちゃんは、普通学級との交流以後、普通学級に居つくようになった。以下はその担任であった片桐健司さんの手記である[19]。

のぶちゃんは「かまた」という字を見つけてきて

「先生、これなんて読めるか知っている？」と私に話しかけてきた。

「え？ なんて読むの？」と私が聞き返すと

「これね、『かまた』って読むんだよ。ぼくきのう友だちと行ってきたの」。

文字の読み書きのほとんどできない彼が、「かまた」という字を読めたというのは驚きであった。いくら学校で繰り返し教えてもおぼえられなかった文字を、彼は友達と遊びに行った体験を通してあっさりおぼえてきた。

特殊学級での三年四か月の「学習」とはなんだったのか。個別に丁寧に教えればできるようになるとよく言われるが、たった一度の友達との体験のほうがずっと彼の中では意味があった。

意識的にせよ無意識的にせよ、私たちは他者から刺激を受けている。とくにその影響は同年代によるものが大きい[20]。授業のわからなさから障害のある子どもが普通学級で学ぶことの意義が議論されることがあるが、子どもたちが学んでいるのは学習だけではない。また授業で目的とされることも、のぶちゃんのように、ふとしたきっかけで獲得されることもある。もし障害によって学級が分けられていたら、のぶちゃんが学ぶことのできなかった内容も、獲得されなかった力もあるだろう。人の中で人は育つといわれるが、人間は社会的な存在であり、周囲にいる人たちがどのような人かによって、人は変わり、つくられていく。

障害のある人だけに囲まれることにはどのような影響があるだろうか。能力というのは相対的なもので、一般の学校では「できない」方に属する子どもが、障害のある子どもだけが通う学校の中では「できる」方に属する場合がある。障害のある子どもだけの学校で「ヒーロー」扱いに慣れ、みずからの能力を過信し、卒業後に就労先で失敗したり叱られたりして自信を失い挫折することもある[21]。ある先生が特別支援学級に在籍する子どもに「(クラスの)みんなと離れるの嫌じゃないのか?」と聞いてみたところ、「特別支援学級がいい。だって楽だもん」という答えが返ってきた。その子は将来普通学級に戻れるのだろうか。

人は環境に適応していくため、環境が固定化すると、異なる環境で生活することが困難となる。急に異なる環境におかれても、どのように振る舞い、人とどう接していいのかわからなくなるのはごく自然のことだろう。海外へ行って外国の人と接するときには多くの人が戸惑いを覚える。小さい頃から障害のある子どもだけが通う学校に通っていた人や、何十年も施設や病院で暮らしている人は「外に出るのが不安だ」「どうやって生活していったらいいかわからない」「健常者が怖い」と言う。閉ざされた社会の中で個人が能力をつけたとしても、分けられた社会の間には不安や恐怖といった感情的な障壁が立ちはだかる。社会から「障害者」をピックアップし「障害者」の世界をつくることは、その人たちを外で生活できない「障害者」にさせてしまう。

●「健常者」の障害

先の現実は、何も障害のない者の世界が標準的で正しく、障害のある人たちの能力をつけさせるために統合すべきだ、ということではない。いわゆる障害のない健常者も、「普通」の人としかすごさず、いろいろな人との生き方を知らないのである。対岸にいるときには障害者に優しく、理解を示し、時に援助していても、施設建設や普通学級就学や入社など「私たち」の領域に侵入しようとする際に途端に抵抗が示されることがある。このようなNIMBY(Not in my backyard)型の差別は、「障害者」という顔のない存在に対する恐れや不安の表れである。

分けられた世界の中では、それぞれの「できない」ことは問題にならず衝突は生じない。互いの世界が交わるところで摩擦が起きる。普通の人たちは、これまで「障害」を個人に求め、排除したり隔離したり、また統合する際にも「健常者」のルールを求め、同化を迫ってきた。それは、ある人が障害を診断されるまで「できない健常者と見られて苦しかった」と言ったように、「できる」ことにこだわり「できない」ことを受け入れられない「健常者」の障害であろう。誰もができないことを抱えているが、健常者は多数派であるがゆえに自分のできなさから目を背け、認めなくとも、他者の別の問題に焦点化することで、障害が他者にあると正当化できる。

しかし、名前と顔がありどういう人なのかがわかるような、個人と個人の出会いから自然と人は「できなさ」の克服の仕方を学ぶ。普通学級ですごしていまも地域で暮らす戸田二郎さんの話である。

三年生か四年生頃に遠足に行くことになった。近くの駅まで歩いて行って、電車に乗る。私には参加が無理だろうと考えて自主的に参加を遠慮した。そしたらクラスの話の中で、おかしい、なんで行かないんだ、一緒に行けばいいじゃないか、といろんな子どもたちから話が出た。誰か家から自転車をもってこい、自転車に乗せて引っ張っていけば問題ないだろ、そんな結論になり、当日誰かが自転車をもってきた。その後ろに乗って、子どもたちが代わる代わる駅まで自転車を押し、電車に自転車も乗せて、階段は教師が背負って、遠足に参加した。子どもたちの中で、クラスの一員として、同級生としての私の認識があった。できないことは俺らがサポートして、一緒にできるんだということが、自発的な議論の中に出てきたということだと思います。

(中略)

（地域の）ゴミ出し当番の管理があって順番がまわってくる。私が行くと、「いいよ、戸田君。君は来てくれたことでもう責任を果たした。あんたは来てくれたことによって、社会的責任を果たした」と言われた。それは突然降って湧いたことではなくて、長年培われていく人間関係の中で生まれる。

人間にはできないことを共に解決する集団の力と柔軟性がある。足の不自由な戸田さんと一緒に遠足に行く方法、ゴミ出し当番の対応、これらはいまでいう合理的配慮にあたるが、政治的に決められたことでも専門家がアドバイスしたことでもマニュアルに従ったわけでもない。同じ集団の一員としての認識があり、その人を含めた人間関係の中で、一人ひとりが考え出してきた。

人と人が出会うときの障害は、どちらか一方にあるものではなく、間にあるものである。出会いを分け隔てられることで、私たちはさまざまな人と関わる力を、大変でも最後までつき合い生き抜く力を奪われ（もともとそれらは面倒くさいことなのに）、都合のよい世界でしか生活できなくさせられているのかもしれない。障害者向けの施設建設に反対していた人たちが実際にそこに建物ができ、人が出入りし、挨拶したり言葉を交わすことによって、「最近、調子悪いんじゃない？」「この間、〇〇で見たよ」と職員の気づかない様子を話したりする。出会いによって変わるのは障害のある者もない者も同じであり、障害に限った話ではないだろう。私たちは関わることによって、その人自身を学ぶのだ。

4　カテゴリー化の陥穽

表8-1　障害研究の２つのパラダイム[22]

パラダイム1	パラダイム2
・障害の医学モデルに基づく ・病理を重視する ・障害による違いを欠陥あるいは発達の逸脱と見なす ・一般的に横断的 ・障害のある人とその家族は困難のハイ・リスクと見なす ・おもに心の内側や，個人的特性，個人内の変数に注目する ・障害の発症あるいは急性期に注目する傾向がある ・入院あるいは治療場面で行われる傾向がある ・障害への「適応」や「順応」といった概念を用いる ・比較のために健常者の基準を用いる ・障害者についての研究であり，障害者による研究は少数 ・「私たち－彼ら」モデルが続く	・障害の社会モデルあるいは新しいパラダイムに基づく ・組織的，社会的な視点への移行 ・一生涯に注目する ・流動的なプロセスとして障害への「反応」という概念を用いる ・健康とレジリエンスを高める ・通常，障害の慢性的な期間に注目する ・地域環境で行われる傾向がある ・障害の歴史と文化を評価する ・研究されたことを研究のプロセスとして位置づける ・障害の問題を主として社会的，政治的，経済的，法律的にとらえる ・障害のある人が市民権を否定されてきたという考えに立つ ・公共政策，法整備，システム計画の変化における救済を求める ・一般に，障害者についてだけでなく，障害者による研究

実物の人間はただそのままあるだけで、特性に還元できるような存在ではない。私たちがある一定の定義やラベルを用いてカテゴリカルに解釈しているにすぎない。何が障害か、どの部分が障害かは、人間をとらえる際の切り取り方の一つである。これまでの研究は個人的な障害に関心を向け、アプローチするものが多かった（表８－１左のパラダイム１）[23]。パラダイム１に基づく研究は、障害の有無を強調し、一部のできなさを特別にする。

しかし現実には、障害

の有無や種別以上に、世界は複雑である。一般に全盲の人の方が視覚が残る弱視の人よりも「できない」ことが多く困難を抱えており、支援が必要だと思うかもしれないが、そうとも限らない。駅で切符を買う際には弱視の人が全盲の人に助けられることもある[24]。点字運賃表があったからだ。このように、実際の出来事を考えると、「障害」という概念によって説明できる社会生活の支障はごく一部であり、思っているほどあてにならない。障害とは状況であり、関係性によって規定される。障害のある人への態度について多くの研究を残したハロルド・ユーカーは、障害のある人に対する態度の研究についてなすべきことの最後に次のことを挙げている。

> 障害はたった一部、それもたいてい、**人**のごくマイナーな一部であるということを認識すること。私たちは常に、主としてその人に関心を向けるべきである。
> (recognizing that disability is only one aspect, and often a very minor aspect, of a *person*. We should always attend primarily to the person.)[25]

個人の一部である「障害」は、労働的価値や対人認知上の重みづけ、すなわち多数派のバイアスによって意味が増幅され、社会において大きな差を生み出している。障害に関する研究の二つ目のアプローチは、関係性の中における障害を扱い、その意味を明らかにするものである（表8－1右のパラダイム2）。

5　おわりに

障害に対して、心理学はリハビリテーションや教育、アセスメントを中心に多大な影響を及ぼしてきた。その多くは個人の心に焦点をあて、文脈とは独立に、あるいは特定の文脈において、どのような特徴があるのか、どのように介入すべきかを議論してきた。

しかしそのようなアプローチは本当に障害の真実をとらえてきたのだろうか？　いわゆる「障害」のある人と出会うとき、相手を「障害者」と見ているのは、おおよそ、その人を知らないときである。その人を知るにつれ、心に表象される相手の障害は小さくなっていく。筆者はそういった経験を通して、「障害」を他者の中に存在することを前提としたアプローチは、障害という現象のごく一部しかとらえていないのではないかと考えるようになった（社会心理学を学んできたはずであったのに反省するばかりである）。

障害は生物学的に規定されているように見えるが、心理的な現象であり、他者や社会との関係性の中で変化する流動的な概念である。人間は個人であると同時に、集団としてもある。哲学者の和辻哲郎は、間柄によって特徴づけられる人のありかたを人間《じんかん》と表現したが、人間であるからこそ、障害のある人は排除されも包摂されもしてきた。「できる」ことを個人に求め、できない人を排除しないにしても保護するのか、できることを集団で求め、できないことをその集団の中で補い合うのか、私たちが考えなければならない、またどちらも覚悟の必要な課題である。

関係性から障害をとらえる、パラダイム２に基づく心理学研究はまだ数少ない[26]。他者や社会といった関係性に着目した社会心理学の豊富で精緻な理論は、障害の構築過程を明らかにするうえで重要な視点をもたらし、互いに抱える障害を解放することに貢献するだろう。

第9章 ジェンダー

「男女平等」という理念に反対する人はほとんどいないであろう。しかし、男女間の社会経済的な格差は大きく、ジェンダーに基づく偏見や差別はなくなっていない。世界経済フォーラムが発表している「ジェンダー・ギャップ指数」は、経済、教育、政治、保健の四つの分野におけるジェンダー・ギャップを指標化しているが、経済分野と政治分野では男女間の格差はいまだに大きい。[1] 二〇一七年に発表された報告書で、日本の両指標は（〇が完全に不平等、一が完全に平等）、経済分野では〇・五八〇（一四四カ国中一一四位）、政治分野では〇・〇七八（一二三位）と、大きな格差があり、社会経済的勢力の高い地位は圧倒的に男性によって占められている。「男女平等」が多くの人に支持されている現在において、経済や政治といった社会経済的地位における男性優位が、なぜなくならないのであろうか。そこには偏見や差別が関わっているのであろうか。

ジェンダーに関する偏見と差別や、その背景にあるジェンダー・ステレオタイプには、他の集団間の偏見や差別とは異なったいくつかの特徴がある。第一の特徴として、男女の割合はほぼ半々であり、少数集団に対する偏見や差別ではない。第二の特徴として、男女関係は個人レベルでは敵対的ではなく、異性愛関係で見られるように親和的で協調的であることが多い。第三の特徴として、記述的ステレオタイプ（「男性は支配的」とか「女性はおしゃべり」といった男女がもつ特性）ばかりでなく、規範的ステレオタイプ（「女性は優しくあるべきだ」とか「男性は優柔不断ではいけない」といった男女に求められる、または、禁止される特性）が存在する。第四の特徴として、男性・女性といった単純なカテゴリーではなく、女性においてとくに顕著に、サブカテゴリー（例：専業主婦、キャリア女性、娼婦）が存在し、異なったステレオタイプがもたれている．第五の特徴として、男性・女性の双方が、このようなステレオタイプや社会的役割をある程度受容している。

本章では、ジェンダーに関するステレオタイプや偏見と差別が、どうしてこのような形態をとるのか、社会経済的地位における男性優位なジェンダー・システムがなぜ維持されるのかについて、理論や実証研究を踏まえて考えていきたい。最初に、ジェンダーに関わるステレオタイプや偏見と差別を説明する有力な理論である、両面価値的性差別理論を紹介する。次に、仕事や社会場面で、ジェンダー・システムと性差別を正当化する装置として、ステレオタイプや偏見がどのように機能しているかについて考える。そして、異性愛という親密な二者関係の中で、ステレオタイプや偏見がどのように機能して格差を生み出しているかについて考える。男性に対する偏見や差別も重要ではあるが、本章では、社会経済的に男性優位である現状を踏まえて、女性に対する偏見や差別をおもに検討の対象としよう。

1 両面価値的性差別理論

両面価値的性差別理論は、男性が女性に対して、能力の低い存在として差別したり攻撃したりする敵意的な態度（敵対的偏見）をとるのと同時に、大切にしなくてはいけない存在として保護するような好意的な態度（慈愛的偏見）をとることに注目した理論であり、男女間の勢力差と相互依存関係によって、両方の偏見が生じるとしている。[2] 以下では、この理論の概要を紹介しよう。

他の集団間関係とは異なり、男女は外集団成員である異性との間に、親密な異性愛関係を形成する。幸福な充実した人生を得るためには女性との関係が必要であると多くの男性は考えており、女性に対して親密な感情をもつ。しかし、このことは男性が幸福な人生を送ることができるかどうかは女性に依存していることを意味し、優位性を与えることにもなる。そのため、男性は女性に対して脅威や敵意を感じ、親密な関係を対等な関係ではなく相補的でかつ支配－被支配の関係とするように、男女に異なった社会的役割を与える。

現在見られる性役割の違いは、生物学的な身体や繁殖行動の差異とともに、環境的・文化的要因によって決まる。この性役割の違いがつくり出すジェンダー・システムにより、「女性（男性）は○○である」といった期待（記述的ステレオタイプ）と「男性（女性）は○○であるべきだ（べきでない）」といった規範（規範的ステレオタイプ）が生み出される。[3] 男性に対しては支配を正当化する勢力と関係する「有能さ（作動的特性）」を割り振り、女性に対しては被支配を正当化するとともに相補的で補助的な役割に必要な「温かさ（共同的特性）」を割り振ることになる（記述的ステレオタイプ）。また逆に、この特性に従い「男は仕事、女は家庭」といった役割分化が正当化されることにつながる。仕事に就く場合でも、他者を支援する補助的な職業（看護師、秘書など）が女性に向いている職業としてとらえられる。

このステレオタイプに基づく社会的役割を正当化する装置として家父長制イデオロギーがあるとされる。家父長制のイデオロギーには、男性は女性よりも勢力をもつべきだという支配的家父長主義とともに保護的家父長主義がある。保護的家父長主義とは、男性支配を正当化するために、勢力に関わる作動性を女性に付与せず高い地位を与えない見返りとして、男性は自分に依存する女性を保護し養うという義務を負うという考えである。この保護的家父長主義が、女性に守られる立場を与え、そして、それに伴う望ましい特性（作動性低ポジティブ特性：可憐さ、純真さ）を女性に付与し、女性の補助的役割および地位の低さを維持する装置となる。女性に対して一見すると望ましくも思える保護的家父長主義は、男性にとっても女性にとっても、社会的役割と属性のジェンダー差異を前提とした現存のシステムを維持する装置として機能することとなる。人には現状のシステムを正当化しようとする動機が存在するため、ジェンダー格差が存在する現状を善として、男性に付与された作動的特性と女性に付与された共同的特性が、男性と女性の双方に規範として働くようになる（規範的ステレオタイプ）。

このような異性愛を基盤としたジェンダー・システムのもとでは、勢力の高い立場の男性の側からは、社会的役割と属性のジェンダー差異が存在しているという前提に従う女性（専業主婦や補助的職業に就く女性）に対しては親密さや好意という慈愛的偏見を示すことになる。一方、この前提に従わず、不平等な地位を伴う相補的依存関係を否定し、対等な関係を目指す女性や男性による支配を否定しようとする女性（フェミニストやキャリア志向女性）に対しては敵意的偏見を示すことになる。[4] また、システム正当化しようとする動機が働くため、女性も同様の偏見を示すことがある。

両面価値的性差別理論の概要は以上のようなものであるが、次節では、実証研究を紹介しながら、仕事や社会場面で、両面価値的な偏見やステレオタイプがどのように機能して、男性優位なジェンダー・システムや性差別を正当化していくかについて、第2章で紹介されたシステム正当化理論[5]に基づいて考えてみたい。

2 システム正当化装置としてのジェンダーに基づく偏見・差別

●記述的ステレオタイプのシステム正当化機能としての偏見・差別

「男性は有能だが冷たい」「女性は温かいが無能である」というように、記述的なジェンダー・ステレオタイプは、「有能さ」と「温かさ」に関して望ましい特性と望ましくない特性が組み合わされた相補的なステレオタイプになっている。また、ドラマに登場する地位の高い女性の性格づけに見られるように、非伝統的なキャリアを志向する有能な女性は「有能であるが冷たい」といった印象をもたれやすい。女性も男性もそれぞれ欠点はあるが長所があるという考え方は、第2章で紹介されているように「すべてを手にする人はいない」という考えに通じ、現状のジェンダー・システムの正当化につながる。しかし、注意をしなくてはいけないことは、男性の方が高いとされる「有能さ」は社会経済的地位と関連しているのに対して、女性の方が高いとされる「温かさ」は社会経済的地位とは関連していない点である。[6] そのため、この相補的な記述的ジェンダー・ステレオタイプは社会経済的地位の格差を正当化することになる。実際、ジェンダー・システムを正当でないと評価している女性でも、女性の優れた特性を認める温かさに関するステレオタイプに接触すると、男性と同程度にジェンダー・システム、そして、一般的なシステムの正当性や公正さを高く評価するようになることが示されている[7]。

●規範的ステレオタイプのシステム正当化機能としての偏見・差別

システム正当化とジェンダー・ステレオタイプが関連していることから、ジェンダー・ステレオタイプの規範性の強さも説明できる。システム正当化理論によれば、人には現状の社会システムを、そこに存在しているという理由のみで正当化しようとする動機がある。このような動機のために、現状のシステムを正当化するステレオタイプに合致した人物は望ましく、合致しない人物は望ましくない人物と見なされやすい。現在の社会経済的地位における男性優位に合致する「温かいが能力の低い」伝統的な女性は望ましく、「能力は高いが冷たい」非伝統的な女性は望ましくないことになり、ステレオタイプが規範として働くことになる。このことを示したカナダで行われた研究では、現状のカナダのシステム不全が強調された情報（システム脅威）を与えると、男性参加者は、現状のシステムを正当化する伝統的性役割に合致した、純粋でか弱く男性をたてる女性に対して、より好意を向けるようになっていた[8]。日本に脅威を与える外国を意識させると[9]、日本人男子大学生でも、伝統的な性役割に合致した女性に対して好意を向けるようになることが示されている。さらに、日本人女子大学生でも、伝統的性役割観をもっていれば、同様の結果が得られている。これらの研究結果は、システムに脅威が与えられると、ステレオタイプに合致した女性に対してことさら好意を向けることにより、システムに対する脅威に対抗して現システムを維持しようとしたと考えられる。

●社会経済的地位の向上を目指す女性への偏見・差別

現状のシステムを変えていくためには、伝統的なステレオタイプに合致しない先駆者（vanguard）の役割が重要である。先駆者は、その後に続く人たちの役割モデルとなり、変革のきっかけになる。ジェンダー・システムを変えていくためには、国会議員になる女性や大企業のCEOとなる女性といった、伝統的性役割からは外れた女性が増えることが必要である。しかし、男性優位な社会を変革しうる、社会経済的に高い地位を望む女性先駆者には、記述的ステレオタイプに基づく偏見と規範的ステレオタイプに基づく偏見の二重のハードルがある。[10] 第1章で紹介されているように、特定の集団成員に接触すると、その集団に対する記述的ステレオタイプは自動的に活性化し、集団成員の印象はこのステレオタイプに合致する方向で形成されやすい。「女性は能力が低い」という記述的ステレオタイプがあるため、女性は「能力が低い」という印象をもたれやすいという第一のハードルがある。実際、社会経済的地位に関連する課題において、まったく同じ成果をあげたとしても、女性は男性に比べて能力が低いという印象をもたれることが多くの研究によって示されている。[11] このことから、女性は社会経済的に高い地位に就くだけの適性があることを示すためには、社会経済的地位の高い人がもつ特性である作動性や能力をより高く示す必要がある。ところが、このように作動性や能力を強調することによって第一のハードルを乗り越えた女性には、規範的ステレオタイプに基づく偏見という第二のハードルが待ち構えている。

この第二のハードルは「バックラッシュ」（backlash）と呼ばれており、[12] 同じ作動性や有能さを示す男性に比べて、女性はそのような特性や能力を示すことによって、規範的ステレオタイプを逸脱することになるため、嫌われやすくなる。就職場面を扱った研究では、このような女性は男性に比べて嫌われ、雇用されづらいことが示されている。この二つのハードルによって、女性は社会経済的に高い地位に適した特性を示さないことによって地位にふさわしくないと見なされるか、特性を示すことによって嫌われるかというダブルバインドの状況におかれてしまう。[13] 社会経済的地位の高いリーダーとしての有能さを示す女性は、男性的ステレオタイプがあてはめられ、男性と同程度に冷たいと見なされる。しかし、これだけでは、同じ作動性や有能さを示す男性に比べて、嫌われ雇用されづらいことは説明できない。社会的地位の高いリーダーとしての有能さを示す女性は、傲慢、権力欲が強い、独善的といった、作動性のネガティブな側面である「支配性」が、同等に有能な男性に比べてことさら高いという印象をもたれることが、バックラッシュのメカニズムを綿密に検討した研究によって明らかにされている。そして、このような偏見が、同等に作動性や有能さを示す男性に比べて就職・昇進で不利な扱いをすることを正当化することになる。重要なことは、このような心理メカニズムには現状を肯定しようとするシステム正当化動機が関わっているため、男性ばかりでなく女性においても見られる点である。このことを示した研究では、現状のアメリカのシステム不全が強調された情報（システム脅威）を与えると、男性も女性も、リーダーとして有能さを示す女性に対して、同等の男性に比べて、過度に支配的であるという印象をもち、好意を示さないことを明らかにしている。

リーダーとしての有能さを示す女性に対して、女性も「バックラッシュ」を示すことに加え、もう一つ重要な点は、リーダーとして有能さを示すことによって「バックラッシュ」が生じることを女性自身が認識している点である。傲慢であるとか独善的とか思われて嫌われることが好きな人はいないであろう。女性はリーダーとして有能であることを示すと嫌われることを知っているため、女性は男性に比べて、就職場面で自分がリーダーとして有能であることを示さなかったり[14]、有能さを示した場合でも、そのことが公表されることを嫌ったりすることが明らかになっている[15]。このことは、ジェンダー・システムの変革にとって重要な意味をもつ。伝統的ステレオタイプに合致しない先駆者がいることにより、役割モデルとして後に続く人を先導することができ、ステレオタイプを変容させ、現状のシステムを変革できるはずである。しかし、「バックラッシュ」は、このような先駆者が生まれる可能性をつぶし、ジェンダー・システムを維持する役割を果たしているのである[16]。

3 ジェンダーに基づく偏見・差別の基盤としての異性愛関係

両面価値的性差別理論によれば、ジェンダーに関わる差別や偏見には、男女間の相互依存関係――異性愛関係――が重要な役割を果たしている。また、第2節で紹介したシステム正当化動機に基づいた研究でも、システム脅威を与えると、男性では長期的な異性愛関係が重要だとするイデオロギーを表明するようになり、女性では自分にとって異性愛関係の重要度が高まることが示されている[17]。第3節では、異性愛を意識したときに[18]、男女双方がどのような行動をとりやすいのか、そして偏見や差別がどのように生じるのかを検討し、次に、親密な関係にある男女の間で敵意的偏見と慈愛的偏見がどのような役割を果たすのか考えてみよう。

●異性愛を意識したときの偏見や性差別

好きな異性の前ではいつもとは違った行動をとってしまうことは多くの人が経験することであろう。異性愛を意識すると自分が男性であるか女性であるか、そして目の前の人が恋愛の対象となるか、つまり、男女という観点からものを考えやすくなる。その結果、自分のアイデンティティにとり性別が重要となり、男性は男性ステレオタイプに沿って自分を考えるようになり、女性は女性ステレオタイプに沿って自分を考えるようになる。このようなことは無意識のうちに生じ、行動もジェンダー・ステレオタイプに合致しやすくなる。男性では優位性を示すような行動（顕示的消費、身体的な力強さ行動、自律的行動、ヒーロー的な援助行動、挑危険行動、同性に対する攻撃行動）をとりやすくなり、女性では支援的な行動（優しさを示す援助行動、従順さ行動）をとりやすくなることが多くの実証研究で示されている[19]。

筆者が行った日本人の男女大学生を参加者とした研究では[20]、異性愛に関連する言葉を閾下プライム（見えたと意識できないほど短い時間での呈示）すると、女性参加者では、「おしとやか」であろうとする目標が重要となり摂食量が低下した。一方、男性参加者では、アイデンティティに「力強さ」が取り込まれ、握力が強くなったり、決断するまでの時間が短くなったりした。また、恋人をもちその相手との結婚を意識している女性は、恋人がいない女性や結婚を意識していない女性に比べ、作動的な行動をより男性にふさわしいものと認識するようになることも報告されている[21]。このように、異性愛を意識すると自分が伝統的性役割に合致する行動をとりやすくなるだけではなく、異性に対して性役割に合致する行動をとってほしいと望むようになり、このことが性役割に基づく偏見や差別につながることになる。

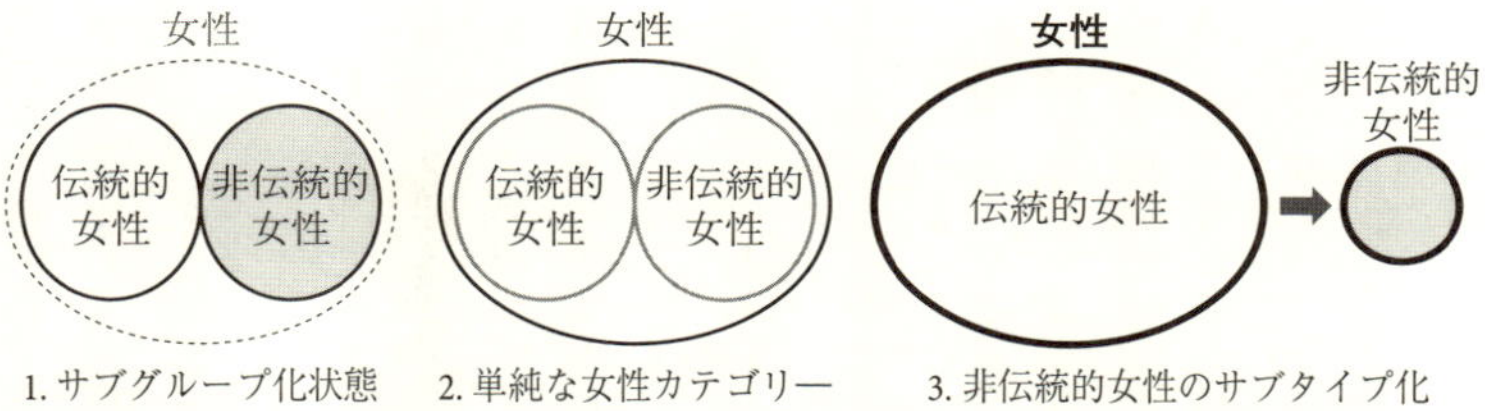

図 9-1　女性カテゴリーとサブカテゴリーのサブグループ化とサブタイプ化

（注）　数値が大きいほど女性カテゴリーの力が強まり偏見や差別が生じやすくなると考えられる。

1. 伝統的女性と非伝統的女性では異なった基準で評価し，女性カテゴリーが弱くなる状態

2. 伝統的女性も非伝統的女性もひとくくりにして伝統的性役割で評価する状態

3. 伝統的女性と非伝統的女性では異なった基準で評価するが，非伝統的女性を女性カテゴリーから除外することにより，より女性カテゴリーが強まる状態

異性愛を意識すると、他者に対して性役割に基づく偏見が生じやすいことを示した筆者の研究を次に紹介しよう。[22] この研究を理解するためには、女性においてはサブカテゴリー（女性の中の下位カテゴリー：専業主婦、キャリア女性、フェミニスト、娼婦など）が顕著に見られるという特徴が重要なので、ステレオタイプや偏見におけるサブカテゴリーの意味について図9－1に基づいて説明しておこう。[23] 先駆者のところで説明したように、伝統的性役割や女性ステレオタイプを変容させるためには、ステレオタイプに合致しない女性が必要である。伝統的性役割やステレオタイプに合致しない女性も多くいることを知れば、ひとくくりに女性として見なすことができず、それぞれ独自のカテゴリーとして機能し、単純な女性カテゴリーの力は弱くなる。また、独自のカテゴリーには独自の評価基準を用いて評価するようになる（図9－1の網かけ部分）。このような現象はサブグループ化と呼ばれ（図9－1の1）、ジェンダーに基づく偏見や差別を低下させることにつながる。しかし、非伝統的な女性に接触しても、ステレオタイプや

偏見が維持・強化される現象も知られている。これはサブタイプ化と呼ばれ、非伝統的女性を少数の例外と見なして女性カテゴリーから外し、女性として見ないことにより（「あの人は特別だよね」というような発言を聞いたことはないだろうか）、伝統的女性カテゴリーがより強固になる現象である（図9-1の3）。

異性愛を意識したときには、サブタイプ化やサブグループ化の低下によって、ジェンダーに基づく偏見や差別を強めることになる。筆者が行った研究では、性役割観に回答していた参加者に対して、異性愛を意識させたうえで伝統的性役割に合致した専業主婦か伝統的性役割に合致しないキャリア女性に対する評価を行わせた。

平等主義的性役割観をもつ男性では、異性愛を意識していないと、専業主婦とキャリア女性はそれぞれよい面があると考え、両者に同じように好意を示していた（図9-1の1の状態）。しかし、異性愛を意識すると専業主婦とキャリア女性を独自のカテゴリーとして考えなくなり、専業主婦に対してより好意を示すようになった（図9-1の2の状態）。このように、平等主義的性役割観をもっている男性では、異性愛を意識するとサブグループ化を低下させることによって、伝統的な性役割観に従った偏見を示すようになる。一方、伝統的性役割観をもつ男性では、異性愛を意識していないときでも専業主婦に対してより好意的であった（図9-1の2の状態）。異性愛を意識すると、このような男性はキャリア女性をより男性的であると評価するようになり、上司としての望ましさを高めた。また、別の研究では、伝統的性役割観をもつ男性は、異性愛を意識すると非伝統的女性の頻度を低く見積もるようになった（図9-1の3の状態）。このように、伝統的性役割観をもっている男性では、異性愛を意識するとサブタイプ化を行うことによって、伝統的女性のみを女性として扱うといった偏見・差別を示すようになる。

女性では、異性愛を意識していないと、専業主婦とキャリア女性はそれぞれよい面があると考え、両者に同じように好意を示していた（図9－1の1の状態）。しかし、異性愛を意識すると、伝統的性役割観をもった女性は伝統的なタイプの女性を上司として高く評価するようになり、平等主義的性役割観をもった女性はキャリアタイプの女性を上司として高く評価するようになった。このことは、異性愛を意識すると、自分の価値観に合致しない女性に偏見を向けることを意味し、女性も多様な生き方を認める傾向が低下することが明らかになっている。[24]

●親密な二者関係におけるジェンダーに基づく偏見の相互影響過程

恋愛関係や配偶関係といった親密な二者関係にある男女の間で、慈愛的偏見や敵意的偏見がどのように影響し合って差別や格差を生み出しているのかについて、検討していこう。[25]
異性との関係は子孫を残すために生物学的に不可欠である。また、異性との親密な関係において男性は充実した人生を送るためのさまざまなサポートを女性から受けることができる。このように女性に依存していることは、男性の地位に対する脅威となり、敵意的偏見の重要な動機づけとなる。敵意的偏見をもった男性はパートナーに対して、パートナーが冷たくなると、身体的暴力や言葉の暴力をふるいやすくなる。[26] このような暴力は、パートナーにとって望ましくないだけでなく、関係を壊すことにつながるため、親密な関係から得られる恩恵を失う意味で男性にとっても望ましくない。[27] 敵意的偏見は仕事場面では男性の社会経済的地位を維持するかもしれないが、親密な関係においては男性にとっても悪影響を及ぼす。

このような悪影響を弱め、男性にとって良い関係を築く助けとなるのが慈愛的偏見である。養育的で優しく温かい伝統的女性ステレオタイプに合致する女性を賞賛し保護することにより、親密な関係にある女性から男性はさまざまな恩恵を引き出すことができるようになる。男性が慈愛的偏見を示すことで、女性に対して影響を行使できるようになり、男性の関係満足度も高まることが明らかとなっている。男性にとっての慈愛的偏見の望ましい効果は、男性が敵意的偏見をもっているかどうかとは無関係に生じることが示されている[28]。

男性が慈愛的偏見を示し、「か弱い」女性を保護する行動をとると、女性も慈愛的偏見を受け入れるようになり、男性の関係満足度を高めるような行動をとるようになる。親密な関係にある男女を長期にわたって調べた研究によれば、パートナーが慈愛的偏見をもっていると思っている女性ほど慈愛的偏見を示すようになり、慈愛的偏見をもっていないと思っている女性ほど慈愛的偏見を拒否するようになる[29]。

このように男性が慈愛的偏見を示すことにより、女性自身も慈愛的偏見をもつようになることは、男女にどのような影響をもたらすのだろうか。これまでの研究から[30]、男性にとっては望ましい影響を与えるが、女性にとっては望ましくない影響を与えることが明らかになっている[31]。慈愛的偏見を受け入れている女性は、男性をより尊敬し愛情を注ぎ、関係志向的な援助を与えるようになる。たとえば、ダイエットをしたい男性には、「あなたなら大丈夫、きっとできるわ」といった励ましを与える。その結果、異性との親密な関係から男性は満足を得ることができ、自尊心を高めることができる。一方、慈愛的偏見をもった男性も女性に対して援助をするが、女性の能力が低いことを前提とした依存志向的援助をしやすい。たとえば、ダイエットをしたい女性に対して、具体的な計画を立て、その計画を強制するような行動をとるなど、上から目線の援助となりやすい。そのため、女性自身の能力や自尊心を低めることになってしまう。女性が慈愛的偏見を受け入れることは、自分の社会経済的地位を高めるような自立や成長を犠牲にして、親密な関係により投資することにつながる。[32] 配偶者や恋人が「白馬の王子様」であってほしいと考える女性は、社会的地位の上昇に関して男性に依存しやすく、経済的に自立をしていこうとする意志が弱いという「ガラスの靴効果」といった現象が知られている。[33] このようなことは、関係がうまくいっているときには問題として認識されづらいが、ひとたびその関係がうまくいかなくなると大きな問題となる。慈愛的偏見を示す女性は、異性との親密な関係に問題が生じると、人生の満足度が急激に低下することが明らかとなっているし、[34] 離婚といった事態になると、経済的な自立が難しいという大きな問題を抱え込むことになりかねない。

4　おわりに

ジェンダーに関わる偏見や差別に限ったことではないが、偏見や差別は意識されない心理過程によって生じることが多い。また、偏見や差別は正当化されているので、行った本人にとっては偏見や差別として意識されない。また、本章で示してきたように、偏見や差別が生じるかは状況依存的であり、現状のシステムに脅威があるときや異性愛を意識したときには偏見や差別が表に現れてきてしまうが、[35] 通常の状況で質問紙に回答させれば平等主義的な回答を行うことが多い。このように、男女間の社会経済的な格差は明らかではあるにもかかわらず、個人が示す偏見や差別は意識の上では巧妙に隠蔽されている。

ジェンダーに関わる偏見や差別が問題になるときには、「意識」を変えていかなくてはいけないといわれることがよくある。たしかに、意識を変えることをも重要であるが、意識を変えるだけでは十分でないことはこれまでの議論から明らかであろう。人には現状のシステムを維持したいという動機があり、システム脅威にさらされると無意識のうちに「現状」を肯定化するような偏見や差別が生じる。とするならば、意識を変えるだけでなく、「現状」を変えることも必要である。現状を変えるには、積極的格差是正措置（affirmative action）を導入するなど状況を変える積極的な介入が求められる。積極的格差是正により、非伝統的性役割的男性・女性が増加すれば、それが「現状」となり、システム正当化動機によってジェンダーに基づく偏見や差別を低下させることができるであろう[36]。しかし、女性のための積極的介入が、慈愛的偏見に基づいて行われやすいことにも注意を向ける必要がある[37]。近年よく言われる「女性が働きやすい環境」という場合、男性と女性の役割の違いが前提になっていることもしばしばあり、第3節で検討したように、個人的な親密な二者関係、そして家庭の中においても男女格差を維持する心理メカニズムが存在している。女性の仕事と家庭の両立ではなく、男性と女性の双方が仕事と家庭を両立させる制度環境を整える必要がある。ジェンダーに関わる偏見や差別を低減するためには、「性役割にとらわれずに誰もが自分の望む生活ができる環境」をシステムとして構築していく必要があろう。

第10章 セクシュアリティ

セクシュアリティに関する差別と偏見の研究は、心理学の中では比較的歴史が浅い[1]。社会心理学領域では、性的指向（sexual orientation）、中でも同性愛（homosexuality）に対する態度に焦点をあて、否定的な態度を生じさせる心理メカニズムの検討が多く行われてきた。セクシュアリティに関する偏った見方という意味では、性的指向だけでなく、恋愛や性行動の研究、あるいは性の商品化などの研究でも関連の分析が行われているが[2]、第９章で扱うジェンダーの視点からの分析が中心となっているため、本章では研究蓄積のある同性愛に対する態度や当事者の苦境に関する研究に焦点をあてて知見を紹介する。

1　セクシュアリティ

●セクシュアリティとは

セクシュアリティ（sexuality）の定義は多様だが、ごく短く表現するなら「性のあり方」となる。もう少し細かく説明したものとしては以下がある。

狭義の性行為だけでなく、性と欲望にかかわる人間の活動全般を指す語。ただしこの語は「セックス」や「ジェンダー」と複雑に絡み合っており、厳密な定義は困難である。セックスは生物学レベルの営みを、ジェンダーは文化的性差を指すとされるが、セクシュアリティはそのどちらをも含み、生殖、快楽、恋愛、自己表現といった多様な領域にまたがっている。[3]

●セクシュアリティの要素

セクシュアリティを構成するものとして、本章では「からだの性」「こころの性」「好きになる性」「表現する性」の四要素をもつものとして説明する。[4]

①　からだの性

外性器、内性器、性腺、染色体の状態や、性ホルモンのレベルなどから定められる要素である。一般に「男女の身体は生物学的に明確に異なっている」と考えられがちだが、ホルモンや染色体の性質から、外性器と内性器の性別が一致しない、あるいは男女いずれかに分けにくい場合もある（性分化疾患、インターセックスと表現されている場合もある）。

② こころの性
自分で自身の性別をどのように認識しているかを表す要素であり、性自認と呼ばれる。男であることの認識、女であることの認識、いずれかであると認識していない場合（Xジェンダー）などがある。トランスジェンダーは、生まれたときのからだの性をもとに割り当たられた性と、こころの性が異なる人のことを指している。また、からだの性別が男性でありこころの性別が女性である場合をＭｔＦ、からだの性別が女性でありこころの性別が男性である場合をＦｔＭと示す場合もある。また、からだの性別とこころの性別が一致しておらず持続的な違和感をもっていることを、性別違和と呼ぶ。

③ 好きになる性
性的指向と呼ばれ、恋愛や性愛の対象となる性の要素である。同性愛（ホモセクシュアル）、異性愛（ヘテロセクシュアル）、両性愛（バイセクシュアル／パンセクシュアル）、無性愛（アセクシュアル／エイセクシュアル）などがある。

④ 表現する性
性表現と呼ばれ、服装や行動、振る舞いなどで表現される、社会的な性別の要素である。

これら四つの要素の組み合わせを考えた場合、「からだの性、こころの性、表現する性が一致しており、好きになる性が異性」という形の人々が多数派として認識されている。一方、この組み合わせではない人々は少数派と認識され、多数派（マジョリティ）に対する少数派（マイノリティ）という意味で、セクシュアルマイノリティと総称される。

セクシュアリティをこれら複数の要素から成立するものとして認識できないと、その多様性が理解しにくくなる。たとえば、からだの性が男性である人が女性用の服を着ているのを見て、「こころの性は女性だろう」と自動的に判断してしまう人がいる。この人は「女性用の服を着ていて性自認が男性」という組み合わせの人がいることに思い至っていない。セクシュアリティの多様性に関する理解不足は、多数派のセクシュアリティをもたない人の存在を無視して物事を決めてしまうことや、「からだの性が男性なら、こころの性は男性、好きになる性は女性、表現する性は男性であるはず（そうでない人はおかしい）」などの偏見を生み出すことにつながっている。

加えて、各要素における個人の位置づけにはグラデーションが存在しており、時間的な変化や幅も含んでいることを認識することが重要である。[5] たとえば、表現する性として「服装は普段メンズを着ているが、時々レディースも着る」という人もいるし、好きになる性として「恋愛対象としては男性を好きになることがほとんどだが、過去には女性を好きになったことがある」という人もいる。

●セクシュアルマイノリティ

セクシュアルマイノリティのうち、レズビアン（Lesbian）、ゲイ（Gay）、バイセクシュアル（Bisexual）、トランスジェンダー（Transgender）の頭文字をとって、「ＬＧＢＴ」という言葉で呼ぶ動きが広がっている。LGBTは直接的にはこの四つのセクシュアリティを示すものであるが、セクシュアルマイノリティを包括する意味で用いられているような場合もある。セクシュアルマイノリティの形は多様であるため、LGBTのほかにもLGBTI、LGBQなど、別の頭文字をとって表現される場合もある。[6] アメリカ心理学会（APA）のホームページではLGBTの支援、そしてセクシュアリティに基づく偏見と差別に強く反対することが表明されている。[7]

セクシュアルマイノリティが人口に占める比率について関心をもつ人は多いが、実際にはそれを明確に示すことは難しい。性的指向は非常にプライベートなことなので、調査で答えにくいことが理由の一つである。またどのような質問文や回答選択肢を用いて尋ねたのか、どのような回答をした人をセクシュアルマイノリティと分類するのかによっても比率は異なるため注意が必要である。[8]

その中で比較的代表的なものとしてゲイリー・J・ゲイツ[9]は、二〇〇五〜二〇一〇年に行われた複数国の大規模調査（実施方法や質問項目は異なる）をレビューし、アメリカの成人人口に占めるレズビアン、ゲイ、バイセクシュアルと自認する者の割合を三・五パーセント、トランスジェンダーを〇・三パーセントと計算している。またゲイツとフランク・ニューポート[10]は、「あなたは自分が、レズビアン、ゲイ、バイセクシュアル、あるいはトランスジェンダーだと自認していますか」と多くの人に尋ねた結果から、アメリカの人口に占めるLGBTの割合を三・四パーセントとしている。[11]

日本で行われた、性的指向や性自認に関する全国的規模の社会調査は少ないが、近年のものとして釜野さおりら[12]が、層化二段無作為抽出法を用いた全国調査を行っている。この調査では「あなたはご自身を、異性愛者（異性だけに恋愛感情を抱いたり、性的に惹かれたりする人）だと思いますか」と尋ね、回答を三つの選択肢（はい、考えたこともない、いいえ）から選択するように求めた。その結果、「いいえ」と回答した者は四・九パーセントであった。

調査方法や調査対象者の違いもあり、調査によって把握された値には幅があるが、さまざまな人が集まる場ではその中にさまざまなセクシュアリティをもつ人がおり、セクシュアルマイノリティの数はけっして少なくないことをここで記しておきたい。

2　同性愛者に対する異性愛者の態度研究

同性愛を取り巻く社会的状況は、近年大きく変化してきている。現在でも法律で禁止する国・地域がある一方で[13]、欧米を中心として同性婚を法制化する動きが広がっている。アジアでも台湾では二〇一七年の憲法法廷の判断を受け、二年以内に同性婚への法制化が進む見通しである。しかし同性婚の法制化が進む国においても偏見・差別は強く残っており、暴力や虐待、そして関連のヘイトクライムは深刻な社会問題として指摘されている[14]。心理学では同性愛や同性愛者に対する異性愛者の否定的態度を、アンチゲイ（antigay）、ホモフォビア（homophobia：同性愛嫌悪）、ヘテロセクシズム（heterosexism：異性愛主義）など、さまざまな言葉で表現してきた。性的指向に関連して抱かれるこれらすべての否定的な態度を総称した言葉として、sexual prejudice（性的指向への偏見）がある[15]。

●否定的態度生起のメカニズム

社会心理学は、上記のような社会問題を改善する手がかりを得るために、異性愛者の中に同性愛に対する否定的な態度が形成されるのはなぜなのかを研究してきた。偏見や差別の心理的背景として指摘されていることの一つは、同性愛が伝統的な性役割規範（いわゆる、昔ながらの男らしさや女らしさ）から逸脱していると認識されることである。[16] 実際に、伝統的な性役割態度をもつ者ほど、同性愛者に対する好意度が低いとの調査結果が示されている。[17]

関連の実験として、マリー・リージュ・レーナーとロイ・H・レーナー[18]の行ったものがある。ここでは異性愛者に、刺激人物に対する印象を尋ねたが、その際に刺激人物（男性）を説明する文章で、性格と性役割規範の一致度（男性的でない、男性的、極度に男性的）と性的指向（異性愛、同性愛）を組み合わせて呈示した。その結果、性格が性役割と一致しない（男性的でない）こと、性的指向が同性愛であることの両方が、人物への好意度を低くすることが示唆された。ただし回答には性差が見られ、刺激人物が同性愛者であったときの極度に男性的な人物に対する好意度は、男性の方が女性より低かった。一方、刺激人物が異性愛者であったときの極度に男性的な人物に対する好意度は、女性の方が男性より低かった。さらに彼らは同様の実験を、刺激人物を女性に変えて行った。[19] その結果、男女回答者とも、異性愛者よりも同性愛者に対して好意度が低く、さらに女性的でないほど好意度が低くなっていた。

一方、ジェンダーに関連づけた社会的アイデンティティの維持・防衛の心理が、同性愛者に対する否定的な態度を生み出しているという指摘もある。社会的アイデンティティ理論[20]に基づけば、人は自分が所属する集団（内集団）に関連づけて自己を高揚させようとする。しかし外集団に比べて内集団が優れていることが明確でないと、社会的アイデンティティ（集団自尊心）が自尊心維持に役立たない。このようなとき、内集団と外集団の差異化を図るために、外集団の蔑視が生じるとされる。[21] これをジェンダー・アイデンティティに基づく自尊心維持にあてはめた場合、男性であることで自尊心を保っている男性は、〝男らしくない男性〟が男性カテゴリーに含まれている状況では、男女の差異が曖昧になるため、自尊心維持が妨げられてしまう。そこで同性愛者を否定し男性カテゴリーから排除することで男女の差異を強調し、男性としてのジェンダー自尊心を維持しようとすると考えられる。

ファン・マヌエル・ファロミル＝ピチャストとガブリエル・ムギニー[22]は一連の実験を通して、ジェンダー・アイデンティティの維持・防衛の心理が、同性愛に対する否定的な態度を生み出すことを示している。研究1と2では、実験参加者の、ジェンダー自尊心（自分が男性であることを誇りに思っている。自分が男性であることを重要と考えているなど）と、同性愛者への態度などを測定した。その結果ジェンダー自尊心が高い男性異性愛者ほど同性愛者に否定的な態度を示していた。さらに研究5では、実験参加者を三つの条件（相違あり条件、相違なし条件、統制群）に分けて、実験操作が同性愛者に対する態度に与える影響を分析した。「相違あり条件」では、遺伝子や出生前ホルモンの研究等を示し生物学的に同性愛者と異性愛者には違いが「ある」と説明してから、同性愛者に対する態度を尋ねた。「相違なし条件」では、同様の研究を示し生物学的に同性愛者と異性愛者には違いが「ない」と説明してから態度を尋ねた。「統制条件」では、何も情報は呈示せずに、同性愛者に対する態度を尋ねた。その結果、「相違あり条件」ではジェンダー・アイデンティティの高低による、同性愛者に対する態度の差は見られなくなっていた。彼らは、「相違あり条件」では、集団間差異が脅威にさらされないため、自尊心と嫌悪の関係は消失したと考察している。鈴木文子と池上知子[23]は、ファロミル＝ピチャストとムギニーの実験を、日本人男性にも実施し、「相違なし条件」では、ジェンダー自尊心が高いほどゲイに否定的な態度を示すことを確認している。ただし、統制群においては、ジェンダー自尊心とゲイに対する態度の間に明確な関係が見られなかった。一方、鈴木と池上の別の研究[24]でも同様の枠組みで実験が行われているが、こちらでは、ジェンダー自尊心と実験操作のいずれも、ゲイに対する態度との間に明確な関係は見られなかった。

●ジェンダー差についての知見

セクシュアルマイノリティに対する態度にはパーソナリティが影響を与えている。たとえば権威主義的傾向の強い人は、セクシュアルマイノリティに関する偏見が高く、また宗教や政治への態度とも関連が指摘されている。[25]。ただし最も強い影響を与えているのがジェンダーである。

まず、これまでの研究において、同性愛についてはの男性同士の組み合わせ（ゲイ）の方が、女性同士の組み合わせ（レズビアン）よりも否定的に評価されやすいことが指摘されている。[26] その理由とされるのが、男女のジェンダー役割の違いである。[27] 女性に比べて男性は伝統的な性役割や行動に一致しなければならないという社会的な圧力が高い。[28] そして男性規範の中には、女性的な特性や振る舞いを回避するような強い強制的な規範がある。[29] このため男性らしさの規範から逸脱した男性（ゲイ）は、女性らしさの規範から逸脱した女性（レズビアン）よりも強く拒否されたり罰せられたりする。[30]

ただし、このゲイとレズビアンに対する態度の差は、異性愛者の側のジェンダーによっても異なる。男性異性愛者のゲイに対する態度が、彼らのレズビアンに対する態度や女性異性愛者のゲイ・レズビアンに対する態度に比べて否定的（男性のゲイに対する態度が最も否定的）であることがさまざまな研究で示されている。[31] このような差が見られる理由として、以下のような論考がなされている。[32]

① 伝統的性役割観の差

男性の方が伝統的性役割観が強いため、同性愛者を性役割規範から逸脱したものとして否定する傾向が強いとの論考である。同性愛者、同性愛行為、同性愛者の権利の三つの側面について、過去の態度測定研究をメタ分析した結果からは、異性愛者の女性と比べ異性愛者の男性の方が同性愛者に否定的であったものの、伝統的な性役割観を統制すると、同性愛者に対する性差が消失することが指摘されている。この研究では、性役割への態度が性別と同性愛への態度の関係を媒介すると論考されている。[33]

② 同性愛に関連する防衛・脅威のレベルの差

男性は女性よりも高い地位を得ており、[34] その構造を維持することに強い関心をもっている。このため男性は、男性アイデンティティの優位性を脅かすものに否定的態度を示しやすいという考察である。加えて、〝男らしさ〟〝女らしさ〟の内容の違いも関係していると考えられている。〝男性らしさ〟規範の中には、異性愛であることが含まれている（たとえばアメリカの大学生への調査をもとに作成された男性規範服従尺度の中には、下位尺度として「同性愛者への軽蔑」が含まれている）。[35] このため男性は、男性らしく見えるよう常に異性愛者であることをアピールする必要があり、異性愛者であることの証明としてゲイを強く否定することにつながると論考されている。[36]

③ レズビアンとゲイに対する対人接触の機会の差

ゲイやレズビアンの知り合いがいる者は、いない者と比べて両者に対する態度が肯定的であることと、男性に比べて女性の方がゲイやレズビアンと知り合いである割合が高いことを示す調査結果がある。[37] このような交友関係のあり方の違いが、セクシュアルマイノリティに対する態度の差を生み出している可能性がある。この研究では、セクシュアルマイノリティと親しくなり接触することが偏見を低減させると論考している。

④ 異性愛男性はレズビアンに性的に刺激される

異性愛者の男女にレズビアンとゲイへの態度と、男性同士・女性同士の性関係に性的興奮を感じるかなどを尋ねた研究がある。[38] 分析の結果、女性は、同性同士の性関係に対する興奮は低かった。一方男性は、ゲイの性関係には興奮を感じず、レズビアンには興奮を感じていた。またこの研究においても全体として、女性はゲイとレズビアンに対する態度に差はなかったが、男性ではゲイに否定的でレズビアンに肯定的であることが示されている。ただし、同性同士の性関係への興奮の程度を統制すると、女性と比べ、レズビアンに対してもゲイに対しても態度が否定的であった。

以上、ジェンダー差に関するこれらの考察は主として欧米で行われた研究に基づいている。ただし、ジェンダー差の生起には文化差があることも指摘されている。たとえば鈴木と池上の研究[39]においては、日本人男性では、ジェンダー自尊心と同性愛者に対する否定的態度の間の関係は明確ではないことが示されている。鈴木と池上は、日本では男性としての自尊心を維持するうえで性的指向が異性愛である（ゲイではない）ことの重要性が、欧米と比較して低いためと論考している。

●潜在指標を用いた態度測定

顕在指標を用いたステレオタイプ・偏見の測定については従来より批判がなされている。[40]これをふまえライナー・バーンズらは、[41]まず研究1として、潜在指標（IAT）を使用して、同性愛に対する態度を検討した。その結果、同性愛者に比べて異性愛者は、同性愛者と否定的概念を強く結びつけており、そしてその傾向は男性の異性愛者に強いことが示された。また、潜在指標で測定した態度と、顕在指標で測定した態度は、有意な相関を示していた。なおこの研究では、男性を女性よりも優れたものと見なす傾向（男性選好傾向）と、同性愛に対する態度との関係を分析しているが、両者の間には有意な相関は見られなかった。

さらに彼らは研究2として、実験参加者を四つの条件に振り分けて異なる教示をした後で、研究1と同様に同性愛に対する態度を潜在指標と顕在指標を用いて測定した。四条件間で異なるのは、態度測定前に行う実験についての説明で、条件によっては教示によって参加者が同性愛者に対して肯定的態度を示す動機づけを高めるようにした。その結果、動機づけが高いほど顕在指標については肯定的方向に感情得点が高かった。このことは、意識的に統制できる部分では、同性愛者に肯定的に振る舞おうとすれば、肯定的な方向に態度を変化させることが可能であることを示している。ただし潜在指標については条件の差が見られず、意識的に統制できない心の側面を変容させることの難しさがうかがえる。

3　セクシャルマイノリティ当事者の健康や適応

●セクシュアルマイノリティの苦境

セクシュアルマイノリティであることは、当事者に深刻な精神的・身体的苦境をもたらすことが明らかにされてきた。[42] たとえば一九九〇年代に行われたアメリカの調査では、ゲイの四分の一、レズビアンの五分の一がヘイトクライムの標的になった経験があり、他の犯罪被害者に比べて、抑うつ、怒り、不安、ストレスを感じていることが示されている。[43] 日本でも、当事者への調査から、多くのセクシュアルマイノリティが苦境におかれ、さまざまな人権侵害にあっていることが報告されている。[44]

イラン・H・マイヤー[45]は、セクシュアルマイノリティが被るストレスの背景や対処の過程を示す「マイノリティ・ストレス・モデル」を提出している。ここではストレスの原因を、一般的なストレスのほかに、遠位（distal）ストレス過程と、近位（proximal）ストレス過程の二つに分けて論じている。ここで遠位ストレスとは他者から向けられる差別やハラスメントを、近位ストレスは自分自身に対する否定的な認知的評価や意味づけ（否定の予期、自分の性的指向の隠蔽、同性愛嫌悪の内面化など）である。

●スティグマの性質

セクシュアルマイノリティの苦境の特徴は、そのスティグマの性質が影響している。スティグマ（stigma）とは、否定的な社会的アイデンティティをもたらす属性のことを指す。[46] ジェニファー・クロッカーら[47]は、苦境の性質に影響を与えるものとして、スティグマの「可視性」（visibility）と「統制可能性」（controllavility）を重視している。「可視性」とは他者からそのスティグマが見えるか否かである。セクシュアリティマイノリティであることは、人種や身体的障害などと比較すると可視性が低く、当事者の統制によってスティグマを隠すことができる。しかしその一方で隠蔽は、関係の継続により隠していることが他者に知られてしまうのではないかという恐れ、自分の言動を常にモニタリングしなければならない認知的負荷、隠していることの罪悪感、いつ開示すべきなのかという悩みなどにつながる。一方「統制可能性」とは、そのスティグマが当事者によって統制できると認識されているか否かである。一般的に、統制可能性が高い属性だと判断されると、そのスティグマをもつ者に対する評価が厳しくなる。[48] これはスティグマを付与された当事者の自己認知においても同様である。したがって、セクシュアリティを「本人の努力で変えられる（統制可能性が高い）」と考えている人は、「生まれつきのもので変えられない（統制可能性が低い）」と考えている人と比べ、セクシュアルマイノリティを否定的に評価することになる。

●スティグマへの対処方略

スティグマはそれを付与された者に厳しい苦境をもたらすが、これまでのスティグマ研究から、被スティグマ化された者が、常に不適応に陥っているわけではないことも明らかになっている。それは、被スティグマ化された側が、さまざまな対処方略をとり、それが精神的健康を保つことにつながっているためである。[49] スティグマへの対処方略は、偏見や差別への帰属、社会的比較、切り離し、隠蔽、内集団への同一視、集団的行動、価値づけなど多様である。[50] セクシュアルマイノリティ当事者に行った調査の中には、対処方略として集団的行動（属性をもつ者で集まって集団で行動を起こす）と隠蔽（属性が他者に知られないように隠す）を比較したものがある。[51] ここでは集団的行動が精神的健康を高めることに結びついていたのに対し、隠蔽は集団的行動を少なくするとともに精神的健康の低さにつながっていた。この結果はセクシュアリティに関するスティグマへの対処の難しさを示している。既存のスティグマ研究からも、属性を隠蔽し他者と関係を築くことは偏見・差別を避けるために短期的には効果がある一方で、認知的な負荷などネガティブな側面も指摘されている。[52] セクシュアリティの「可視性」は低く、特徴を隠蔽することが容易であるが、そのことが内集団形成の難しさ、負の影響を緩和することの難しさにつながることが推察される。

4 おわりに

●セクシュアリティに関する偏見・差別の特徴

スーザン・フィスクとシェリー・E・テイラー[53]は、セクシュアリティに関する偏見の特徴として、さまざまな偏見の中でもとくに強く否定的な態度が示されること、あからさまな形をとって表現されることを挙げている。既存研究の知見から、この強い否定的な態度が示されやすい背景をあらためて考えてみる。

最も大きな問題は、現行の社会制度が差別を容認する形になっている点であろう。国や地域によって制度は異なるが、生まれたときの体の形で性別が男女いずれかに区別され戸籍に明記されること、同性での婚姻が認められていないこと、国によっては同性愛が法律で禁止されていることなどは、いずれもセクシュアルマイノリティを逸脱者として位置づけることにつながり、暴力や虐待の口実を提供してしまっている。偏見解消の働きかけについては、偏見や差別の否定が社会的・制度的に支持されていると偏見保持者に認識されることが必要である。[54] そのためには法律の改正や教育現場での指導などを通して、偏見・差別を否定するための明確な社会的・制度的支持を丁寧に示すことが不可欠である。社会システムの変容が人々の偏見やステレオタイプの変容に実際に結びついたことを示す研究もある。[55]

第二に、セクシュアリティの可視性が低い点も、否定的態度の強さに関係していると考えられる。ジェンダーや人種と異なり、セクシュアリティは外から見えにくく、周囲に差別される側の人がたくさんいたとしても気づきにくい。可視性の低さが、接触により反証する行動を促進する機会を妨げている側面がある。[56]その一方、ジェンダーを自尊心の根拠とし、ジェンダー間の差異を明確にしておきたい者にとっては、セクシュアルマイノリティの不可視性は集団間弁別性を低下させる脅威となる。この脅威がセクシュアルマイノリティに対する態度をより否定的にし、当事者を見つけ出そうとする行動、差異をつくり出したり強調したりする行動に結びつきやすいと考えられる。

第三に、セクシュアリティが身体と強く結びついているために、差異が生物学的根拠に基づいて説明されやすい点も否定的態度に結びつきやすいと考える。[57]スティグマの統制可能性の知見に基づけば、同性愛を生まれつきのもの（統制可能性の低いもの）として考える方が、否定的な感情が少なくなる。ほかにも、同性愛者と異性愛者は本質的に異なっていると考える人の方が、性的指向に関する偏見が低いことを示す結果がある。[58]また、同性愛に生物学的な基盤があり生得的なものだと考えた場合には、ジェンダー自尊心が高い男性でも同性愛者に寛大な態度になることを示す結果がある。[59]これらの結果は、偏見を抱く側が、セクシュアルマイノリティを「自分とはまったく異なるもの」として位置づけることで、否定的感情を抑制する過程があることを示している。しかしもとをただせば、生物学的な要素に男性・女性、同性愛・異性愛の根拠を求める心理は、集団間差異を明確にしたいという心理と不可分である。生まれつきの差異が尊重されるのではなく、差異に基づき外集団化しようとする動機に結びつけば、外集団成員は容易に非人間化され偏見や差別を正当化する理由に利用される。セクシュアリティの差異を強調することは短期的な対立回避かもしれないが、多様なセクシュアリティの社会的包摂を目指すためにはさらにその先の非カテゴリー化[60]、あるいはカテゴリー化の変容[61]に至るプロセスが必要である。

●最　後　に

心理学はこれまで、心を測定して科学的に検討しようとする試みの中で、セクシュアリティをカテゴリー化し測定することを試みてきたが、その中にある多様性を取り込むことが十分にできていなかった。社会心理学における恋愛や性行動研究の大半が異性愛だけを扱ったものであること、これらの研究において異性愛でない回答者や性自認が明確でない回答者が「例外」として分析対象から外されてきた例にそれが示されている。アメリカ心理学会では近年になり、心理学研究の指針として、セクシュアルマイノリティを無視する、評価を下げる、傷つけるような異性愛中心的なバイアスを避けることを掲げている。そして、問題設定、データ収集、参加者の保護、結果の報告などさまざまな段階で異性愛的なバイアスが存在していないか、注意深く研究を進める必要を指摘している[62]。

また心理学の研究では、実験や調査の際に、参加者の性別を自動的に二分法で尋ね、男女が含まれるデータであれば明確な仮説がない場合でも性差を分析し、結果に性差があった場合にだけ後づけ的に意味を考察するといったことが、頻繁に見られている。その背景には、性差を暗黙に期待する研究者の姿勢、社会の姿勢がある。セクシュアリティとジェンダーは密接に関係している。性に関わるさまざまな個人差を、男・女という二つのカテゴリーに集約しようとする姿勢が、セクシュアリティに関する偏見や差別につながっていることにも注意が必要である。

第11章 リスク・原発

1 はじめに

二〇一一年三月一一日、日本国内観測史上最大規模といわれる東日本大震災が発生した。この地震に伴い、東北地方の太平洋沿岸部を巨大な津波が襲った。その結果、福島第一原子力発電所で事故が発生し、大気に放射性物質が放出された。この事故を受けて政府は、予測される被ばく線量から警戒区域、計画的避難区域、緊急時避難準備区域を定め、警戒区域や計画的避難区域の住民を避難させた。またこれ以外にも自主的に避難した住民もおり、福島県から県内あるいは県外に避難した人々は事故から六年以上経過した二〇一七年七月の時点でも五万人を超えている。

そして現在でも、このようにして避難を余儀なくされた人々（以下、被災者）が差別を受けているという報道がある。こうした差別の背景には、放射線に対する知識の欠如があり、「放射線はうつるもので、被災者と接すると病気になる」といった誤解があるといわれている。本章では、放射線による罹患の懸念がなぜ偏見や差別を引き起こすのかということについて、進化心理学的観点から説明を試みる。まずは、福島第一原発事故とそれに伴う差別の現状について説明する。次に、罹患の懸念がなぜ偏見や差別を生むのかということについて、説明を提供しうる進化心理学の研究を紹介する。そして最後に、心理学的アプローチからこうした偏見や差別を克服していくための方法について議論する。

2 福島第一原発事故に関連した偏見や差別の現状

福島第一原発事故に関わる偏見や差別に関する心理学的研究は、本書で扱われている他の偏見や差別に関する研究と比べて少ない。そのため、たとえば、どのような差別がどの程度の頻度で起きているかなど、偏見や差別の実態について明らかではない点も多い。ただし、いくつかの研究や報道などから、実際に偏見や差別の問題が起きていることは示されている。

被災者に対する偏見や差別は、福島第一原発事故が発生した後、早い段階から見られている。たとえば、避難の際にガソリンの給油や宿泊を拒否されたり、転入の際に自治体から放射能汚染の有無を確認する検査（スクリーニング）を求められたりするといった出来事が起きている[1]。また、こうした差別に加えて、しばしば報道されるのは、避難した学生に対する差別の問題である。最近でも、東京都、神奈川県、新潟県の小中学校で、避難してきた生徒を「菌」と呼んだり、生徒に対して「うつすな」と言ったりするいじめや[2]、兵庫県の大学で教員が福島県出身の学生に対して「放射能を浴びているから電気を消すと光ると思った」という発言[3]が報道されている。このように、現在までの報道内容から考えると、被災者に対する偏見や差別は、放射性物質と結びつけられた形で起きているといえる。

ただし、このことは被災者に対する偏見や差別の頻度が多いということを必ずしも意味しない。たとえば、文部科学省が二〇一六年に、震災後に(福島県内を含む)別の学校へと、福島県から避難した生徒に対するいじめの調査[4]によれば、当該生徒千人あたりのいじめの認知件数は一〇・九件(一・〇九パーセント)である一方で(表11-1)、全国の生徒のそれは一六・五件(一・六五パーセント)である。この調査は、学校現場という限定されたデータではあるものの、福島第一原発事故によって避難したというだけで、常に偏見や差別のターゲットとなるわけではないことを示唆している。

なお、被災者以外にも偏見や差別のターゲットとされている人々として、福島県の東京電力で働く人々が挙げられる。彼らに対する差別もまた事故後早い段階から起きている。たとえば、事故の二〜三カ月後に実施された調査によれば[6]、福島第一原発および第二原発で働く東京電力の社員約一七〇〇名(分析対象者は一四一一名)のうち、差別を経験したことがあると回答した人が一二・七パーセント(一七九名)に及んでおり、また、差別を経験したと回答した社員は、経験しなかったと回答した社員と比較して、PTSDに関連した症状を示している。このように、福島第一原発事故は被災者だけではなく、現場で働く人々に対しても偏見や差別の問題を生じさせている。

表11-1　福島県から避難した児童生徒に対するいじめの件数[5]

	国立	公立	私立	計
全認知件数	0	121	8	129

(注)1)福島県から避難した児童(県内への避難を含む)の数は11,828人となっている。
2)129件のうち、東日本大震災，あるいは福島第一原発事故に関連したいじめは公立での4件と報告されている。

次節では、なぜ被災者が偏見や差別のターゲットとされるのかに焦点をあてる。一般に、こうした偏見や差別の背景には、放射性物質に対する理解の低さ、とくに、放射性物質は病原菌と同じように人から人へとうつるという認知があると考えられている。[7] しかしながら、放射性物質が人から人へとうつるということはなく、また被災者の衣服から健康被害が生じるような放射性物質が検出されたこともない。それにもかかわらず、なぜ罹患の懸念が被災者に対する偏見や差別を引き起こしてしまうのだろうか。この点について進化心理学的観点から説明を試みる。

3　罹患の懸念がなぜ偏見や差別を引き起こすのか

●進化心理学の想定[8]

私たちの身体（例：目）は、進化によって形成されたと考えられている。進化を引き起こすメカニズムの一つとして重視されているのが自然淘汰（natural selection）である。自然淘汰とは、簡単にいえば、ある変異が親から子へと遺伝する場合、個体の生存や繁殖に寄与する変異は、他の変異に比べて、結果的に集団中に広がっていくという過程のことを指す。

進化心理学では、私たちの心も身体と同様、進化によって形成されたと想定する。たとえば、ヒトは一般にリンゴを好むが、その理由を進化心理学的観点から考えるならば、リンゴにはヒトの必須栄養素であるビタミン等が含まれており、進化適応環境[9]（environment of evolutionary adaptedness）においてはそれを好んだ方が生存に有利であったから、となる。言い換えれば、進化適応環境においてリンゴなどの果実を好んで食べたヒトの方が、好まないヒトに比べて、生存し、その遺伝子を残す確率が高かったため、現代に生きる私たちの多くがリンゴなどの果実を好むといえる。

このように進化心理学では、進化適応環境で繰り返し起こった生存・繁殖するうえで重要な問題（例：内集団成員と協力する、配偶者を探す）を解決するように、ヒトの心は進化したと想定する。こうした問題は適応問題（adaptive problems）と呼ばれるが、病原菌への感染を回避するという、罹患回避（disease-avoidance：病気回避）もまた適応問題の一つと考えられている。そこで、次に罹患回避のために、どのような心が進化したのかについて説明する。

●罹患回避のための二つのシステム

進化適応環境では、ヒトが感染症により死ぬことは、他の原因によって死ぬことと比べても比較的多かったとされる。すなわち、感染症による淘汰圧は大きく、結果として罹患回避のためのシステムが二つ進化したと考えられている。

一つは生物的免疫システム（biological immune system）と呼ばれるものである。たとえば風邪をひくと発熱するが、これは生物的免疫システムの働きによるものである（風邪のウイルスを体内から取り除く際、サイトカインという物質が生成され、それによって炎症作用が引き起こされる）。ただし、このシステムにはいくつか問題がある。たとえば、発熱するためには代謝活動を上げる必要があり、そのためのコストがかかったり、発熱することで衰弱するため、他の活動に従事しにくくなったりする。また、生物的免疫システムはウイルスが体内に侵入してから働くため、病原菌の侵入を未然に防ぐことができない。

こうした生物的免疫システムの働きを補完すると考えられているのが、もう一つの行動免疫システム（behavioral immune system）と呼ばれる、心理的システムである。たとえば、電車の中で隣にいる知らない人がゴホゴホとひどく咳き込んでいると、嫌な気分になり、その人と少し距離をとりたくなることがあるが、これは行動免疫システムの働きによるものである。簡単にいえば、行動免疫システムは、病原菌をもっていること（感染源になりうること）を示す手がかり（例：咳、発疹）から離れるよう個体を動機づけ、病原菌の体内への侵入を防ぐ働きがある。

なお、行動免疫システムが実際に生物的免疫システムを補完していることを示唆する研究も報告され始めている。上記のように、体内に病原菌が侵入すると、生物的免疫システムはそれを取り除くために炎症反応を引き起こす。ただし、この炎症反応は体内の組織を損傷させるため、炎症反応が起きた後は抗炎症反応が生じる。抗炎症反応は身体を回復させるうえで重要であるが、その間、病原菌に対して脆弱になる。行動免疫システムは、この間の脆弱性も補完していると考えられている。実際、最近罹患し、生物的免疫システムが活性化している人はそうではない人に比べて、感染源であることを示す手がかりに対して注意を向けやすく、また回避反応をとりやすいことが示されている。[10]

●行動免疫システムの二つの特徴[11]

行動免疫システムには二つの大きな特徴がある。一つは感染源の同定に関わるものであり、もう一つは行動免疫システムの活性化に関わるものである。

①　感染源の同定

病原菌の体内への侵入を防ぐためには、まず感染源の同定を行う必要がある。ただし、病原菌自

表 11-2　感染源の同定における推論のパターン

	病原菌あり	病原菌なし
感染源であると推論	○	$\times_1$
感染源ではないと推論	$\times_2$	○

（注）1）表中の○は正しく推論していることを，×は誤った推論をしていることを示す。
2）病原菌が存在しないときに存在すると推論すること（$\times_1$）はフォルス・ポジティブ・エラー，存在するときに存在しないと推論すること（$\times_2$）はフォルス・ネガティブ・エラーと呼ばれる。

体を目視することはできないため、感染源の同定は手がかり（例：咳、発疹）に基づく推論となる。また、同じ病原菌に感染していても症状が異なっていたり、保菌者のように症状が表面的には現れなかったりする場合があり、表面的手がかりのみから感染源を正確に同定することは不可能である。そのため、感染源を同定する際にはエラーが生じる。

表11－2は、感染源を同定する際のパターンを示したものであり、「×」の箇所が同定上のエラーを表す。このエラーには、①病原菌が存在しないにもかかわらず、感染源であると推論するフォルス・ポジティブ・エラーと、②病原菌が存在するにもかかわらず、感染源ではないと推論するフォルス・ネガティブ・エラーの二種類がある。エラー・マネジメント理論[12]によれば、この二種類のエラーは同程度の確率で起きるわけではなく、リスクが低い方の推論のエラーが起きやすい。感染源を同定する場合、保菌者に対して、感染源ではないと推論して接触すると罹患する確率が高くなり、その方が高リスクとなる。そのため、フォルス・ネガティブ・エラーよりも、フォルス・ポジティブ・エラーが起きやすい。

このことは、病原菌に感染していない人に対しても、感染源であると同定しやすいことを意味する。病原菌に感染すると、しばしば身体に病変が現れたり、対称性が崩れ、平均的容姿（normal phenotype）とは異なる容姿（anomalies in facial and/or body morphology）になったりする。[13] そのため、平均的容姿とは異なる容姿の人（例：顔に大きなアザがある人）は、病原菌に感染していないときでも、感染源であると見なされやすい。このことは、いくつかの研究から裏づけられている。[14] たとえば、ある研究[15]では、「大きなアザがある顔写真と健康であるという情報」が示された人物の方が、「アザがない顔写真と治療が困難な伝染病にかかっているという情報」が示された人物よりも病気概念と強く連合しやすいことが示されている。また別の研究[16]では、行動免疫システムが活性化すると、こうした容姿は平均的容姿に比べて、注意が捕捉されやすいことが示されている。これらの結果は、平均的容姿とは異なる容姿であることは、感染源であると見なされやすいことを示唆している。

② 行動免疫システムの柔軟性

行動免疫システムを活性化させることは、生物的免疫システムを活性化させることと同様に、コストがかかる。実際、罹患回避反応をとるためには、エネルギー資源や認知資源が必要であるが、これらの資源は有限であるため、常に行動免疫システムを活性化させておくことは高コストとなる。また、他者は有力な感染源の一つであるため、行動免疫システムが活性化すると、他者と相互作用しようとする動機づけが低下しやすいが、[17] 他者と相互作用する機会が減ることは、他の適応問題を解決する（例：内集団成員と協力する、配偶者を探す）ことが困難になるため、やはり常に行動免疫システムを活性化させておくことはコストとなる。

こうした理由から、行動免疫システムは常に活性化しているわけではなく、状況に応じて柔軟に活性化すると想定されている。すなわち、その状況において感染する可能性が高いと知覚される場合には行動免疫システムが活性化しやすい一方で、感染する可能性が低いと知覚される場合には行動免疫システムは活性化しにくい。こうした知覚には、感染症に対する脆弱性といった個人差[18]や状況的手がかり（例：インフルエンザが流行しているといったニュース）が影響するが、脆弱性が高い人が状況的手がかりを知覚すると、とくに行動免疫システムは活性化しやすい[19]。

●行動免疫システムの活性化が社会的判断に及ぼす影響

「感染源の同定」の項で述べたように、平均的容姿とは異なる容姿は、感染源を示す手がかりとなりやすい。これまでの研究では、このような容姿をもつ者として、肥満者[20]、高齢者[21]、障害者[22]、見知らぬ他者[23]（外集団成員、とくに外国人[24]）が挙げられている。この項では、行動免疫システムが活性化すると罹患回避のために、こうした人々を内集団から切り離したり、ネガティブに評価したりするという研究について説明する。

①　カテゴリー化

病原菌への感染を防ぐためには、感染源を同定する必要がある。もし、外集団成員であることが病原菌を示す手がかりとして機能しているならば、行動免疫システムが活性化したときには、ターゲットが外集団成員であるかどうか、区別をより明確にしようとすることが考えられる。この可能性について検討した研究[25]では、フロリダ訛り（あるいはスコットランド訛り）の英語の音声（内容はまったく同じ）を聞かせた後、話者がどの程度外国人のようであるかといった自己との類似性を尋ねている。その結果、行動免疫システムが活性化していないときには、訛りの違いは自己との類似性の知覚に影響を及ぼしていなかったが、行動免疫システムが活性化したときには、訛りの違いが自己との類似性の知覚に影響を及ぼしていた。すなわち、自分と同じ訛りの話者をより似ていると評価する一方、自分と異なる訛りの話者をより似ていないと評価していた。この結果は、行動免疫システムが活性化すると、ターゲットが外集団成員であるかどうかを区別しようとしやすくなり、訛りなど音声情報からだけでも区別を行うことを示唆している。

また、平均的容姿と異なる容姿をもつ者（例：高齢者）は、行動免疫システムが活性化すると外集団成員と見なされやすくなる。[26] このことを示した研究では、最小条件集団パラダイム（第1章参照）によって、若い白人の実験参加者を二つの集団（〝J〟と〝K〟）に分けた後、さまざまな新しいターゲットを写真で呈示し、ターゲットを内集団、あるいは外集団に分類させている。その結果、感染源との接触に嫌悪感を感じにくい人は、若い白人と同程度に高齢者や黒人を内集団にも外集団にも分類していたが、感染源との接触に嫌悪感を感じやすい人は、若い白人に比べて高齢者や黒人をより外集団に分類していた。この結果は、行動免疫システムが活性化すると、高齢者や異なる人種の人を外集団成員とカテゴリー化しやすくなることを示唆している。

② 偏　見[27]

病原菌への感染を防ぐためには、感染源を同定するだけではなく、感染源との接触を回避する必要がある。そのため、平均的容姿と異なる者は、行動免疫システムが活性化すると、ネガティブに評価されやすくなる可能性がある。たとえば、外集団成員をターゲットとして、この可能性について検討

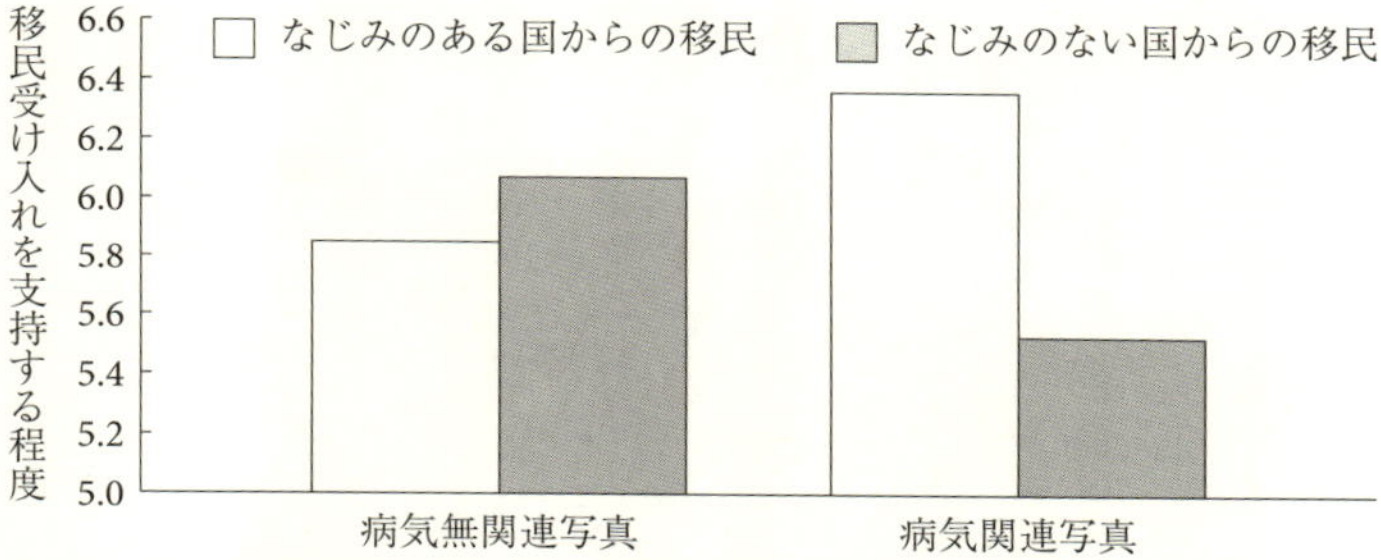

図 11-1　行動免疫システムが外集団成員に対する偏見に及ぼす影響[30]

（注）　病気関連写真条件が行動免疫システム活性化条件であり，病気無関連写真条件が統制条件である。

したものがある。[28] ある研究[29]では、実験参加者に、病気と関連した（あるいは、無関連な）写真を呈示した後で、なじみのある国からの（あるいは、なじみのない国からの）移民を政府が許可するべきかどうかを尋ねている。その結果、病気と関連のない写真を見た参加者は、どちらの国からの移民であっても同程度に受け入れに賛成していたが、病気と関連した写真を見た参加者は、なじみのある国からの移民に比べて、なじみのない国からの移民の受け入れに対して反対していた（図11－1）。この結果は、行動免疫システムが活性化すると、なじみのない外集団成員に対して偏見をもちやすいことを示唆している。

なお、こうしたなじみのない外集団成員、とくに外国人が感染源と見なされやすい理由として、三つのことが想定されている。一つ目は、上記の説明と同様に、外国人などの外集団成員は平均的容姿と異なると知覚されやすいためである。二つ目は、外集団成員が、内集団成員が免疫をもたない病原菌をもち込む可能性があるためである。生物的免疫システムの中にはきわめて地域固有のものがあり、たとえ近隣の外集団成員であっても接触すると免疫をもたない感染症にかかる可能性があると言われている。三つ目は、外集団成員が内集団の慣習（例：食事の調理法）や規範に従いにくいためである。内集団の慣習や規範には感染予防という側面があり、それに従わないことは感染確率を高める。こうした理由から外集団成員は感染源と見なされやすく、行動免疫システムが活性化しているときには、とくにネガティブに評価されやすい。

4 どのようにすれば偏見や差別を克服できるか

行動免疫システムの影響に関する研究は、なぜ被災者が偏見や差別のターゲットとなるのかを説明する可能性がある。すなわち、誤った知識から被災者を感染源と見なしたり、あるいは、避難先で外集団成員と見なされていたりする場合には、行動免疫システムが活性化するとネガティブに見られてしまう可能性がある。そこで、この節では心理学的観点から、こうした偏見の解消法について議論する。

① ステレオタイプ抑制

偏見を解消するための、もっともシンプルで、しばしば現実社会で用いられている方法は、偏見のターゲットに対して偏見の目を向けないようにと注意を喚起することであろう。[31] しかし、第5章で説明したように、こうした喚起によってステレオタイプを抑制しようとすると、かえってターゲットに対する偏見が強まりやすくなる（リバウンド効果）という指摘もある。[32] そのため、こうした方法では偏見は解消されない可能性がある。

なお、リバウンド効果が生じる理由としては、次のようなことが想定されている。一つは、ステレオタイプ的思考を避けようと最初の段階で関連思考を監視するために、かえってそのステレオタイプが活性化してしまうことである[34]。もう一つは、ステレオタイプを抑制しようと努力することによって自己制御のための資源が失われ、その後の自己制御が難しくなることである[34]。

②　被災者との接触によって罹患しないと説明すること

被災者に対する偏見について、現実社会で用いられているもう一つの方法は、被災者と接触しても被ばくしないという事実を訴えることである[35]。たしかに、行動免疫システムの研究からいえば、感染源ではないと同定される人に対して、行動免疫システムによる反応は生じにくい。そのため、被災者から被ばくすることはないという事実を理解させることができれば、それと関連した偏見をもつ人々に対して、ある程度有効かもしれない。

ただし、たんに事実を説明するだけで、期待されるような理解が進むかどうかは明らかではない。というのも「感染源の同定」の項で紹介したように、言語的説明には限界があるためである[36]。もちろん、この研究は、顔に大きなアザがあるといった視覚的手がかりの方が言語的説明よりも、同定の手がかりとして利用されやすいことを示しただけであり、言語的説明が有効ではないということを意味しない。しかしながら、偏見を解消していくためには、事実をどのように伝えていくか、その方略について慎重に検討する必要があるだろう。この問題については、最後にあらためて議論する。

③　内集団成員であるという認知を高めること

行動免疫システムの研究知見から考えられる他の方法としては、被災者は外集団成員であるという認知を変えることが考えられる。そのように考えられる理由は、知らない人や外集団成員は感染源と考えられやすいということにある。[37]また、「行動免疫システムの柔軟性」の項で述べたように、行動免疫システムは柔軟に働くシステムであり、他の適応問題を解決しようとするときには働きにくいことも挙げられる。たとえば、被災した人たちは協力関係を築く内集団成員であるという認知を高めれば、行動免疫システムは働きにくくなるかもしれない。実際、このことを示唆する研究[38]がいくつか報告されている。ある研究[39]では、汗臭い嫌悪的なTシャツを触った際の嫌悪反応に集団成員性が及ぼす影響を検討している。具体的には、まず実験参加者の集団成員性を操作し、嫌悪的なTシャツの臭いをかがせた後、手を洗いに行くまでの時間を測定している。実験の結果、Tシャツの所有者が（ロゴによって）同じ大学の学生（内集団成員のもの）であるとされたときの方が、違う大学の学生（外集団成員のもの）であるとされたときよりも手を洗いに行くまでの時間が長くなっていた。嫌悪反応は行動免疫システムと関連した反応であることを前提に考えると、この結果は、内集団成員であると知覚されるだけで行動免疫システムが活性化しにくくなることを示唆している。[40]

④　感染予防を行い、感染リスクが低いと知覚させること

行動免疫システムの研究知見から考えられるもう一つの方法は、知覚者に病原菌に感染するリスクが低いと知覚させ、行動免疫システムが活性化しないようにすることである。実際、このことを裏づける研究[41]も報告されている。たとえば、インフルエンザが流行して感染の状況的脅威が高まっていても、インフルエンザ・ワクチンの注射が有効であると説明され、注射を実際に打っていた場合には、打っていなかった場合に比べて、外集団（移民）に対して偏見を示していなかった。この結果は、感

染予防によって感染リスクが低いと知覚されているときには行動免疫システムが活性化しにくく、偏見が示されにくくなることを示唆している。

5 おわりに

本章では、進化心理学の観点から、被災者に対する偏見や差別の問題を議論してきた。本章の内容を簡潔にいえば、①ヒトは罹患回避のためのシステムを進化の過程で獲得し、そのシステムが活性化すると感染源を同定したり、ネガティブに評価しやすくなる、②感染源の同定はリスク回避的に行われるため、実際には感染源ではなくても、感染源と見なされることがある、③知らない人や外集団成員などは感染源と見なされやすい、④そのため、被災者が誤って病気概念と連合していたり、あるいは外集団成員と知覚されたりするならば、行動免疫システムが活性化した際に、ネガティブに見られる可能性がある、というものである。

まず強調しなければならないことは、進化的アプローチは、時に偏見や差別を正当化する形で利用されてきたが、明らかにそれは誤りであるということである。たしかにヒトは進化の過程で罹患の懸念が高まった際に、実際に感染していない人でも、感染源と見なし、避ける傾向を獲得したかもしれない。しかし、だからといって、そうした傾向が容認されるわけではない[42]。

こうした偏見を克服していくためには、前節でも少し言及したように、検討するべきことがまだ多くある。たとえば、偏見を克服するための方略として、放射性物質は人から人へとうつるものでないということがしばしば訴えられているが、こうした訴えがどの程度有効であるか定かではない。おそらく、こうした訴えの前提にあるのは、科学コミュニケーション論における欠如モデルと呼ばれる考え方である。このモデルは、「人々が非合理的な恐れを抱くのは適切な理解がないためであり、人々の理解増進がすすめば非合理的な恐れは抱かなくなる」と想定しているが[43]、こうした前提は本当に正しいだろうか[44]。重要な問題であるだけに、どのようなメッセージの内容、どのようなメッセージの発信の仕方が、人々の理解を促すのかについて、あらためて検討する必要があるだろう。

また、被災者に対する偏見は、本章で議論した行動免疫システム以外にも影響を及ぼしているものがあるだろう。たとえば景気は、知覚や認知に影響を及ぼすことが知られており、その候補の一つである。なぜならば、景気の悪さは資源が乏しいことを示唆するものであり、資源を共有する人を制限しようという動機づけを高めるためである。実際、不景気であることを知覚させると、内集団成員とも外集団成員ともとれる人物を外集団成員と知覚しやすくなり[45]、また資源分配も減ることが示されている[46]。あるいは、景気が悪くなると、限られた資源をやりくりしなければならなくなるため、自己制御のための資源が消耗することから[47]、不景気下では外集団成員に対する偏見が抑制されにくく、表出されやすくなる可能性も考えられる。現在の日本はまだ必ずしも景気回復の実感がないといわれており[48]、こうした状況が移住した被災者に対する偏見を強める可能性もある。

本章で説明した行動免疫システムや景気が偏見に及ぼす影響は、自動的に生じるものであり、知覚者は基本的にその影響に対して無自覚である。そして無自覚であるがゆえに、自分自身が偏見を示していることに気づいていない可能性すらある。そのため、まずは各々がこうした偏見の形もあることを自覚し、どのようなときに、どのような形で無自覚に偏見を示しやすいのかを理解することが、こうした偏見や差別をなくしていくうえで重要である。

第12章 高齢者

1 なぜ高齢者に対する偏見と差別——エイジズム——を考えるのか

人は誰でも、生きる時間を積み重ねていくことにより高齢者となる。また、私たちは、長生きすることを、よいこと、めでたいことだとも考えており、高齢者という時期を迎えずして人生が終わることを不幸なことだと見なしている。もしも、若くして世を去った人がいたなら、その不運を悼み、いっそうの悲しみを寄せるだろう。かりに自分が、おじいちゃん、おばあちゃんと呼ばれる年齢以前にこの世を去らねばならないことを知ったら、多くの人はその悲運を嘆くだろう。

しかし、だからといって、私たちが高齢者であることに対して、手放しで高い価値をおいているかというとそうではない。加齢という現象が自分に起こることについて、多くの人たちが望ましくないことと考え、できることなら回避したいと願う。「若々しい」とか「実年齢より若く見える」という表現は、ほめ言葉であると同時に、そうありたいと願う目標にもなるが、「老けて見える」と言われたら、悲しくなるだろう。さらには、高齢者となった自分について、社会から切り離された孤独な状況を思い浮かべ、将来への不安を感じる人もいるかもしれない。

もちろん、これらの背景には、高齢者に対するネガティブな認知、感情、態度、行動がある。高齢者に対して私たちがもっているイメージは、身体的、認知的な衰え、病などと連合している。対人的な態度を見ても、高齢者を敬い、大事に扱うという規範がある半面、軽蔑、無視、排除などが向けられる。高齢者は一口でいって、偏見や差別の対象となりうる社会集団なのである。

高齢者に対する偏見と差別はエイジズムと呼ばれる。アメリカの国立老化研究所の初代所長を務めたロバート・バトラーは、エイジズムをレイシズム、セクシズムにつぐ第三の「イズム」として取り上げ、「高齢であることを理由とする人々に対する系統的なステレオタイプ化と差別のプロセス」と定義した[1]。このことは、高齢者に対する偏見が、人種や性別に基づく偏見や差別と並ぶ深刻さをもつという問題提起を含んでいる。以来、相当な年数が経過し、日本のみならず多くの国が「高齢社会」に向かうなか、エイジズムへの対応は、現代社会において、いっそう重要な課題となっている。

そのようななかにあって、社会心理学における実証的な研究を参照しつつ、エイジズムの背後にある心的過程を明らかにしながら考察を進める意義は大きい。エイジズムは、他の多くの偏見・差別と同様、社会の制度や規範、慣習の中にも埋め込まれているが、それらを支えているのは、個人の認知や感情、また行動に至る心的メカニズムである。また、一言でエイジズムといっても、その内容は複雑であり、いっけんポジティブに思えるものも含まれるがゆえに、無自覚であることも多い。エイジズムがどのような形で現れるのかを明らかにし、その起源についての理論的考察や実証的検討を進めることは、社会問題としてのエイジズムに向かい合い、その解決に向けたアクションを考えるうえで基本となる。さらには、加齢をどう受け止めるのか、高齢者となったときの幸福をどう考えるのかという、すべての人がいずれ直面する個人的な課題についても洞察を与えるだろう。本章では、そのことを念頭におきつつ、エイジズムに関わる重要な知見を見ていこう。

2　エイジズムの形

高齢者に対する偏見や差別は、具体的にはどのような内容をもつのだろうか。この問いを考える手がかりとして、ここでは、まずエイジズムを測定する尺度に着目する。尺度構成を目指した研究は、エイジズムを把握するための質問項目を定め、項目間の関係を明らかにしようとする。それはとりもなおさず、エイジズムの形を言葉に落とし込むことで具体的に示し、その中にある偏見や差別の構造を解明することでもある。

エイジズムを測定する尺度は一九六〇年代から複数作成されており、その多くが、高齢者に対するネガティブなステレオタイプ的信念や知識などを測定するものである。ここではそれらの中から、日本語版も作成されているメリアン・フラボニのエイジズム尺度（FSA：Fraboni Scale of Ageism）を紹介する[2]。またその発展として、より最近の研究の動向を踏まえ、両面価値的な（ポジティブ、ネガティブ相反する側面をもつ）高齢者への態度を検討した研究に言及する。これらの内容を見ていくことで、エイジズムを支える高齢者への認知や感情とは何かという問いに、一定の回答を示すことができるだろう。

ついで、高齢者はかくあるべきという「規範的」な態度を検討した研究について議論する。高齢者は、多くの人にとって身近に存在し相互作用をもつ対象である。これは、あまり相互作用のない集団（たとえば外国人、異なる民族の人たちなど）に対する偏見とは大きく異なるところだ[3]。したがって、高齢者の振る舞い方への評価的な反応が日常的な対人認知の中で重要な問題となる[4]。この点に焦点をあてた実験を紹介し、エイジズムの多層性についての理解を深めたい。

●フラボニのエイジズム尺度

フラボニは、エイジズムを論ずるにあたって、高齢者に対する否定的な認知だけではなく、感情的な側面にも着目する必要を提唱し二三項目からなる尺度を作成した[5]。尺度項目は、①誹謗（Antilocution）：「多くの高齢者はけちで、お金やモノを貯めている」など高齢者に対する誤解などから増幅された敵意的態度、②差別（Discrimination）：「高齢者には地域のスポーツ施設を使ってほしくない」など隔離や高齢者の活動制限に関する強い偏見的態度、③回避（Avoidance）：「個人的には、高齢者とは長い時間を過ごしたくない」など高齢者との社会的接触を避ける傾向、の三因子の構造をもつ。つまり、エイジズムは、高齢者の実情に対する誤った認知とそこに由来する敵意的感情、差別的な行動に関する意思表明、高齢者との相互作用を避ける意図により構成されるということになる。

この尺度については、原田謙らが日本語版を作成している[6]。日本語版は、日本の社会・文化的文脈やオリジナルのＦＳＡ尺度における因子負荷量を考慮したうえで一九項目を抜粋し、それらに対する回答の分析に基づいて、最終的に一四項目で構成された。日本語版における因子構造と項目との関係はＦＳＡと少し異なり、「嫌悪・差別」「回避」「誹謗」の三因子が抽出されている。嫌悪・差別は、「スポーツ施設を使ってほしくない」や「私に話しかけてきても、私は話をしたくない」など、高齢

表12-1　日本語版Fraboniエイジズム尺度（FSA）短縮版[8]

嫌悪・差別	スポーツ施設を使ってほしくない 私に話しかけてきても，私は話をしたくない 目を合わせないようにしてしまう だれにもめんどうをかけない場所に住むのがいちばん 若い人の集まりによばれたときには感謝すべき 赤ん坊のめんどうを信頼して任すことができない
回避	高齢者とは長い時間をすごしたくない 自分は老人クラブの行事には行きたくない できれば高齢者といっしょに住みたくない 高齢者とのつきあいは結構楽しい 同じ話を何度もするのでイライラ
誹謗	古くからの友人でかたまる 過去に生きている 高齢者はけちでお金や物を貯めている

者の隔離・排除と嫌悪の両者にまたがり、ＦＳＡでは回避に属していた項目の中でも極端なネガティブ感情に彩られた項目を含む。日本におけるエイジズムを考察する際、偏見の根幹をなす、強いネガティブな感情にも着目する必要が示唆される[7]。なおエイジズムがどのような態度として現れるのかを具体的に示すために、尺度項目を表12－1に示しておく。

●両面価値的な態度——キャリーらの尺度

エイジズムは、高齢者に対する敵意や攻撃など、ネガティブな形で表れるだけではなく、保護的な態度や支援など、いっけんポジティブな形をとることもある。これは慈善的エイジズム（benevolent ageism）と呼ばれる。

たとえば、高齢者に手助けを申し出るのは、ポジティブな行為だ。しかし、その手助けを不要だとして拒否されたとき、「高齢者だから助けを受けるべきだ」と主張したならどうだろうか。また、高齢者であるということだけで、責任の重い仕事からわざと外したり、アクティブな活動を制限したりしたならどうだろうか。これらは、高齢者に対する保護、支援、優しさといった態度だとも解釈できるので、偏見や差別という枠組みでは理解されにくい。しかし、高齢者の能力に対するステレオタイプ的な低評価を適用し、（意図していなかったとしても）結果的に社会参加を困難にしてしまうなら、まさしくバトラーがいうところの「系統的なステレオタイプ化と差別のプロセス」としてのエイジズムにつながる危険がある。

実際、幼い子どもに対するような、過剰に保護的なコミュニケーションをとるなど、高齢者に対する保護的な態度や行動が、自尊心、やる気、自信、自己コントロールの減少などの望ましくない結果につながることが示されている。[9] また老人ホームの入居者に対して、責任をもって花鉢の世話を行うことを任せる方が、そのような仕事を与えられない人よりも、健康度が高く、平均余命も長いというエレイン・ランガーらの有名な研究も、高齢者への慈善的なステレオタイプの問題を示唆するものだろう。[10]

慈善的エイジズムは、スーザン・フィスクらの提唱したステレオタイプ内容モデル[11]の枠組みを用いて分析されている。モデルの詳細については第7章でくわしく解説されているので、そこでの解説を参照してほしい。ここで指摘しておきたいのは、高齢者は温かいが無能であるというステレオタイプの対象となるカテゴリーであり、それが哀れみを生じさせ、「保護者的な上から目線」で接する対象となりやすいことだ。

リンゼイ・キャリーらは、このような論考を踏まえ、敵意的なエイジズムに加えて、慈善的なエイジズムにも着目して「両面価値的エイジズム尺度」（Ambivalent Ageism Scale）を作成した。[12] 作成のための項目収集は、女性への偏見を対象とした「両面価値的セクシズム尺度」[13]（The Ambivalent Sexism Inventory：第9章参照）や既存のエイジズム尺度も参照している。最終的に残された一三項目は、「助けを求めていなくても、高齢者は常に援助を提供されるべきだ」「高齢者は厳しい社会の現実から守られる必要がある」「高齢者は一度聞いただけでは物事を理解しないので、繰り返してあげるのがよい」などの慈善的エイジズム項目と、「高齢者は仕事上での問題を大げさにする」「高齢者は怒りっぽい」などの敵意的エイジズム項目から構成されている。

着目すべきは、フラボニのエイジズム尺度との正の相関が、慈善的項目との間にも見られたことだ（r＝・五一。なお敵意的項目との間では r＝・七五）。慈善的エイジズムは、表面的には高齢者への支援や保護を表現しているが、その背後には、高齢者を無能で自立性に欠ける存在であると見なす偏見的な態度があるといえるだろう。これまでの研究では、高齢者に対する保護的な態度での相互作用が自己成就予言的な効果をもち、自己効力感が低いという信念を高齢者自身が内在化したり、それに沿ったステレオタイプに合致する行動を行ったりすることを示している[14]。エイジズムが高齢者に及ぼす影響を考えるうえでは、慈善的エイジズムが高い人が、実際にどのような相互作用を行うのか、福祉職従事者の態度などの実践的な課題を含めて、さらなる検討が必要だといえる。

●規範的エイジズム

エイジズムの基盤には、「高齢者は無能だ」というように、「高齢者がどのようであるか」という記述的な側面に関わるステレオタイプ的信念が存在する。一方、高齢者の振る舞いに対して、「年相応に」とか「いい年をして恥ずかしい」という表現がときとして用いられる。これらは、エイジズムに「高齢者は〇〇のように振る舞うべき人たち」という信念も関わることを示唆している。マイケル・ノースとフィスクは、このような信念を「規範的ステレオタイプ」(prescriptive stereotype)と名づけ、その内容と、おもに若者に見られるエイジズムとの関係について検討している。[15]

彼らは、規範的ステレオタイプが継承(succession)、消費(consumption)、アイデンティティ(identity)の三領域で見られることを主張する。継承は、高齢者は富、仕事などのリソースを蓄積したり独占したりすべきではないという意識に関わる。一般に、若者はリソースを「もたない」世代であり、彼らより上の世代が自分たちに譲るべきという意識をもちやすい。ただし高齢者と中年を比べると、社会で活躍し生産する年齢層である中年は、リソースをもつ権利があると見なされる。一方、高齢者に対しては、いつまでも仕事にしがみつくのではなく、後進に道を譲り引退すべきだとか、財産を蓄積、独占せず、他に分配すべきだと考える。なお、これには、「高齢の労働者は変化についていけず、健康上の問題を抱えている」というような「記述的ステレオタイプ」[16]がもちろん関与している。

対して、消費は、おもに公共のリソースを高齢者が使用することに関するものだ。年金、社会保障などの制度は、社会の高齢化が進むなか、若者がその恩恵を受けられず、世代間での不公平という葛藤が存在する。そのような状況では、高齢者に対して「公共リソースを消費するべきではない」という規範意識が生じやすくなる。

一方、アイデンティティは、高齢者が若作りをしたり、若く振る舞おうとしたりすることにより、若者独自のアイデンティティを脅かす存在と見なされるというものだ。これも、若者がもつ独自の「文化」というリソースを脅かすという意味での葛藤だということができる。

これらはいずれも、リソースをめぐる世代間の葛藤に関わるが、中年層に比べ、相対的に不利な立場にある若者の方が、高齢者に対して強い規範意識をもち、規範を守らない高齢者をネガティブに評価する。たとえば、生活にゆとりのある人が、年下の親戚が困っているにもかからず援助しないなら、金銭的な援助を行う場合よりも、もちろんネガティブな評価を受けるだろう。ただし、行為者が高齢者で、かつ評価者が若者である組み合わせで、とくに評価が極化する。ノースらはこのことをシナリオ実験やウェブ上の相互作用を用いた実験で示している。また、ここで挙げた行動の例は継承の規範に関わるものだが、同様に、消費やアイデンティティに関しても、高齢者はそれを守るべきだという規範意識を、若者が強くもつことを示す結果が得られている。

一般に高齢者に対する記述的な認知や信念には、さほど年齢差が見られないといわれるが[17]、それとは対照的に、「規範的エイジズム」は若者においてとくに強固なのかもしれない。また、慈善的エイジズムが「哀れみ」を引き起こすのに対して、規範的エイジズムは、軽蔑や嫉妬の対象となる可能性がある。高齢者に対する敵意的な偏見と同じようなネガティブな影響がもたらされる可能性について、今後の研究が必要なテーマである。

3　エイジズムの心的基盤

高齢社会を迎えている現代において高齢者はマイノリティというわけでもなく、高い地位をもったり、家族の重要な一員であったりする人たちも多数いる。また繰り返し述べているように、誰もが高齢者になるのである。それにもかかわらずエイジズムが存在するのはなぜなのだろうか。

特定の集団に対する偏見や差別については、さまざまな立場からの説明が可能だ。歴史や政治のダイナミックスに着目し、他集団との間に存在する過去のいさかいや、資源の配分をめぐる葛藤の点から考察することもできれば、哲学や文学のように、人間の本性に対する思索と洞察から、人間が本質的にもつ闇として論ずることもできるだろう。エイジズムに関しても、歴史的な経緯に着目した考察が提出されている。たとえば、産業社会へと向かい資本主義的な経済システムが発展するなかで、高齢者は退職という制度により活動から退き、非生産的な生活へと追いやられ、これにより高齢者の社会的地位が低下し、社会に貢献しない高齢者像へとつながったというような議論である。[18]

このような論考に対して社会心理学は、人間の認知や動機、感情など、心的な機能という点から、偏見や差別にアプローチする。主要な理論やモデルはすでに本書の第Ⅰ部においてくわしく論じられているが、ここでは、エイジズムに関連が深い、社会的アイデンティティ理論、恐怖管理理論、および病気回避メカニズムを取り上げ、それらがエイジズムの存在をどのように説明するのかを解説する。

●社会的アイデンティティ理論

第1章に詳述されているように、社会的アイデンティティ理論[19]は、内集団と外集団を区別し、外集団を低く評価することを予測する。エイジズムにあてはめるなら、若者が高齢者から心的な距離をとり、外集団である高齢者集団を低く評価し、みずからのポジティブなアイデンティティを維持するということになる。実際、若者が、若者自身に対するよりも高齢者に対してネガティブな態度をもつことを示す研究は多数存在しており、[20]社会的アイデンティティ理論はそのような結果をうまく説明する。

では、この理論のもとで、高齢者自身がポジティブなアイデンティティを維持する方略をどのように考えることができるのだろうか。その一つは、加齢のポジティブな側面に焦点をあてることで、「高齢者は、ある側面では若者より優れている」と考えることだろう。この方略のもとでは、高齢者自身は、エイジズムをもつことにはならないが、外集団である若者集団を相対的にネガティブに知覚することにつながる。高齢者は自分たちをネガティブには見ていない、むしろポジティブに見ているという知見や、若者よりも自分たちの方がすぐれた特性をもつと考えるという知見は、このような方略の存在を示唆するものだ。[21] また、若者、高齢者のいずれもが、年齢に基づき外集団をネガティブに評価するのであれば、「高齢者偏見としてのエイジズム」というより「年齢に基づく偏見や差別」という、より広義の「エイジズム」が生じているともいえる。

一方、高齢者が高齢者集団と自分自身を切り離し、他の高齢者を外集団メンバーであると見なすという方略もありうる。二〇〇三年に内閣府が実施した「平成15年度年齢・加齢に対する考え方に関する意識調査」では「高齢者としての認識の有無」を尋ねているが、それによると、六五～七四歳で四二・二パーセント、七五歳以上でも一三・三パーセントが、自分は高齢者にはあてはまらないと回答している。[22] このような結果は、実年齢が高くても、高齢者という集団にみずからのアイデンティティをおかない傾向があることを示唆するものだ。また加齢という過程（とくに身体的な衰えに関する過程）をネガティブに見るほど、「自分は若い集団に属する」という自己認知を高齢者がもちやすくなることも示されている。[23] この方略は、高齢者にとってポジティブな自己認知を維持するというメリットにつながる。しかし、その一方で、高齢者自身が、「自分以外の高齢者という社会的カテゴリー」を外集団化してネガティブに評価することにより、結果的に同世代間でのエイジズムが生まれる可能性を含みうるものである。

●恐怖管理理論

人間はみな、いずれ死ぬ存在だ。もちろん普段は、そのようなことを意識せず生活している。しかし、事故のニュースや誰かの訃報に接するなど、死に関連する出来事に遭遇すると、そのことに、ふと思いが至るかもしれない。恐怖管理理論によると、死が避けられないという認識は私たちにとって脅威であり、「人間が死すべき運命にある」ことを意識する状況下では、死の脅威から自己を守るために、みずからが社会の中で価値あるメンバーであるという感覚を維持しようとする。そのため、所属する社会のもつ文化観を支持したり、自尊心高揚を行ったりすることが見られるというのである。

さて、この理論に基づけば、高齢者と死の間には連合関係があるため、若者にとって高齢者との接触は、自分もいずれは死ぬ存在であるという現実を思い出させるものとして脅威となる。そのような脅威に対処するため、自己を高齢者から遠ざけようとすることが、エイジズムにつながるというのである。

アンディ・マーテンスら[24]は、若者にとって高齢者が死やそれと連合した概念を喚起する存在であること、またその防衛としてエイジズムが生じる可能性を次のような実験から示唆している。まず一つ目の実験では、参加者に顔写真を見せた後で、単語完成課題を行わせる。その際、四枚の写真のうちすべてが若者であった条件と比べ、二枚が高齢者であった条件では、たとえば「COFF_ _」に対して、「COFFEE」ではなく「COFFIN」(棺)のように、死と連合した単語を完成する割合が高くなったのである。また、続く実験では、自分の死、もしくは歯の痛み(死と無関係だが不快)に関する感情や思考を書かせた後、さまざまな行動を呈示し、それらの望ましさと、自分、若者、高齢者にあてはまる程度を評定させた。その結果、死について記載した参加者は、自分にあてはまる行動を高齢者にはあてはまらないとするなど、自分と高齢者との類似性が低くなるように回答し、かつ、望ましくないと評定した行動をより高齢者にあてはまると回答した。

以上の結果は、恐怖管理理論が提唱するメカニズムと整合的だ。すなわち、高齢者イメージへの接触は、若い人の間に死を想起させる。それにより喚起された死の恐怖への対処として、高齢者を自分とは異なる存在だと位置づけて自分もいずれは高齢者になるという認識から一時的に目をそらし、また劣った存在だとすることで、みずからの自尊心を維持しようとするのである。

このように、若者がもつ高齢者偏見は、死の恐怖に根ざす可能性が示唆されるのだが、では高齢者自身はどうなのだろうか。恐怖管理理論の枠組みでは、若者を対象とした研究が多く、高齢者の反応を検討した研究は、いまだ数少ない。高齢者は病気や親しい人に先立たれるなど、死に関連した個人的経験を若者よりも多くもつがゆえに死すべき運命を若者よりも受け入れているともいわれる[25]。そうであるなら、死の恐怖を管理する必要は若者よりは低く、高齢者へのネガティブな態度にはつながりにくいかもしれない。

モーリー・マックスフィールドらの研究は、このような議論を支持するものだ[26]。この研究では、若者と高齢者を対象として、死を意識した際の文化的規範への支持を検討した。参加者は、「死の恐怖に関わる質問」もしくは「痛みの恐怖に関する質問」に回答した後、道徳的な逸脱例に対する評価を行った。結果は、前者において、高齢者よりも若い人の方が、逸脱行為に対してより厳しい評価を下すというものであった。

恐怖管理理論が、高齢者の反応をどう説明するのかは、さらに検討が必要だが、少なくとも若者が高齢者に対してもつ偏見については、死の恐怖と高齢者との連合により説明される部分も大きい。エフド・ボドナー[27]は、エイジズムの基盤となる「高齢者の外集団化」について、若いときは恐怖管理理論が提唱するメカニズムも関わるが、高齢化するにつれ、社会的アイデンティティ理論が提唱するメカニズムに移行すると主張している。つまり、若者にとって、高齢者は外集団であるが、死の恐怖を喚起する存在でもあるので、いっそう、自分たちとは異なる集団であると見なそうとする。一方、加齢が進むなかで、人々は高齢者としてのアイデンティティをなかなか受け入れず、自分はまだ若く高齢者ではないと考えることで、高齢者というカテゴリーが外集団化されるというのである。

●病気回避メカニズム

授業などで、たまたま隣に座った人がつらそうに咳き込んでいたら、大丈夫だろうかと思うと同時に、「風邪がうつると嫌だ」と思い席を移ろうとするのではないだろうか。このような気持ちや行動は、マーク・シャーラーらによると「病気回避メカニズム」の表れである[28]。病気感染の可能性を回避する行動をとることができる個体は生き残る可能性が高いので、感染症の病気に罹っているかもしれない他者との接触を避ける行動傾向を、私たちは進化の過程で獲得してきたというのだ。

ただし、隣で咳をしているようなわかりやすい場合はともかく、感染の原因となる病原体を他者がもつかどうか、直接に知覚することは難しい。したがって、目に見える病気を示唆する手がかり——皮膚上の病斑、身体の不自然な歪み、発作など——に反応し、それをもつ他者を避けるという行動方略をとることになる。このメカニズムは第11章にも述べられているように、障害者等に対する偏見の基盤となるものであり、過剰に作動することにより、実際には感染症とは関係なくても嫌悪感情が生起してしまうことが指摘されているが[29]、高齢者に対しても、同様のメカニズムが作動すると論じられている。加齢は、一般に身体的な衰えにつながり病気と認知的に連合しやすく、その結果、高齢者への嫌悪や回避が生じるというのだ[30]。

このメカニズムが高齢者偏見を説明する可能性について検討したものとして、石井国雄と田戸岡好香[31]の研究を紹介しよう。この研究は、高齢者との同居経験の有無にも着目し、感染症への脅威を高める操作（自分が病気に罹った経験について考える）が、高齢者への偏見（フラボニのエイジズム尺度を使用）に及ぼす効果を検討したものだ。結果は、一般の大学生、看護系学部の大学生、いずれにおいても、高齢者との同居経験がない場合に、感染症脅威が高まったとき、偏見が増加した。高齢者への偏見を生み出すものとして、病気回避メカニズムが存在すること、また高齢者へのなじみ度が低い場合に、そのメカニズが作動しやすい可能性を示唆するものといえるだろう。

4 エイジズムをめぐる課題

全世界が高齢化という問題に直面するなか、高齢者としての生活の質をいかに維持するか、さらには活動的な高齢化（active aging）をいかに達成するかは、今後の社会のあり方を考えるうえでも重要なものだ。日本でも、厚生労働省が活動的な高齢化について、ＡＳＥＡＮ諸国の高齢化対策を展開するうえでの日本の貢献をテーマに検討を行うなど、政策レベルでも重要な課題として位置づけられている[32]。また、世界保健機構（ＷＨＯ）は、「活動的・健康的な高齢化」（active and heathy aging）の促進のためにはエイジズムの解消に向けた動きが必要だと述べている[33]。エイジズムを打破して高齢者を価値ある存在として認めるとともに、高齢者が健康で積極的に社会参加ができる状況を国際的な協力によりつくるべきだというのである。

その実現のためには、あらためてエイジズムがいかに問題となるのかを認識する必要があるだろう。これまでエイジズムの形や心的基盤について述べてきたが、そもそもエイジズムがどのように「活動的で幸せな高齢者」であることの妨げになるのかについても、考察を深める必要がある。

その一つは差別がその対象である人に与える加害的な影響である。差別を受けることが精神的、身体的健康を害することは、人種差別や性差別を中心に明らかにされている[34]。エイジズムについても、加齢を理由に社会参加や経済活動が制約されるということに加え、自分自身が年齢で差別されているという認知が主観的な幸福感を低下させることが示されている[35]。

また、高齢者に対するネガティブなステレオタイプの内化がもたらす問題もある。ベッカ・リービーは、高齢者ステレオタイプが、人生を通して内化され、非意識的に機能し、加齢が進むにつれ「自分に関わること」としての意味を獲得し、心理、行動、生理的レベルで影響を与えるという、ステレオタイプ・エンボディメント・モデルを提出している[36]。

若者は高齢者に対するネガティブなステレオタイプに接したとしても、そのときは「自分の問題ではない」として無視することができるし、さしたる問題意識をもたないかもしれない。しかし、それは加齢に伴い「自分のこと」となっていく。ネガティブな高齢者ステレオタイプを保持している高齢者は、人生の満足度、身体的健康、活動性などが下がるし[37]、高齢者ステレオタイプが喚起される場面では、心身機能を測定する課題成績が低下するという「ステレオタイプ脅威」も頑健に見られる[38]。若いときに非自覚的に獲得した高齢者ステレオタイプが、みずからが高齢化した際に自己成就してしまうリスクを認識し、エイジズムに関する一般の理解を高める教育や政策を導入しつつ、その解消を目指す努力が求められる。

いまだ高齢者と呼ばれる年齢に達していない人にとって、高齢者に対する偏見や差別は自分から少し遠いところにあるかもしれない。しかし、日本の人口に高齢者（六五歳以上）が占める割合はすでに四分の一を超えており、[39] 超高齢社会に突入している状況を考えると、私たちが（そして高齢者自身ですら）高齢者に向けているネガティブなまなざし、そしてそれがもたらす望ましくない影響を低減することは、すべての人の幸せをも左右する課題として浮かび上がってくる。四苦八苦という表現は日本人にはなじみ深いが、そもそも老いは仏教における四苦の一つでもある（なお四苦は生、老、病、死を指す）。たしかに、老いることは人間にとって根源的に「避けようのないネガティブなこと」なのかもしれない。しかし、そうであるなら、なおさら、「高齢者という社会的カテゴリー」が偏見や差別の対象となる問題について私たちは真正面から取り組み、議論と考察を重ね、「すごすに値する人生の締めくくり」へと転換する必要があるのではないだろうか。

第13章 犯罪

テレビの中では猟奇的な殺人事件が毎日のように起こることになっている。子ども向けの『名探偵コナン』から、私の父が好きだった『相棒』まで、多くの物語の中心に事件や犯罪がある。このように犯罪に関する語りが人々のコミュニケーションの中心になるというのはフィクションだけの現象ではない。ワイドショーでは、芸能人の不倫から詐欺、テロまで「事件」の報道には余念がないし、我々はそれを受けて不安になったり、憤ったり、非難したりする。

スコット・ボン[1]は、連続殺人鬼に人々が魅了される理由として、連続殺人鬼の希少な圧倒的な力、誰もが被害者になりうるという不安、連続殺人鬼の貪欲さ、連続殺人鬼の不可解さ、連続殺人鬼がモンスター映画に似た興奮を与えることの五つを挙げている。これらが魅力的なのは、人々が普段、圧倒的な力をもつことも貪欲に振る舞うこともできず、他者に安心を与えるように合理的な振る舞いをすることを求められ、道徳的であることを強いられているからかもしれない。

他方で、犯罪が耳目を引くのは、不公正を検知し、それを攻撃することで公正を回復しようという報復動機[2]を喚起するからだという視点もある。自分も危険にさらされる可能性がある未解決の事件だけではなく、人が解決した事件についてのニュースを見聞きしたり、勧善懲悪型の刑事ドラマを好むのは、自分がそのような犯罪の被害に遭遇した場合のシミュレーションを行う[3]というだけではなく、このように公正さが保たれているということを確認したいからかもしれない。

さて、私たちが犯罪を耳にするのはメディアを介してだけではない。事件現場に偶然遭遇したり、知人から聞いたりすることもあるだろう。では、このように流通する犯罪に関する情報に対する我々の反応は、正しい認知に基づいているといえるのだろうか、それともこの反応の中には偏見や差別が紛れ込んでいるのだろうか。

1　犯罪の生起頻度に対する偏ったイメージ

先述のように犯罪は、よく報道されるものの一つである。しかし、実際の各種犯罪の生起頻度と、一般市民が考える各種犯罪の生起頻度は異なる。私たちは犯罪というと、殺人や強盗、傷害を思い浮かべる[4]、またドラマや小説や漫才師のコントでは銀行強盗や身代金目的の誘拐をよく見かけるが、この一〇年間日本で実際の身代金目的の誘拐はほんの数件しか起こっていない。銀行強盗に至ってはこの一〇年間実被害があったケースはゼロである。実際の認知件数で多いのは（七三・五パーセント）、窃盗である。窃盗といっても多くの人が想像する空き巣などの侵入窃盗や万引きの認知件数は、それぞれ全体のわずか三・九パーセント、一四・五パーセントにすぎない[5]。全体の三二・三パーセントを占めるのが自転車盗である（ただし検挙件数でいえば、万引きが三六・五パーセント）。しかし自転車盗を扱ったドラマを私は見たことがない。

このように、一般の人がもっているイメージと現実が異なるのは、性犯罪者や殺人も同様である。テレビでは、性犯罪というと見ず知らずの人を襲う「レイプ魔」がイメージされ、殺人というと通り魔のようなものがイメージされるが、実際の強姦の被害者の約半数は、「面識あり」（四五・一パーセント〔その他親族五・八パーセント〕、二〇一四年）であり、殺人の被害者の約半数は加害者の親族である（二〇〇九年で四八・二パーセント）。また、性犯罪は、再犯が多いと信じられているが、痴漢に関しては累犯が一定程度見られるものの、強制わいせつや強姦の加害者が、同一罪種で再度刑務所に収監される比率は、他の犯罪（刑法犯全体で一五・二パーセント、うち同一罪名五犯以上が一・七パーセント）に対して低く（強姦で六・八パーセント、うち五犯以上が〇・二パーセント、強制わいせつで九パーセント、うち五犯以上が〇・五パーセント）、市民のイメージと異なる。この傾向は、アメリカでも同様である。[6] このような偏ったイメージがある理由の一つは、有罪判決を受けた人と直接会ったことが少ないからかもしれない。実際、元犯罪者に対する偏見は、元犯罪者や更生施設との接触経験によって軽減するという報告もある。[7]

このように犯罪に対する認知が統計とずれるのは、一部の犯罪や再犯が重点的に報道され、それに基づいて人は利用可能性ヒューリスティックを使うからであろう。しかしそれだけではなく、人は犯罪の生起頻度を推定する際に、それによって感じる不安や怒りなどの感情の影響もあるかもしれない。たとえば、近年、犯罪の生起頻度自体は実際には減少傾向にあるにもかかわらず、最近の治安について人々に尋ねると「どちらかというと悪くなったと思う」という人と「悪くなったと思う」と答えた人の合計は八一・一パーセントにのぼる。[8] このように事実と異なって犯罪不安が高くなっているのは、犯罪をしないことが当然となっているにもかかわらずあえてその行為をする人の悪質性が際立つからかもしれない。

2 犯罪者の処遇に対する偏ったイメージ

実際と認知が異なるのは、犯罪の生起頻度だけでない。犯罪者の処遇についても、実際と異なるイメージが広がっている。たとえば、「無期懲役になっても一〇年すれば仮釈放で出てくる」という言説があるが、実際には仮釈放される人員は顕著に減っており、二〇〇九年の仮釈放者の平均服役期間は三〇年を超え、二〇〇〇年から二〇〇九年で見ると、無期刑を受けてそのまま刑務所で亡くなった人（一二六人）が、仮釈放で出所した人（六五人）の二倍近くになっている。[9]

なお、テレビや映画で犯罪者というと、知的レベルが一定程度高い人物による計画的な犯罪が描かれるが、たとえば、刑務所に収容されている人の知能指数の平均は八〇前半であり（日本人全体の平均は一〇〇を超えるくらいと言われている）、この値は、検挙率を考えれば「知的能力の高い犯罪者は巧みに捜査から逃れるので捕まっていない」というだけでは説明できない値である（もちろん、有能な犯罪者は、たとえばブラック企業の経営者のように犯罪として認知もされないようなところを狙って弱者から利益を搾り取るという見方もあろう）。

3 「犯罪者」「被疑者」、不正行為者やその家族、裁判利用に対する偏見

●「犯罪者」とその家族に対する偏見

たしかに犯罪者の中には、自分が被害者に与える苦痛や損害を軽視しているために犯罪に及ぶ、または犯罪を行ってしまった際に被害者の苦痛を軽視することで自尊感情を維持しようとする加害者もいるが、そうではない加害者もいる。犯罪加害者家族支援を行うNPO団体によると[10]、加害者本人は、「被害者に申し訳なくて生きていることが辛い」（七八パーセント）、「事件で迷惑をかけてしまった家族に申し訳ない」（六九パーセント）と感じ、「事故後家族との関係が悪くなってしまった」（四七パーセント）、「失業・再就職への不安」（三四パーセント）、「事故後、仕事に集中することができなくなった」（一六パーセント）、「判決への不安」（三パーセント）といったさまざまな問題を抱えているといわれている（ただし、このような支援団体に相談をしている時点で、自分が起こした事件・事故にショックを受けている人が多いことも背景にあると思われる）。さらに交通事故の加害者家族からの相談を受けつけている団体によると相談者のうち五パーセントから「加害者本人が自殺した」という報告を受けるという[11]。

また、このような事件では加害者本人だけではなく、加害者の家族が攻撃の対象になることもある。交通事故加害者家族が直面する困難として、「外出が困難になる」（九五パーセント）、「楽しいことや笑うことに罪悪感をおぼえる」（九四パーセント）、「自殺を考える」（九〇パーセント）、「人権侵害（誹謗中傷、いじめ、ハラスメントなど）を受ける」（五一パーセント）、「転居を余儀なくされる」（四〇パーセント）、「結婚が破談になる」（四一パーセント）、「進学や就職を諦める」（三九パーセント）、「家族関係が悪くなる」（三八パーセント）、「自己破産をした」（二三パーセント）、「生活困窮に陥る」（一八パーセント）、「失業や転職を余儀なくされる」（一一パーセント）が挙げられている[12]（ただし、これもこのような支援団体に相談をしている時点で、家族の起こした事件・事故にショックを受けている人が多いことも背景にあると思われる)。これは、交通事犯以外の刑法犯でも同様であり、「事件報道によるショック」(四一パーセント)、「生きていることに罪悪感を抱く」(三八パーセント)ことにより、相談者である加害者家族の八八パーセントが自殺を考えたと訴えてきたと報告されている[13]。

これは、先述のようにこの問題を抱えてNPOに相談に来た人の反応であるので、全加害者を対象にすればこのような感情をもつ人の割合は、もっと少ない可能性もある。しかし、藤田悟郎[14]の調査でも、事故直後のPTSD諸症状の発現は(ただしこれは時間が経ってからの回想に基づく)、加害者の方が被害者遺族よりも高比率であり(たとえば、「再体験」の場合、死亡事故加害者で七三パーセントなのに対して遺族で四一パーセント、「覚醒亢進」の場合、死亡事故加害者で六〇パーセントに対して遺族で二一パーセント)、被害者遺族には別の要因も働くので一概に比較することには意味がないが、一部の加害者には深刻な問題を生じさせている可能性がある。

また犯罪被害者や被害者遺族は犯罪被害者・遺族らしくしていることが期待され、その期待から外れると、「お金が欲しいだけ」と非難されることがあるといわれる[15]。これと同じように、加害者やその家族は、いつまでも加害者やその家族らしく笑顔も見せず反省し続けていなければならず、たとえば友人と居酒屋で談笑していたら「反省していない」と非難される。このような犯罪者の家族という「自覚」は、警察などとのやりとりによって内在化されるといわれている[16]。さらには、その家族が犯罪と無関係であったとしても、失業に追い込まれたり、子どもが学校にいられなくなったり、結婚が破談になったりといった状況に至ることもある。

このような非難は社会的制裁と呼ばれることもある。社会的制裁では、被害者ではなく、事件と直接関係のない人が、世界の公正性をそれぞれ個人レベルで取り戻そうとするなどさまざまな理由で加害者に制裁を加えようとする。社会的制裁の現在的形態の一つがSNSの炎上であるが、この炎上に加担する人の多くは「間違ったことをしているのが許せなかったから」というその人なりの正義感をもって行っており（六〇〜七〇パーセント）、炎上に加担する人は加担することで炎上によって「社会を良くしている」と知覚していること（炎上加担者の二八パーセント、非加担者の八パーセント）が指摘されているが、総和としての非難の量は、過大になる場合もあり、また、「多くの人が書き込んでおり、自分も参加すべきと感じたから」という理由で書き込んでいる人や（一〇〜二〇パーセント程度）、「色々書き込むのが楽しいから」や「ストレス解消になるから」といった正義感とも無関係な理由で書き込んでいる人（二〇パーセント程度）もいる。[17] ただし、炎上は、社会的に排斥されている低学歴・低所得の人がストレスの発散のために行っていると一般に思われることがあるが、炎上行動に影響している人は、男性で、学歴が低い人に偏っているわけではなく、年収が多く、子どもがいて、インターネット上で嫌な思いをしたことがあり、インターネットでは非難し合ってもよいと考えている人である傾向があるという報告もある。[18]

●「被疑者」への偏見

なお、犯罪に関わる社会的非難は、実際に行為を行った人に対してだけ行われるわけではない。図13－1は、公園での刃物での落書きによる架空の器物損壊事件に関する実験の結果である。[20] この実験では、公園の木製の柱にカッターナイフで落書きをした疑いで取調べを受けた人物の悪人としての根深さを「全く根深くない」（1）から「極めて根深い」（7）までの七段階で評価するように求めている。「取調べ無実条件」は、この事件について取調べを受けたが、この人とは別に真犯人が明らかに

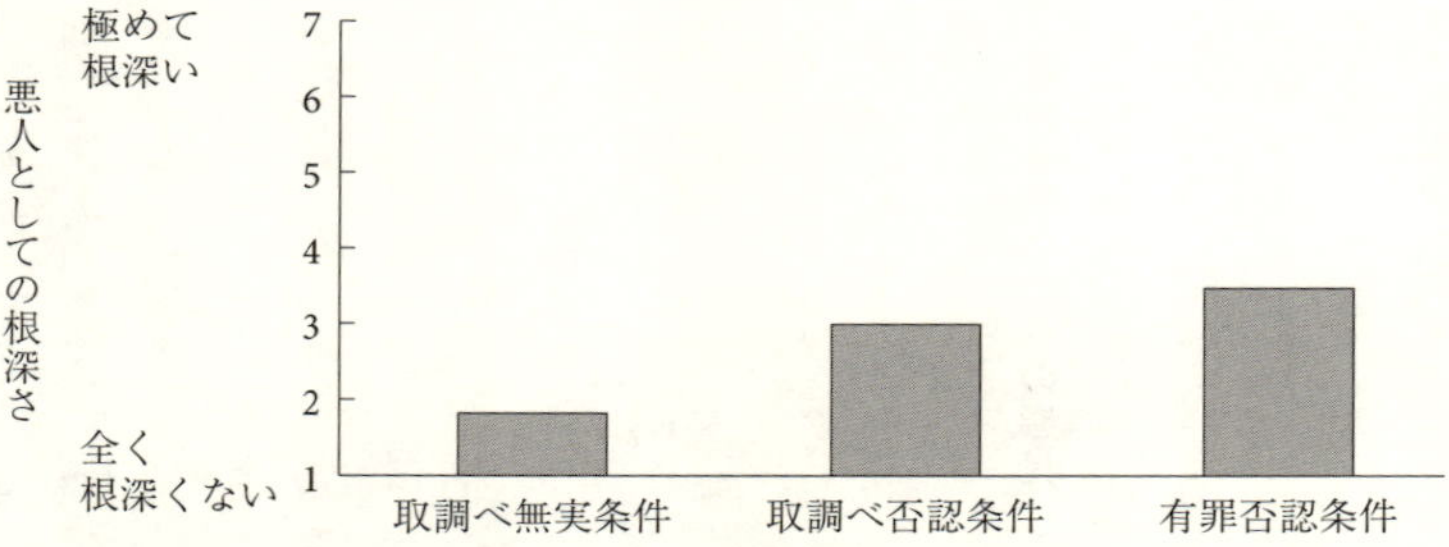

図 13-1　取調べを受けることが悪人としての根深さの認知に与える影響[19]

なった場合の評価である。「取調べ否認条件」は、この事件について取調べを受け、本人は否認している場合の評価である。「有罪否認条件」は、否認してはいるが有罪の判決が下された場合の評価である。いずれの場合も七件法の真ん中の値である4より小さいことは重要な点である。しかし裁判においては無罪推定の原則があるにもかかわらず、否認していても、取り調べられるだけで、無実が明らかになった人に比べて「悪人として根深い」と評価されることが図から読み取れる。

この質問紙実験では、隣人としての好ましさについても尋ねているが、「取調べ無実条件」に比べて「取調べ否認条件」の方が、隣人として望ましくなく、さらに「有罪否認条件」の方が望ましくないと思われていることが明らかになった（ただしどちらの場合も実際に犯人である場合よりは望ましい）。これは、被害が大きい事件の被疑者になった人物に対しては、真犯人が現われ無実が確定した後でも、路上で立ち話をすることも避けようとする傾向があるという報告とも一致する。[21]

なお、筆者らは、別の枠組みでも類似の調査を行っている。[22] こちらの調査での評価対象の人物は、先ほどの器物損壊事件の真犯人である。ただし、犯人であるというだけなのか（「事実条件」）、犯人で

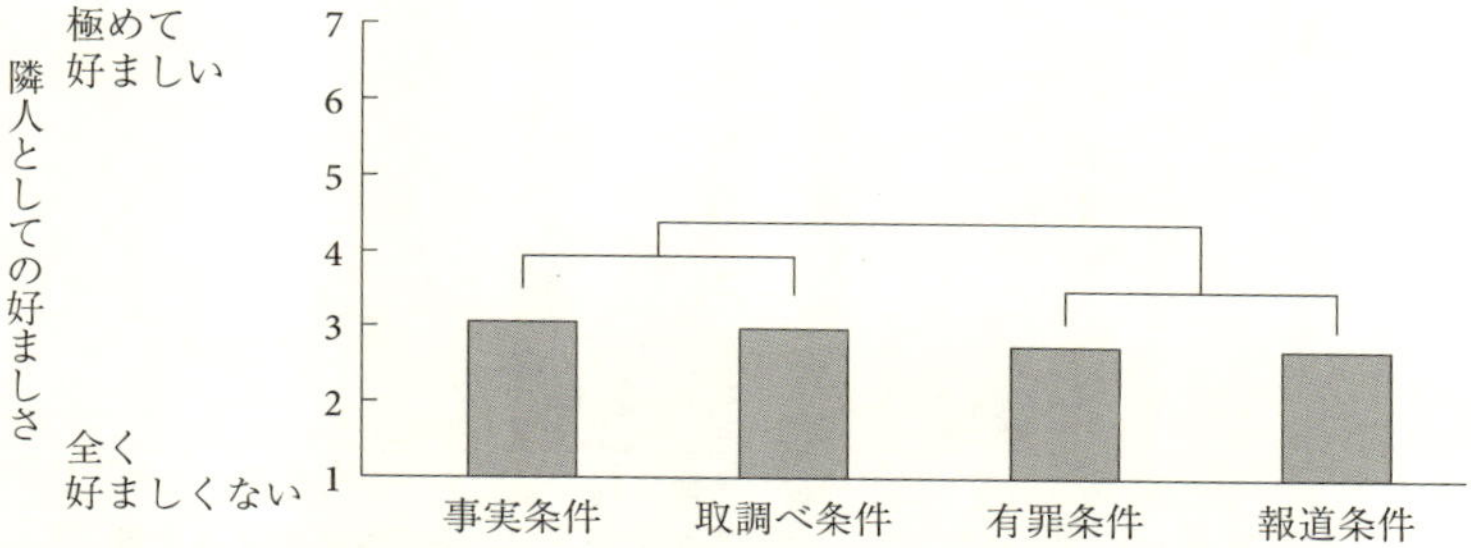

図 13-2　同じ犯罪行為をした後の司法手続きがその人の隣人としての好ましさに与える影響〔23〕

あって取調べを受けただけなのか（「取調べ条件」）、犯人であって有罪になったのか（「有罪条件」）、事件は報道されたが被疑者として特定されていないため取調べを受けていないのか（「報道条件」）によって、その人物に対する評価が変化するかを検討したものである。合理的に考えた場合と同様、同じ行為を行ったのであるから行為の悪さについての評価に関しては条件による違いは認められなかった。しかし、隣人としての望ましさについては統計的な有意差があり、有罪条件と報道条件は、事実条件や取調べ条件に比べて、隣に住むことが望ましくないと思われていた（図13-2）。このことは、犯行を行ったという行為そのものだけではなく、有罪になったり、報道されたりという事実が、いわゆるスティグマとして機能することを意味している。

なお、犯罪を行っていなくても性向があるだけで迫害を受けるものがある。たとえば、ペドフィリア（小児性愛）については、実際に法を犯していなくても差別と社会的迫害の対象になりがちであることが指摘されている。〔24〕

●裁判を起こした人

犯罪者に対するネガティブな印象付与には、先ほどの実験に見

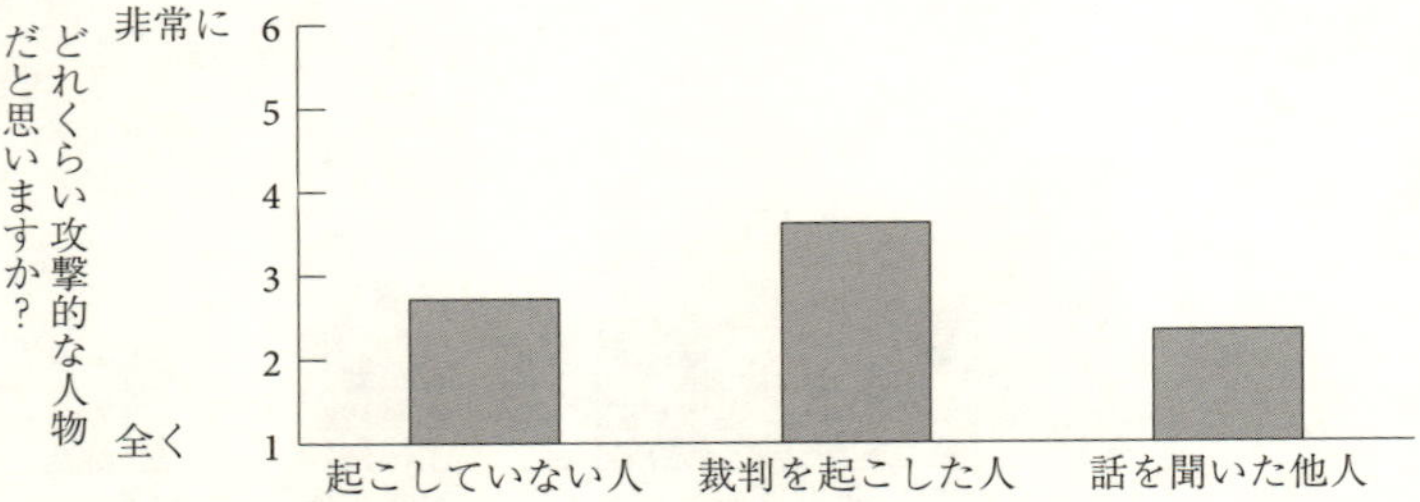

図 13-3　民事訴訟に関わることが攻撃的な人物だという印象に与える影響 [27]

たように、行為の悪質さだけではなく、有罪になったり報道されたりといった公的なラベルの付与の有無も影響すると考えることができる。そうだとすると、有罪や報道といったラベルの付与に限らず、司法制度に関わること自体が、関わった人にネガティブな印象を与えるかもしれない。日本では、とくに司法制度に関わることに対して抵抗が強い。有名な「隣人訴訟」では、自分の子どもがため池で死亡した責任をめぐって隣人および行政機関を訴えた原告の家に、「善意で子どもの面倒を見ることを引き受けた隣人を自分たちの責任を棚上げして訴えている」「死んだ子どもを金もうけの資材にしている」などと非難する手紙や電話などが殺到した[25]ことが知られている。

このように司法に関わるだけでネガティブな印象が付与されるのかを検討するために、筆者はシナリオを用いた調査を行った[26]。この調査では、コンタクトレンズの不具合で視力が極度に落ちてしまった二名の人物（裁判を起こさなかった人と、友人に言われて裁判を起こした人）と無関係な人の合計三名をそれぞれ想起してもらい、それぞれの人の怒りの程度やその人に対する印象を調査した。その結果、攻撃性の程度について前二者間で違いは見られ、図13-3に示すように、同じ被害にあっても、裁判を起こした人は、起こしていない人よりも「攻撃的」な人物としてとらえられていた。起こしていない人と話を聞いた他人では起こしていない人の方が攻撃性が高く評価されていたことから、裁判を起こさない人の方が普通よりも攻撃性が低いのではなく、裁判を起こした人の方が特異であると見られていることが読み取れる。つまり被害にあったのでその救済を求めて裁判を起こしただけで、攻撃的な人であるかのような印象を人々に与える可能性をこの結果は示している。これは、裁判を起こす人に対するある種のステレオタイプや偏見の存在を示唆するものといえるだろう。

4 法に対する誤解？ バイアス？

●法に関する認識のずれ

犯罪における偏見・差別ということを考えるとき、犯罪や責任を認定する司法過程についても、専門家と非専門家で認識のずれが生じる場合がある。

たとえば、医療過誤によって子どもを亡くした原告（あるいは刑事事件の被害者遺族）は、真実は何かを明らかにすることを裁判に期待することがあるが[28]、裁判は、法律の構成要件に関わる部分について示された証拠から見て民事（「証拠の優越」）、刑事（「合理的疑いを超えて」）、それぞれの基準を超えて、両当事者の各主張が証明されているかどうかを検証するものとして設計されている。そのため、原告が期待するような形では明らかにならないこともあり、勝訴したとしても不満が残ることがある[29]。

また、犯罪の当事者の見方と法的あるいは外部からの見方にもずれが生じる場合がある。「犯罪」とされる場合には、文脈からその行為が切り取られ、当事者以外の視点から評価される。どのような文脈が背景にあったとしても（正当防衛など特殊な場合を除き）、相手を故意にナイフで殺すと殺人になる。しかし、それは本人の認識としてはぴんとこないものである場合もあり、それが「犯罪」と呼ばれるのは非常に外形的な見方、「たしかに行為だけを見ればそうだけれどもそのときには……」のように感じられることもあろう。

たとえば、ＤＶ被害者の側も、自分が犯罪の被害者であるという認識に乏しい場合があることが繰り返し指摘されている。[30] これは、いわゆるＤＶが文脈に埋め込まれた行為であり、家庭外であれば、他人からそのような行為（たとえば権利・自由を侵害される、暴行・傷害）を受ければ当然に犯罪として理解されるのに対し、家庭内、親密な関係においては、行為は病理的な文脈に埋め込まれて過小に認識されてしまい、その行為だけを取り出して認識するということが困難になってしまうからであろう。またとくに「ＤＶ」という言葉と概念が普及する前は、ＤＶ被害者の中には、自分がこのように暴力を受けるのは何か自分の側に（客観的には暴力を受けるには値しないにせよ）原因があるに違いない、あるいは単なる夫婦喧嘩と考える者もいた。また、他者に相談しても、文脈に帰属するような助言がなされることがあることも報告されている。[31]

そこには、もちろん犯罪として理解することを抑制する「バイアス」や「現状維持バイアス」、現状維持（つまりいまの生活を続ける）に親和的なナラティブを補強することで、できうることならば必要以上に問題が拡大しないようにする力（それによって、より悪化することを避ける）が働いていると見ることもできよう（これは、「正しい」かどうかは別として、一定程度までは当人の総合的利益だけを考えれば合理的な判断であるのかもしれない。もちろん理想的にいえば、たとえ小さな侵害であれ、権利侵害の存在を主張することによって改善されるような関係であることが正しいことではある）。

このように文脈を病理的なものとして、文脈から切り出して犯罪化するために言葉と概念をつくった近年の例としては、デートDVやハラスメントの類いがある。たしかに、当事者の文脈とは異なったとしても、その行為を病理的な文脈から切り取らなければ、犯罪として認識したり、責めたりするのが難しくなることもあろう。

●法と道徳の変遷と確認作業

親族が亡くなった場合にその遺体を荼毘に付すことは、ある文化では当然のことであるが、ある文化ではとんでもないことである。同性愛や姦通（日本では一九四七年廃止）は国や時期によっては法的な意味での「犯罪」になっている。法的な意味での「犯罪」や、法で定められていなくても道徳的にやってはいけないことというのは普遍的で不変だと思われることがあるが、実際には文化や時代によってかなり変化する。

このようにそもそも法が普遍的なものではないことに加えて、ある法があったとしても、その法の内容と実際のその法の運用に開きがある場合もある。たとえば日本では堕胎罪があり、堕胎は刑事罰の対象になるように定められているが、実際にはこの法は、あまり適用されることはなく、人工妊娠中絶は日常的に行われている。また信号無視をする歩行者や横断歩道外を横断する歩行者は少なくなく、実際に、ある行為を犯罪ととらえるか、犯罪ではないととらえるかは、事件の内容によっては流動的である。[32]

つまり、一般に人は法を堅いものだと考え、グラデーションのあるものとは考えないが、一部においては実際にはかなり便宜的に運用がなされている。そのため、Ｙａｈｏｏ！知恵袋などのQ＆Aサイトでは、自分や他者の行為が罪にあたるかどうかという質問が一定割合を占めている。[33] 実社会の中で、何が犯罪であるか犯罪ではないかというのは、時代や状況によって変遷・変化するものであり、たびたび確認しなければならないものだからであろう。

たとえば、前述のDVの問題にしても、家庭で夫が妻に暴力をふるう、あるいは親や教師が「しつけ」や「教育」のために子を叩くことは、一昔前は問題ではないと考える人の割合が高かったようである。ある国に駐在する日本人外交官が家で妻に暴行を加えて逮捕された際に「家で女房を殴るのは日本の文化だ」と言ったという報道がリアリティをもつくらいであった（本人は否定している）。現在では以前に比べれば、家庭内であれ、暴力は暴力であるという認識が広まりつつあるだろう。

ただし現代でも、どのような行為をDVと見なすかには、ある種の偏見の影響を見ることができる。二〇一五年発表の内閣府の調査[34]によると、DVは、女性が被害者になることがたしかに多いが（二三・七パーセント）、男性の被害者も、おそらくは一般に考えられているよりは高比率で存在する（一六・六パーセント）。もちろん被害の類型に質的な違いがある可能性や性役割意識が根づいていることによって両性でDVの被害があったとする基準が異なる可能性はあるので一概に数値だけを比較できないが、男性の場合には「身体的に勝るはず」「男のくせに恥ずかしい」等といった偏見が理由で、犯罪として認識されにくい可能性もあるだろう。

5　犯罪におけるバイアスとは何か問題

さて、これまで犯罪者やそれに関わる人に対する偏見や差別の問題を見てきた。なぜ人は、ドラマでは犯罪には惹かれるのに、犯罪を実際に行った人やその家族、あるいは裁判に関わった人に対しては、ネガティブな印象をもつのだろうか。これまでは偏見・差別と書いてきたが、本当に偏見・差別と呼んでよいものだろうか。

社会心理学での偏見やバイアスの扱いはおおむね二パターンに集約できる。第一は、偏見やバイアスを認知的節約家である人間の効率的情報処理システムの副産物であるとしてとらえ、その進化論的な合理性を説明するというものであり、第二は、そのバイアスを是正すべき対象としてとらえて挑戦するというものである。しかしバイアスの是正に対して雄弁な多くの心理学も、犯罪者に対するバイアスについての議論は少し歯切れが悪くなっているように見える。たとえば、交通事故加害者に対する法定刑は甘すぎるというのは、バイアスだろうか、それとも正当な判断であろうか。犯罪や不公正な行為を行った人をもっと反省させようとSNSを炎上させるのは、加害者の状態を正しく推測した適正な行為だろうか、それとも加害者に対するバイアスがかった判断に基づく不適正な行為だろうか。このような問題を判断するのが難しいのは、何を基準にバイアスと呼ぶのかが不明瞭であるからである。たとえば法を基準として、法からずれて、「交通事故加害者は死刑にすべきだ」という人は、「専門家」である法律家の行う法的判断と異なる判断をしているからバイアスがかっているということもできるかもしれない（心理学者はこれが多いかもしれない）。しかし、本当にこのような一般人の意見をバイアスだと切り捨てることができるのか？　あるいは、「一部の加害者やその家族にはこのような判断や非難が不適切かもしれないが、たとえそのような非難によって一部の人が苦しむとしても、マクロに見たとき、みんなが加害者やその家族を非難、攻撃することが公正と犯罪の抑止につながる」、あるいは「個別に判断するということのコスト（認知的資源を割くというコストも含む）を考えればこのようなステレオタイプ的な判断や非難は適応的である」のだろうか。

心理学者は、道徳や倫理の専門家ではない。そのため善悪についての判断する際、心理学者は、中立的なふりをしたり、きわめて素朴な判断を行ったりしやすい。しかし、この犯罪に対する偏見というテーマは、心理学者自身が有するバイアスの試金石となり、心理学者の立場を再考する重要なテーマとなりうる。心理学では、ある論文では適応的であることでよいとされ、ある論文では合理性があることでよいとされ、ある論文では制度政策と一致することをもってよいとされ、またある論文では正義や公正が、ある論文では人々の平均が基準となり、ある論文ではステークホルダーの快・不快が良い悪いの基準になる。そしてそれらが、正しさの基準、すなわち偏見のないことを示す基準としても用いられる。しかし、これらによる良い悪いの判断は時に相互に異なり、適応的で合理性もあるが、正しくないこともある。他のある基準と比較したうえでどの基準が用いられるべきであるかについて心理学では踏み込まれない（他の基準はともかく、その基準を基準とするのが妥当であればよい）。これは一般の心理学では問題にならないかもしれないが、何が偏見か、すなわち何をもって偏っていると考えるかを考える際には、心理学者もまた明示的に向き合わなければならない問題かもしれない。

あとがき

永年の思いがかなった。

これは言い過ぎかもしれないが、偏見、差別についてはそれだけの研究的思い入れがあったからだ。特段自分の個人的な生い立ちで差別を痛切に感じざるをえない境遇など言い立てるようなことはなかった。ただ関西方面のよくある状況として、通っている小学校にいわゆる被差別部落地区が含まれているというようなことはあった。

「外れることで批難を受ける」。これは差別である場合も集団、カテゴリーでなく、個人である場合もそういったことには敏感であったように思う。なぜたんに「標準」からずれるだけで人からあれこれ論評、批難されないといけないのか。それぞれはそれぞれでいいじゃないか。これは高校時代あたりからずっともってきた基本的な疑問であり、現在もダイバーシティ社会の確立にあたって意義も高まってきている問いではないかと考えている。

大学で障害者関係のサークルに入り、障害者問題をずっと考えてきた学部時代、自分の専門ではそうしたことを選びはせず、結局「社会的認知」という領域をやってきたが、自分にとっての対人認知研究ははじめからずっと「なぜ認知はかくも歪むのか」という問題だった。その裏には「もっと公正な認知のあり方」への希いのようなものがあった。

一九八〇年代頃から日本でもメジャーになり出した偏見・ステレオタイプの研究の端っこに乗っかりながら、あまり周囲には「ステレオタイプの研究者」という認識のされ方はなかっただろうと思うが、それは自分の中に「認知だけでステレオタイプ、偏見に迫ってよいのか?」という葛藤がずっとあったからだ。歴史や社会状況、制度といったものが根本の解決には一番重要で、制度や状況に引きずられて人々の「認知」があるのではという思いはぬぐえなかった。どうせやるなら、もっと社会的要因を加味したかったのである。実際、社会心理学研究の流れは非常に興味深く、一九七〇年代末から社会心理学領域に「認知革命」が押し寄せて以来、集団認知、ステレオタイプは常に社会的認知研究の一つの中心テーマであったが、ほどなくヨーロッパ心理学の系譜から社会的アイデンティティ理論が登場し、問題の社会的性格をより強め、現実の内集団・外集団にまつわる事柄がどんどんと取り上げられ始めた。

偏見は社会心理学研究の研究土壌におけば一つの「態度」研究ともいえるだろうが、態度には「認知成分」「感情成分」「行動成分」の三つの成分がある。これをこの分野におけば、ステレオタイプ＝認知、偏見＝感情、差別＝行動とおよそ対応づけができる。差別の一部は行動として法令にも触れるから明白に禁じられる違法行為であったりするが、その周辺にはモラルやマナーの問題とされるグレーゾーンと回避的差別のように差別ではないと言い張る人々も一定数いるような行為や自分自身も差別と自覚しない意図の隠れた回避的行動といったものもある。そういう行動成分の差別行動と比べると「偏見」という感情は「誰しも思うだけは自由」「感情は取り締まれない」という論理から野放し領域でよいと論じる人もいれば、一方で、普段からの偏見がいざというときの差別行動につながるのだから、行為者の良心において「自分は差別したくない」「そして偏見をもつのも嫌だ」という主体的な決意を重視することもできるだろう。そうしたときに、自身の「偏見を減らす」道筋を知らせたり、「気づかない偏見」のあり方を示したりすることもこの領域の研究者にとって重要な責務の一つであろう。偏見が高まる要因やメカニズムを検討し、逆に偏見を減じる条件を探索する。そうした試みが活発になされるようになるなかで二〇世紀末には新たな偏見測定ツールである潜在連合テスト（IAT）がマーザリン・バナージやアンソニー・グリーンワルドのもとで開発され、二一世紀の認知的偏見研究はIATの大流行という幕開けを迎えた。

しかし、発展はこれだけではない。

すでに一九九五年頃から動き出していた視点として、内集団びいき、外集団蔑視を柱とする社会的アイデンティティ理論は万全なのかという疑問とともに、自集団を蔑み、そこから脱出したいという強い思いをもつ現実のスラムにいる人々、そしてその反面、スラムの中で諦める人々の中においても恵まれた外集団が「羨ましい」と感じ、光り輝く世界と暗い鬱屈した世界を対照させながらも現状に甘んじる多くの人々に目を向けた「システム正当化理論」があった。この領域の第一人者であるジョン・ジョストがその理論をひっさげてイエール大学からPDとしてカリフォルニア大学サンタバーバラ校というステレオタイプ・偏見研究のメッカに鮮やかに登場した瞬間、幸い私は客員研究員としてその場に立ち会っていた。彼の理論は新鮮、斬新であったが、システム正当化という概念が難しく聞こえたのか、その社会学寄り、かつ哲学寄りのスタンスが近寄りがたかったのか、なかなか浸透が進まず、私も帰国後に周囲に吹聴したのだが何らの反応、賛同の声も当時はなかった。しかし、二一世紀に入る頃には、巧みな差別現象の発展とともに差別の阻害要因も注目を集めるようになる。根本のところでは誰しもが基本的人権を尊重するはずという文明化の流れはそうは簡単なものではなく、文明によってどんどん人は社会の中で生きやすくなるはずだという楽天的な思いが、世界レベルでの社会主義の崩壊の後、資本主義の一人勝ち（のはず）なのに本来の自由で住みやすい生き心地のよい社会が到来しないことの疑問を人々が抱き始めたのであろう（もちろん議論があるが資本主義陣営の素朴な理解の仕方では社会主義社会はしばしば一人ひとりの人権や自由を阻害する傾向をはらむ体制であると考えられていた）。

簡単に言って、政治の世界においても「資本主義の行き詰まり」が多く語られるようになり、人々と社会の関係についてもっともっと考え直していかなければいけないという思いも強くなってきたのだろうと想像される。ヨーロッパにおいてもアメリカにおいてもこの日本においても排外主義的な主張があらためていくぶんかの力をもち始め、さらに懸念される水準にまでそれを支持する勢いが広がる昨今、これは差別と直結する社会的事態の現代的な再到来ともいえるだろう。

人権に反する主張はみずからの人権に跳ね返り、社会的に強くない立場にいる者は容易にその足元、人権を脅かされる。それなのに、世界規模でそうした「不利な人が自分に不利な政策を支持する」という理性的理解ではとても信じられない事態の到来に知識人たちは戸惑い、あれこれ論評する羽目に陥ったが、その中でとりわけ有用な理論的切り口が「システム正当化理論」であった。むしろ時代の寵児になったともいえるこの理論と研究の産出現場に二〇一七年、二度目の在外研究の機会において私はニューヨーク大学でジョン・ジョストの研究室に立ち会い、一五名規模の院生たちがそれぞれの思いで、めいめいのフィールドでシステム正当化理論を活用している生の様子を目撃することができた。ジョンは有名誌からのインタビューを受け、現代アメリカの状況、世界の状況について論じていた。

最初の在外研究から二〇年の月日が経ち、自分自身がなしえた貢献の貧しさに愕然ともするが、この世界に対するせめてもの貢献として、日本語の書籍ではあるが、日本における現状をきちんと反映し、社会学領域ではなくても社会に関心をもつ社会心理学者たちがこうした問題にどう挑み、心理学の切り口から現代的問題とどう向き合っているのか、それを世間に伝える本を編集することとなった。偏見・差別分野への学術的貢献として、しっかりした章執筆担当者に集まってもらって一冊の成書にするという望みはかなった。

バナージとグリーンワルドの著作 *Blind spot* の翻訳『心の中のブラインド・スポット』（北大路書房）を小林知博さんとともに刊行した直後、ちとせプレスの櫻井堂雄さんに声をかけてもらって、もっと現実に向き合ったハードな本をとの思いが募っていた私は渡りに舟と偏見に関わる書籍の企画に応じたけれども、自分の研究力、アカデミックさの不足から実行に向けた思いの空回りが続き、なかなか章立ての検討が進行しないなかで、世界的なアカデミックパワーで活躍中の旧知の唐沢穣さんに助けを求めたところ、やはりその判断に誤りはなく、その後はすいすいと企画は進展し、この本がなることになった。お二人に、そして執筆に参加してくださった執筆者の方々に深く感謝している。この本では、偏見、差別を説明するメカニズム、理論に主眼をおいた前半の理論編と自分たちの生きる世界に目を向けた研究をと思ってなされた積み重ねを見て取れる現状に向き合った分析を満載した後半の「現象の分析編」との二編からなる。これほどの分量で現状の分析をまとめたものは心理学領域ではこれまでなかったと思う。これとてすべての問題を扱いえているわけではなく、重要な問題の欠けている部分を指摘される方もいるかもしれないが今後の課題としていきたい。まずは一歩である。

こうした企画の仕込みに一人より二人、三人と、共同の作業の重要さを痛切に感じるとともに、そうした自己と他者との協力なしには歩めないこの世界に生きる人間たちが「共生」というマインドを忘れてよい未来が待っているはずがないとの思いも心に浮かぶ。いかに共生を成し遂げるか、その問いはこの書物だけでは簡単に解答を提出できないものであるが、常にその方向を見て、一歩一歩取り組むことこそが研究という営みである。

だから、ここで簡単に「永年の思いがかなった」などと言ってはいけない。これはたんに出発点だ。しかも自分は周囲の人々の力を借りて貢献を装っているにすぎない。自分でいったい何ができるのか問い続けながら、この問題に取り組み続け、発信し続け、それに続く人々、伴走する人々を応援し、誰もが脅かされることがなく、安全に街を行き来し、生活が営める社会の実現に向けていくばくかの貢献のできる人生を望むのだ。

二〇一八年五月

北村　英哉

に対するステレオタイプの検討」『日本パーソナリティ心理学会第 27 回大会発表論文集』より。
[27] 荒川・白岩 (2018b) より。
[28] 和田仁孝・中西淑美 (2011).『医療メディエーション ── コンフリクト・マネジメントへのナラティヴ・アプローチ』シーニュ
[29] 和田・中西 (2011).
[30] たとえば，宇治和子 (2014).「DV 被害女性は自分が「DV 被害者」であるとどのように了解するのか」『人間文化研究科年報（奈良女子大学大学院人間文化研究科）』**29**, 33-43.
[31] 原田恵理子・柴田弘子編 (2003).『ドメスティック・バイオレンス女性 150 人の証言 ── 痛み・葛藤そして自由へ』明石書店
[32] 岩井弘融・所一彦・星野周弘編 (1979).『犯罪観の研究 ── 現代社会の犯罪化・非犯罪化』大成出版社
[33] 荒川歩 (2017).「Q&A サイトにおける法に関する質問の役割 ── Yahoo! 知恵袋の分析に基づく考察」『法社会学』**83**, 197-221.
[34] 内閣府男女共同参画局 (2015).「配偶者からの暴力に関するデータ」http://www.gender.go.jp/policy/no_violence/e-vaw/data/pdf/dv_dataH2709.pdf

社会学部紀要』26(2), 1-29.
[5] 平成29年版『犯罪白書』より。
[6] Sample, L. L., & Bray, T. M. (2003). Are sex offenders dangerous? *Criminology & Public Policy*, **3**, 59-82.
[7] Hirschfield, P. J., & Piquero, A. R. (2010). Normalization and legitimation: Modeling stigmatizing attitudes toward ex-offenders. *Criminology*, **48**, 27-55.／上瀬由美子・髙橋尚也・矢野恵美 (2017).「官民協働刑務所開設による社会的包摂促進の検討」『心理学研究』**87**, 579-589.
[8] 内閣府政府広報室 (2012).「治安に関する特別世論調査」
[9] 日本弁護士連合会刑事拘禁制度改革実現本部編 (2011).『刑務所のいま ── 受刑者の処遇と更生』ぎょうせい
[10] 阿部恭子編 (2015).『加害者家族の支援の理論と実践 ── 家族の回復と加害者の更生に向けて』現代人文社
[11] 阿部恭子編 (2016).『交通事故加害者家族の現状と支援 ── 過失犯の家族へのアプローチ』現代人文社
[12] 阿部 (2016), 表4。
[13] 阿部 (2015).
[14] 藤田悟郎 (2003).「交通事故の精神的後遺症」『トラウマティック・ストレス』**1**, 39-45.
[15] 鳥取県 (2016).『犯罪被害者支援ハンドブック〔改訂版〕』p. 11.
[16] 高橋康史 (2016).「犯罪者を家族にもつ人びとはいかにしてスティグマを内在化するのか ── 恥の感情に注目して」『社会学評論』**67**, 21-38.／舘野一宏・兒玉憲一 (2008).「犯罪者の家族イメージと体験の分析」『広島大学大学院心理臨床教育研究センター紀要』**7**, 61-74.
[17] 山口真一 (2016).「炎上加担動機の実証分析」『2016年社会情報学会（SSI）学会大会』9月 http://www.sgu.ac.jp/soc/ssi/papers/32.pdf
[18] 山口真一 (2015).「実証分析による炎上の実態と炎上加担者属性の検証」『情報通信学会誌』**33**, 53-65.
[19] 荒川歩・白岩祐子 (2018a).「有罪・取調べへの言及が犯罪を否認している人物の印象に与える影響」『法と心理学会第19回大会予稿集』より。
[20] 荒川・白岩 (2018a) より。
[21] 村山綾・三浦麻子 (2017).「刑事事件の元被告人に対するフォルスアラーム効果」『認知科学』**24**, 213-219.
[22] 荒川歩・白岩祐子 (2017).「有罪・取調べへの言及が行為や人物の印象に与える影響」『日本パーソナリティ心理学会第26回大会発表論文集』116.
[23] 荒川・白岩 (2017).
[24] Jahnke, S., Imhoff, R., & Hoyer, J. (2015). Stigmatization of people with pedophilia: Two comparative surveys. *Archives of Sexual Behavior*, **44**, 21-34.
[25] 井戸田博史 (1985).「「隣人訴訟」と日本人の法意識」『法政論叢』**21**(0), 49-63.
[26] 荒川歩・白岩祐子 (2018b).「裁判を起こす人は攻撃的な変人？ ── 裁判に関わる人

psychological implications. In J. P. Forgas, M. G. Haselton & W. von Hippel (Eds.), *Evolution and the social mind: Evolutionary psychology and social cognition* (pp. 293-307). New York: Psychology Press.

[29] Curtis, V., Aunger, R., & Rabie, T. (2004). Evidence that disgust evolved to protect from risk of disease. *Proceedings of the Royal Society Biological Sciences Series B*, **271**, S131-S133.

[30] Duncan, L. A., & Schaller, M. (2009). Prejudicial attitudes toward older adults may be exaggerated when people feel vulnerable to infectious disease: Evidence and implications. *Analyses of Social Issues and Public Policy*, **9**, 97-115.

[31] 石井国雄・田戸岡好香 (2015).「感染症脅威が日本における高齢者偏見に及ぼす影響の検討」『心理学研究』**86**, 240-248.

[32] 厚生労働省 (2014).「国際的な Active Aging（活動的な高齢化）における日本の貢献に関する検討会報告書（要旨）」http://www.mhlw.go.jp/file/05-Shingikai-10501000-Daijinkanboukokusaika-Kokusaika/0000043756.pdf

[33] WHO (2015). *World report on ageing and health*. http://apps.who.int/iris/bitstream/10665/186463/1/9789240694811_eng.pdf など。

[34] メタ分析として Pascoe, E. A., & Smart Richman, L. (2009). Perceived discrimination and health: A meta-analytic review. *Psychological Bulletin*, **135**, 531-554.

[35] Jang, Y., Chiriboga, D. A., & Small, B. J. (2008). Perceived discrimination and psychological well-being: The mediating and moderating role of sense of control. *The International Journal of Aging and Human Development*, **66**, 213-227.

[36] Levy (2009).

[37] Sargent-Cox, K. A., Anstey, K. J., & Luszcz, M. A. (2012). The relationship between change in self-perceptions of aging and physical functioning in older adults. *Psychology and Aging*, **27**, 750-760 など。

[38] Lamont, R. A., Swift, H. J., & Abrams, D. (2015). A review and meta-analysis of age-based stereotype threat: Negative stereotypes, not facts, do the damage. *Psychology and Aging*, **30**, 180-193.

[39] 平成 28 年度版『高齢社会白書』によると 26.7％である。また 2060 年には 39.9% に達すると予測されている。

第 13 章

[1] Bonn, S. (2015). *Why we love serial killers: The curious appeal of the world's most savage murderers*. New York: Skyhorse Publishing.

[2] Darley, J. M., & Pittman, T. S. (2003). The psychology of compensatory and retributive justice. *Personality and Social Psychology Review*, **7**, 324-336.

[3] Bloom, P. (2010). *How pleasure works: The new science of why we like what we like*. New York: Norton.（小松淳子訳, 2012『喜びはどれほど深い？ ── 心の根源にあるもの』インターシフト）

[4] 岡田至雄・安藤仁朗 (1994).「犯罪および犯罪者に関するイメージの研究」『関西大学

Journal of Personality and Social Psychology, **82**, 878-902.

［12］ Cary, L. A., Chasteen, A. L., & Remedios, J. (2017). The Ambivalent Ageism Scale: Developing and validating a scale to measure benevolent and hostile ageism. *The Gerontologist*, **57**, 27-36.

［13］ Glick, P., & Fiske, S. T. (1996). The Ambivalent Sexism Inventory: Differentiating hostile and benevolent sexism. *Journal of Personality and Social Psychology*, **70**, 491-512.

［14］ Chasteen, A. L., Pichora-Fuller, M. K., Dupuis, K., Smith, S., & Singh, G. (2015). Do negative views of aging influence memory and auditory performance through self-perceived abilities? *Psychology and Aging*, **30**, 881-893.／Levy, B. (2009). Stereotype embodiment: A psychosocial approach to aging. *Current Directions in Psychological Science*, **18**, 332-336.

［15］ North, M. S., & Fiske, S. T. (2013). Act your (old) age: Prescriptive, ageist biases over succession, consumption, and identity. *Personality and Social Psychology Bulletin*, **39**, 720-734.

［16］ Loretto, W., & White, P. (2006). Employers' attitudes, practices and policies toward older workers. *Human Resource Management*, **16**, 313-330.

［17］ North, M. S., & Fiske, S. T. (2012). An inconvenienced youth?: Ageism and its potential intergenerational roots. *Psychological Bulletin*, **138**, 982-997.

［18］ たとえば，Macnicol, J. (2006). *Age discrimination: An historical and contemporary analysis*. New York: Cambridge University Press.

［19］ Tajfel, H. (1981). *Human groups and social categories: Studies in social psychology*. Cambridge: Cambridge University Press.

［20］ Rupp, D., Vodanovich, S., & Crede, M. (2005). The multidimensional nature of ageism: Construct validity and group differences. *Journal of Social Psychology*, **145**, 335-362 など。

［21］ Cuddy, A. J. C., Norton, M. I., & Fiske, S. T. (2005). This old stereotype: The pervasiveness and persistence of the elderly stereotype. *Journal of Social Issues*, **61**, 267-285.／Rupp et al. (2005).

［22］ 内閣府 (2004).「平成 15 年度年齢・加齢に関する意識調査結果」http://www8.cao.go.jp/kourei/ishiki/h15_kenkyu/pdf/0-1.html

［23］ Slotterback, C. S., & Saarnio, D. A. (1996). Attitudes toward older adults reported by young adults: Variation based on attitudinal task and attribute categories. *Psychology and Aging*, **11**, 563-571.

［24］ Martens, A., Greenberg, J., Schimel, J., & Landau, M. J. (2004). Ageism and death: Effects of mortality salience and similarity to elders on distancing from and derogation of elderly people. *Personality and Social Psychology Bulletin*, **30**, 1524-1536.

［25］ Neimeyer, R. A., & van Brunt, D. (1995). Death anxiety. In H. Wass & R. A. Neimeyer. (Eds.), *Dying: Facing the facts* (3rd ed., pp. 49-88). Washington, DC: Taylor and Francis.

［26］ Maxfield, M., Pyszczynski, T., Kluck, B., Cox, C. R., Greenberg, J., Solomon, S., & Weise, D. (2007). Age-related differences in responses to thoughts of one's own death: mortality salience and judgments of moral transgressions. *Psychology and Aging*, **22**, 341-353.

［27］ Bodner, E. (2009). On the origins of ageism among older and younger adults. *International Psychogeriatric*, **21**, 1003-1014.

［28］ Schaller, M., & Duncan, L. A. (2007). The behavioral immune system: Its evolution and social

復」4月6日

第12章

［1］Butler, R. N. (1969). Age-ism: Another form of bigotry. *The Gerontologist*, **9**(4, Part 1), 243-246.

［2］日本語で入手可能で著名なものとしては，ほかにエルドマン・パルモアの加齢の事実をめぐるクイズ（FAQ：The Facts of Aging Quiz）がある（Palmore, E. B. (1999). *Ageism: Negative and positive* (2nd ed.). New York: Springer.〔鈴木研一訳，2002『エイジズム ── 高齢者差別の実相と克服の展望』明石書店〕)。パルモアは，高齢者のあり方に対する正しい理解の必要を重視する。その上でステレオタイプ的な信念に着目し，病気，性的不能，醜さ，精神的な衰え，精神疾患，役に立たない，孤独，貧困，うつの9つをネガティブなものとして，また，高齢者は親切である，知恵がある，頼りになる，裕福である，政治力をもつ，自由である，永遠の若さを持つ，幸せである，の8つをポジティブなものとして挙げている。加齢の事実をめぐるクイズは，これらのステレオタイプ的信念を基盤に，高齢者に対する基本的な理解と誤解の程度を判断するために作成されたもので，高齢者への態度，高齢者観を評価することにも用いることができる。

［3］もちろん，これは相対的な問題である。日本社会に根づき，緊密な相互作用をもつ外国人，異なる民族の人たちを対象として考える際には，同じ問題意識のもと，考察をする必要があることはいうまでもない。

［4］唐沢かおり (2017).『なぜ心を読みすぎるのか ── みきわめと対人関係の心理学』東京大学出版会

［5］Fraboni, M., Saltstone, R., & Hughes, S. (1990). The Fraboni Scale of Ageism (FSA): An attempt at a more precise measure of ageism. *Canadian Journal on Aging*, **9**, 56-66.

［6］原田謙・杉澤秀博・杉原陽子・山田嘉子・柴田博 (2004).「日本語版 Fraboni エイジズム尺度（FSA）短縮版の作成 ── 都市部の若年男性におけるエイジズムの測定」『老年社会科学』**26**, 308-319.

［7］このような結果は，日本人が高齢者に強いネガティブ感情をもつことを意味するのではなく，回避や誹謗と強いネガティブ感情（嫌悪・差別）が「独立」であることを含意する点に留意する必要がある。

［8］原田ら (2004) より。

［9］たとえば，Baltes, M. M., & Wahl, H. W. (1996). Patterns of communication in old age: The dependence-support and independence-ignore script. *Health Communication*, **8**, 217-231.／Hess, T. M. (2006) Attitudes toward aging and their effects on behavior. In J. E. Birren & K. W. Schaie (Eds.), *Handbook of the psychology of ageing* (6th ed., pp. 379-440). Amsterdam, Netherlands: Elsevier など。

［10］Langer, E., & Rodin, J. (1976). The effects of choice and enhanced personal responsibility for the aged: A field experiment in an institutional setting. *Journal of Personality and Social Psychology*, **34**, 191-198.

［11］Fiske, S. T., Cuddy, A. J. C., Glick, P., & Xu, J. (2002). A model of (often mixed) stereotype content: Competence and warmth respectively follow from perceived status and competition.

primes make foreign-accented English sound more distant to people who are disgusted by pathogens (but not by sex or morality). *Evolution and Human Behavior*, **33**, 471-478.

[26] Makhanova, A., Miller, S. L., & Maner, J. K. (2015). Germs and the out-group: Chronic and situational disease concerns affect intergroup categorization. *Evolutionary Behavioral Sciences*, **9**, 8-19.

[27] 沼崎誠 (2014).「進化的アプローチ」唐沢かおり編『新社会心理学――心と社会をつなぐ知の統合』北大路書房，pp. 149-168.

[28] Huang et al. (2011).／Faulkner et al. (2004).

[29] Faulkner et al. (2004).

[30] Curtis et al. (2004) の研究 5 より作成。

[31] 福島県弁護士会 (2011).

[32] Macrae, C. N., Bodenhausen, G. V., Milne, A. B., & Jetten, J. (1994). Out of mind but back in sight: Stereotypes on the rebound. *Journal of Personality and Social Psychology*, **67**, 808-817.

[33] Macrae et al. (1994).

[34] Gordijn, E. H., Hindriks, L., Koomen, W., Dijksterhuis, A., & Van Knippenberg, A. (2004). Consequences of stereotype suppression and internal suppression motivation: A self-regulation approach. *Personality and Social Psychology Bulletin*, **30**, 212-224.

[35] 福島県弁護士会 (2011).

[36] Duncan (2005).

[37] Curtis et al. (2004).

[38] Reicher, S. D., Templeton, A., Neville, F., Ferrari, L., & Drury, J. (2016). Core disgust is attenuated by ingroup relations. *Proceedings of the National Academy of Sciences*, **113**, 2631-2635.

[39] Reicher et al. (2016).

[40] Schaller (2016).

[41] Huang et al. (2011).

[42] 長谷川・長谷川 (2000).

[43] 藤垣裕子 (2008).「受け取ることのモデル」藤垣裕子・廣野喜幸編『科学コミュニケーション論』東京大学出版会，pp. 109-124.

[44] 中谷内一也 (2008).『安全。でも，安心できない…――信頼をめぐる心理学』筑摩書房／樋口収・埴田健司 (2017).「福島県産食品の安全性の説明は罹患の懸念を払拭しているか？」『心理学研究』**88**, 43-50.

[45] Rodeheffer, C. D., Hill, S. E., & Lord, C. G. (2012). Does this recession make me look Black?: The effect of resource scarcity on categorization of biracial faces. *Psychological Science*, **23**, 1476-1478.／Krosch, A. R., & Amodio, D. M. (2014). Economic scarcity alters the perception of race. *Proceedings of the National Academy of Sciences*, **111**, 9079-9084.

[46] Krosch & Amodio (2014).

[47] Mani, A., Mullainathan, S., Shafir, E., & Zhao, J. (2013). Poverty impedes cognitive function. *Science*, **341**, 976-980.

[48] 日本経済新聞電子版 (2017).「アベノミクス景気，戦後 3 位の 52ヵ月 実感乏しい回

cognition, social interaction, and social influence. *Advances in Experimental Social Psychology*, **53**, 75-129.／Schaller, M. (2016). The behavioral immune system. In D. M. Buss (Ed.), *The handbook of evolutionary psychology* (2nd ed., Vol. 1, pp. 206-224). New York: Wiley.

[12] Haselton, M. G., & Nettle, D. (2006). The paranoid optimist: An integrative evolutionary model of cognitive biases. *Personality and Social Psychology Review*, **10**, 47-66.

[13] Kurzban, R., & Leary, M. R. (2001). Evolutionary origins of stigmatization: The functions of social exclusion. *Psychological Bulletin*, **127**, 187-208.

[14] Duncan, L. A. (2005). Heuristic cues automatically activate disease cognitions despite rational knowledge to the contrary. Masters Thesis, University of British Columbia.／Park, J. H., Schaller, M., & Crandall, C. S. (2007). Pathogen-avoidance mechanisms and the stigmatization of obese people. *Evolution and Human Behavior*, **28**, 410-414.／Ackerman, J. M., Becker, D. V., Mortensen, C. R., Sasaki, T., Neuberg, S. L., & Kenrick, D. T. (2009). A pox on the mind: Disjunction of attention and memory in the processing of physical disfigurement. *Journal of Experimental Social Psychology*, **45**, 478-485.

[15] Duncan, L. A. (2005).

[16] Ackerman et al. (2009).

[17] Mortensen, C. R., Becker, D. V., Ackerman, J. M., Neuberg, S. L., & Kenrick, D. T. (2010). Infection breeds reticence: The effects of disease salience on self-perceptions of personality and behavioral tendencies. *Psychological Science*, **21**, 440-447.

[18] Duncan, L. A., Schaller, M., & Park, J. H. (2009). Perceived vulnerability to disease: Development and validation of a 15-item self-report instrument. *Personality and Individual Differences*, **47**, 541-546.／福川康之・小田亮・宇佐美尋子・川人潤子 (2014).「感染脆弱意識（PVD）尺度日本語版の作成」『心理学研究』**85**, 188-195.

[19] Huang, J. Y., Sedlovskaya, A., Ackerman, J. M., & Bargh, J. A. (2011). Immunizing against prejudice: Effects of disease protection on attitudes toward out-groups. *Psychological Science*, **22**, 1550-1556.

[20] Park et al. (2007).

[21] Duncan, L. A., & Schaller, M. (2009). Prejudicial attitudes toward older adults may be exaggerated when people feel vulnerable to infectious disease: Evidence and implications. *Analyses of Social Issues and Public Policy*, **9**, 97-115.

[22] Park, J. H., Faulkner, J., & Schaller, M. (2003). Evolved disease-avoidance processes and contemporary anti-social behavior: Prejudicial attitudes and avoidance of people with physical disabilities. *Journal of Nonverbal Behavior*, **27**, 65-87.

[23] Curtis, V., Aunger, R., & Rabie, T. (2004). Evidence that disgust evolved to protect form risk of disease. *Proceeding of the Royal Society: Biological Sciences*, **271**, S131-S133.

[24] Huang et al. (2011).／Faulkner, J., Schaller, M., Park, J. H., & Duncan, L. A. (2004). Evolved disease-avoidance mechanisms and contemporary xenophobic attitudes. *Group Processes & Intergroup Behavior*, **7**, 333-353.

[25] Reid, S. A., Zhang, J., Anderson, G. L., Gasiorek, J., Bonilla, D., & Peinado, S. (2012). Parasite

（と科学的に証明されている）」「性的指向は遺伝子で決まっている（と科学的に証明されている）」といった言説が広まっている。
[58] Tygart, C. E. (2000). Genetic causation attribution and public support of gay rights. *International Journal of Public Opinion Research*, **12**, 259-275.／Whitley, B. E., Jr. (1990). The relationship of heterosexuals' attributions for the causes of homosexuality to attitudes toward lesbians and gay men. *Personality and Social Psychology Bulletin*, **16**, 369-377.
[59] Falomir-Pichastor & Mugny (2009).／鈴木・池上 (2015a).
[60] Brewer, M. B., & Miller, N. (1996). *Intergroup relations*. Pacific Grove, CA: Brooks/Cole.
[61] Brewer & Miller (1996).／Brown, R. (1995). *Prejudice: Its social psychology*. Oxford: Blackwell Publishers.（橋口捷久・黒川正流編訳，1999『偏見の社会心理学』北大路書房）
[62] American Psychology Association (1991). *Avoiding heterosexist Bias in psychological research*. http://www.apa.org/pi/lgbt/resources/avoiding-bias.aspx

第 11 章

[1] 福島県弁護士会 (2011).「東京電力福島第一原子力発電所事故により避難している福島県民に対する偏見や差別，とりわけ県外に避難している子どもたちに対する偏見や差別をなくすよう十分な施策を求める会長声明」http://www.f-bengoshikai.com/topics/t1/378.html
[2] 朝日新聞 (2016).「「福島菌」「うつすなよ」母親が明かす避難生徒いじめ」『朝日新聞電子版』12 月 14 日
[3] 朝日新聞 (2017).「関学大講師「放射能を浴び光ると…」福島出身学生に発言」『朝日新聞電子版』2 月 21 日
[4] 文部科学省初等中等教育局 (2017).「原子力発電所事故等により福島県から避難している児童生徒に対するいじめの状況等の確認に係るフォローアップ結果について」2014 年 4 月 11 日
[5] Shigemura, J., Tanigawa, T., Nishi, D., Matsuoka, Y., Nomura, S., & Yoshino, A. (2014). Associations between disaster exposures, peritraumatic distress, and posttraumatic stress responses in Fukushima nuclear plant workers following the 2011 nuclear accident: The Fukushima NEWS project study. *PLoS One*, 9:e87516.
[6] Shigemura et al. (2014).
[7] 福島県弁護士会 (2011).／朝日新聞 (2016).
[8] Buss, D. M. (2012). *Evolutionary psychology: The new science of the mind* (4th ed.). Boston, MA: Pearson Education.／Cartwright, J. H. (2001). *Evolutionary explanations of human behaviour*. London: Routledge.／長谷川寿一・長谷川眞理子 (2000).『進化と人間行動』東京大学出版会／北村英哉・大坪庸介 (2012).『進化と感情から解き明かす社会心理学』有斐閣
[9] Cartwright, J. H. (2001). *Evolutionary explanations of human behaviour*. London: Routledge.
[10] Miller, S. L., & Maner, J. K. (2011). Sick, body, vigilant mind: The biological immune system activates the behavioral immune system. *Psychological Science*, **22**, 1467-1471.
[11] Murray, D. R., & Schaller, M. (2016). The behavioral immune system: Implications for social

の人びとへの差別 ── 人権保障の観点から』http://www.amnesty.or.jp/library/report/pdf/LGBT_201705.pdf／Hidaka, Y., Operario, D., Takenaka, M., Omori, S., Ichikawa, S., & Shirasaka, T. (2008). Attempted suicide and associated risk factors among youth in urban Japan. *Social Psychiatry and Psychiatric Epidemiology*, **43**, 752-757.

［45］Meyer, I. H. (2007). Prejudice and discrimination as social stressors. In I. H. Meyer & M. E. Northridge (Eds.), *The health of sexual minorities: Public health perspectives on lesbian, gay, bisexual and transgender populations* (pp. 242-267). New York: Springer.

［46］Goffman, E. (1963). *Stigma; Notes on the management of spoiled identity*. Englewood Cliffs, NJ: Prentice-Hall.（石黒毅訳，1970『スティグマの社会学 ── 烙印を押されたアイデンティティ』せりか書房）

［47］Crocker, J., Major, B., & Steele, C. (1998). Social stigma. In D. T. Gilbert, S. T. Fiske & G. Lindzey (Eds.), *Handbook of social psychology* (4th ed., Vol. 2, pp. 504-553). New York: Academic Press.

［48］Crandall, C. S. (1994). Prejudice against fat people: Ideology and self-interest. *Journal of Personality and Social Psychology*, **66**, 882-894.

［49］Crocker et al. (1998).

［50］Crocker et al. (1998).／Herek, G. M. (2009). Sexual stigma and sexual prejudice in the United States: A conceptual framework. In D. A. Hope (Ed.), *Contemporary perspectives on lesbian, gay and bisexual identities: The 54th Nebraska symposium on motivation* (pp. 65-111). New York: Springer.／Branscombe, N. R., Schmitt, M. T., & Harvey, R. D. (1999). Perceiving pervasive discrimination among African Americans: Implications for group identification and well-being. *Journal of Personality and Social Psychology*, **77**, 135-149.／Nouvilas-Pallejà, E., Silván-Ferrero, P., de Apodaca, M. J. F. R., & Molero, F. (2017). Stigma consciousness and subjective well-being in lesbians and gays. *Journal of Happiness Studies*, **19**, 1115-1133.／上瀬由美子・堀洋元・岡本浩一 (2010).「被職業スティグマ意識と対処方略」『社会心理学研究』**26**, 25-35.

［51］Nouvilas-Pallejà et al. (2017).

［52］Smart, L., & Wegner, D. M. (1999). Covering up what can't be seen: Concealable stigma and mental control. *Journal of Personality and Social Psychology*, **77**, 474-486.

［53］Fiske, S. T., & Taylor, S. E. (2013). *Social cognition: From brains to culture*. London: Sage.

［54］Brown, R. (2010). *Prejudice: Its social psychology* (2nd ed.). West Sussex, UK: Wiley-Blackwell.

［55］上瀬由美子・髙橋尚也・矢野恵美 (2017).「官民協働刑務所開設による社会的包摂促進の検討」『心理学研究』**87**, 579-589.

［56］Cook, S. W. (1985). Experimenting on social issues: The case of school desegregation. *American Psychologist*, **40**, 452-460.

［57］現在のところ，同性愛 / 異性愛の性的指向を決定する生物学的な根拠（遺伝子・〔出生前〕ホルモン・脳構造など）は見出されていない（Fausto-Sterling, 2012）。関連性を示したと主張する個別の研究はあるものの，それぞれが測定や分析上の問題やサンプルの偏りを指摘されていたり，関連を否定する別の研究が提出されるなどして，一貫した支持は得られていない。それにもかかわらず，「同性愛者と異性愛者は脳が異なる

ンダー自尊心と性役割規範の観点から」『人文研究（大阪市立大学大学院文学研究科紀要)』**66**, 67-86.

［25］Herek, G. M. (1988). Heterosexuals' attitudes toward lesbians and gay men: Correlates and gender differences. *Journal of Sex Research*, **25**, 451-477.

［26］Herek, G. M., & Capitanio, J. P. (1996). "Some of my best friends": Intergroup contact, concealable stigma, and heterosexuals' attitudes toward gay men and lesbians. *Personality and Social Psychology Bulletin*, **22**, 412-424.

［27］Herek, G. M. (1986). On heterosexual masculinity: Some psychical consequences of the social construction of gender and sexuality. *American Behavioral Scientist*, **29**, 563-577.

［28］Kite, M. E., & Whitley, B. E., Jr. (1996). Sex differences in attitudes toward homosexual persons, behaviors, and civil rights: A meta-analysis. *Personality and Social Psychology Bulletin*, **22**, 336-353.

［29］Kite, M. E. (1984). Sex differences in attitudes toward homosexuals: A meta-analytic review. *Journal of Homosexuality*, **10**(1-2), 69-81.

［30］Herek, G. M., & Capitanio, J. P. (1999). Sex differences in how heterosexuals think about lesbians and gay men: Evidence from survey context effects. *Journal of Sex Research*, **36**, 348-360.

［31］Kite (1984).／Kite & Whitley (1996).

［32］Herek & Capitanio (1999).

［33］Kite & Whitley (1996).

［34］Feinman, S. (1984). A status theory of the evaluation of sex-role and age-role behavior. *Sex Roles*, **10**, 445-456.

［35］Mahalik, J. R., Locke, B. D., Ludlow, L. H., Diemer, M. A., Scott, R. P., Gottfried, M., & Freitas, G. (2003). Development of the Conformity to Masculine Norms Inventory. *Psychology of Men & Masculinity*, **4**, 3-25.

［36］Herek, G. M. (2002). Gender gaps in public opinion about lesbians and gay men. *Public Opinion Quarterly*, **66**, 40-66.

［37］Herek & Capitanio (1996).

［38］Louderback & Whitley (1997).

［39］鈴木・池上 (2015a, 2015b).

［40］たとえば Banaji, M. R., & Greenwald, A. G. (2013). *Blindspot: Hidden biases of good people.* New York: Bantam.（北村英哉・小林知博訳，2015『心の中のブラインド・スポット――善良な人々に潜む非意識のバイアス』北大路書房）

［41］Banse, R., Seise, J., & Zerbes, N. (2001). Implicit attitudes towards homosexuality: Reliability, validity, and controllability of the IAT. *Zeitschrift für Experimentelle Psychologie*, **48**, 145-160.

［42］Herek et al. (1999).／Swim, J. K., Johnston, K., & Pearson, N. B. (2009). Daily experiences with heterosexism: Relations between heterosexist hassles and psychological well-being. *Journal of Social and Clinical Psychology*, **28**, 597-629.

［43］Herek et al. (1999).

［44］釜野ら (2016).／アムネスティ・インターナショナル (2017).『日本における LGBT

59 歳の男女に調査を依頼している（被依頼者の人数は公表されていない）。このうち調査協力するとしたもの（被依頼者に占める比率は公表されていない）のうち，「身体の性別」「心の性別」「好きになる相手の性別」を尋ねた回答で，「異性愛者で身体と心の性別が一致している人」がストレート，それ以外が LGBT 層として分類された。その結果，調査協力者のうち LGBT 層が 7.6% だったとされる。ただし，当該調査においてはモニターの特徴や回答者選出手続の詳細に不明な点が多く，日本全国のセクシュアルマイノリティの比率の根拠の根拠として結果を引用する際には注意が必要である。

［12］釜野さおり・石田仁・風間孝・吉仲崇・河口和也 (2016).『性的マイノリティについての意識 ――2015 年全国調査報告書』科学研究費助成事業「日本におけるクィア・スタディーズの構築」研究グループ（研究代表者：広島修道大学 河口和也）編 http://alpha.shudo-u.ac.jp/~kawaguch/chousa2015.pdf

［13］アムネスティ・インターナショナル編 (2003).『セクシュアリティの多様性を踏みにじる暴力と虐待』現代人文社

［14］たとえば Herek, G. M. (2000). The psychology of sexual prejudice. *Current Directions in Psychological Science*, **9**, 19-22.／Herek (2002).／Herek, G. M., Gillis, J. R., & Cogan, J. C. (1999). Psychological sequelae of hate-crime victimization among lesbian, gay, and bisexual adults. *Journal of Consulting and Clinical Psychology*, **67**, 945-951.

［15］Herek (2000).

［16］MacDonald, A. P., Jr., & Games, R. G. (1976). Some characteristics of those who hold positive and negative attitudes toward homosexuals. *Journal of Homosexuality*, **1**, 9-27.

［17］Louderback, L. A., & Whitley, B. E., Jr. (1997). Perceived erotic value of homosexuality and sex-role attitudes as mediators of sex differences in heterosexual college students' attitudes toward lesbians and gay men. *Journal of Sex Research*, **34**, 175-182.

［18］Laner, M. R., & Laner, R. H. (1979). Personal style or sexual preference: Why gay men are disliked. *International Review of Modern Sociology*, **9**, 215-228.

［19］Laner, M. R., & Laner, R. H. (1980). Sexual preference or personal style?: Why lesbians are disliked. *Journal of Homosexuality*, **5**, 339-356.

［20］Tajfel, H., & Turner, J. C. (1979). An integrative theory of intergroup conflict. In W. G. Austin & S. Worchel (Eds.), *The social psychology of intergroup relations* (pp. 33-47). Monterey, CA: Books/Cole.

［21］Branscombe, N. R., Ellemers, N., Spears, R., & Doosje, B. (1999). The context and content of social identity threat. In N. Ellemers, R. Spears & B. Doosje (Eds.), *Social identity: Context, commitment, content* (pp. 35-58). Oxford: Blackwell.

［22］Falomir-Pichastor, J. M., & Mugny, G. (2009). "I'm not gay.... I'm a real man!": Heterosexual men's gender self-esteem and sexual prejudice. *Personality and Social Psychology Bulletin*, **35**, 1233-1243.

［23］鈴木文子・池上知子 (2015a).「異性愛者のジェンダー自尊心と同性の同性愛者に対する態度」『社会心理学研究』**30**, 183-190.

［24］鈴木文子・池上知子 (2015b).「同性愛者に対する態度の規定因に関する検討 ―― ジェ

Kunda, Z. (2000). Motivated stereotyping of women: She's fine if she praised me but incompetent if she criticized me. *Personality and Social Psychology Bulletin*, **26**, 1329-1342 や石井国雄・沼崎誠 (2011).「自己価値への脅威が男性のジェンダーに関する潜在的態度に及ぼす影響」『社会心理学研究』**27**, 24-30)。

[36] Kay, A. C., Gaucher, D., Peach, J. M., Laurin, K., Friesen, J., Zanna, M. P., & Spencer, S. J. (2009). Inequality, discrimination, and the power of the status quo: Direct evidence for a motivation to see the way things are as the way they should be. *Journal of Personality and Social Psychology*, **97**, 421-434.

[37] Hideg, I., & Ferris, D. L. (2016). The compassionate sexist?: How benevolent sexism promotes and undermines gender equality in the workplace. *Journal of Personality and Social Psychology*, **111**, 706-727.

第 10 章

[1] Herek, G. M. (2002). Heterosexuals' attitudes toward bisexual men and women in the United States. *Journal of Sex Research*, **39**, 264-274.

[2] たとえば Kamise, Y. (2013). Occupational stigma and coping strategies of women engaged in the commercial sex industry: A study on the perception of 'Kyaba-Cula Hostesses' in Japan. *Sex Roles*, **69**, 42-57.

[3] 村山敏勝「セクシュアリティ」日本大百科全書（ニッポニカ）ジャパンナレッジ（オンラインデータベース），小学館，ウェブ版　https://kotobank.jp/word/セクシュアリティ

[4] ReBit (2017).『Ally Teacher's Tool Kit 多様な性ってなんだろう ── 先生用ハンドブック』http://rebitlgbt.org/kyozai/rebit_attk_2.handbook.pdf

[5] Fausto-Sterling, A. (2012). *Sex/Gender: Biology in a social world*. New York: Routledge.

[6] I はインターセックス（intersex），Q はクエスチョニング（Questioning）あるいはクイア（Queer）を示す。

[7] American Psychological Association (2011). *APA policy statements on lesbian, gay, bisexual, & transgender concerns*. http://www.apa.org/about/policy/booklet.pdf

[8] エドワード・ローマンらによる調査では，自分が同性愛者であると認識し，同性との性的接触を行い，かつ同性への欲望を報告したものは全体としては少なく，同性との性的接触を行っても同性に魅力を感じるとも自分が同性愛者だと感じていない者もいたことを指摘している。この結果は「同性愛者」の定義の難しさを示している。／Laumann, E. O., Gagnon, J. H., Michael, R. T., & Michaels, S. (1994). *The social organization of sexuality: Sexual practices in the United States*. Chicago: University of Chicago Press.

[9] Gates, G. J. (2011). How many people are lesbian, gay, bisexual, and transgender? The Williams Institute, UCLA School of Law. http://escholarship.org/uc/item/09h684x2

[10] Gates, G. J., & Newport, F. (2012). Special report: 3.4% of US Adults identify as LGBT. Gallup.

[11] 日本でマーケティング関連の記事で引用されることが多い調査として，電通ダイバーシティ・ラボが 2012 年，2015 年に行った「LGBT 調査」がある。このウェブ調査では，調査会社のモニター（事前に登録された人。人数は公表されていない）の中から 20～

relationships: The perceived sexism of partners maintains women's endorsement of benevolent sexism. *Journal of Personality and Social Psychology*, **110**, 214-238.

［30］Hammond, M. D., & Overall, N. C. (2015). Benevolent sexism and support of romantic partner's goals: Undermining women's competence while fulfilling men's intimacy needs. *Personality and Social Psychology Bulletin*, **41**, 1180-1194.

［31］本文では紹介できなかった慈愛的偏見の女性にとって望ましくない影響として，敵意的偏見に接したときに比べ，慈愛的偏見に接すると，課題遂行が低下したり（Dardenne, B., Dumont, M., & Bollier, T. (2007). Insidious dangers of benevolent sexism: Consequences for women's performance. *Journal of Personality and Social Psychology*, **93**, 764-779），依存志向的援助を求めやすくなったり（Shnabel, N., Bar-Anan, Y., Kende, A., Bareket, O., & Lazar, Y. (2016). Help to perpetuate traditional gender roles: Benevolent sexism increases engagement in dependency-oriented cross-gender helping. *Journal of Personality and Social Psychology*, **110**, 55-75），自分の外見や身体を他者から評価される対象と見なしその評価を気にする傾向（自己対象化：self-objection）が強まったり（Calogero, R. M., & Jost, J. T. (2011). Self-subjugation among women: Exposure to sexist ideology, self-objectification, and the protective function of the need to avoid closure. *Journal of Personality and Social Psychology*, **100**, 211-228），男女平等に向けた社会活動への女性の参加が低下したり（Becker, J. C., & Wright, S. C. (2011). Yet another dark side of chivalry: Benevolent sexism undermines and hostile sexism motivates collective action for social change. *Journal of Personality and Social Psychology*, **101**, 62-77），することが明らかになっている。

［32］異性愛関係にない男女間の援助においても，慈愛的偏見を示す男性は女性に対して依存志向的援助を行いやすいことが明らかになっている（Shnabel, N., Bar-Anan, Y., Kende, A., Bareket, O., & Lazar, Y. (2016). Help to perpetuate traditional gender roles: Benevolent sexism increases engagement in dependency-oriented cross-gender helping. *Journal of Personality and Social Psychology*, **110**, 55-75）。また，依存志向的援助の提供は，女性にとってのみ，受け入れるか（温かいが能力は低い），受け入れないか（能力は高いが冷たい）というダブルバインド状況となることが明らかとなっている（Becker, J. C., Glick, P., Ilic, M., & Bohner, G. (2011). Damned if she does, damned if she doesn't: Consequences of accepting versus confronting patronizing help for the female target and male actor. *European Journal of Social Psychology*, **41**, 761-773）。

［33］Rudman, L. A., & Heppen, J. B. (2003). Implicit romantic fantasies and women's interest in personal power: A glass slipper effect? *Personality and Social Psychology Bulletin*, **29**, 1357-1370. 日本で行われた研究としては，麻生奈央子 (2009).「潜在・顕在的なロマンティック幻想と達成動機」『日本パーソナリティ心理学会第 18 回大会発表論文集』164-165.

［34］Hammond, M. D., & Overall, N. C. (2013). When relationships do not live up to benevolent ideals: Women's benevolent sexism and sensitivity to relationship problems. *European Journal of Social Psychology*, **43**, 212-223.

［35］本章では紹介できなかったが，システムへの脅威ばかりでなく個人への脅威があるときも偏見や差別が表に現れやすくなることが実証研究で示されている（Sinclair, L., &

同様の効果が見られる。
[19] 沼崎誠 (2017).「異性愛と社会的認知および社会的行動の性差」『心理学評論』**60**, 23-48.
[20] ここから紹介する女性に関する研究は，沼崎 (2008)，pp. 103-164 にくわしく紹介されている。男性に関する研究は，沼崎誠・埴田健司 (2014).「恋人概念の閾下プライムが男性のジェンダー関連自己ステレオタイプ化に及ぼす効果」『日本心理学会第 78 回大会発表論文集』169.／沼崎誠・松崎圭佑 (2014).「恋人概念の閾下プライムが決断力や好みに及ぼす効果」『日本グループ・ダイナミックス学会第 61 回大会発表論文集』48-49.／沼崎誠・松崎圭佑・埴田健司・平間一樹 (2014).「恋人概念の閾下プライムが自己ステレオタイプ化と身体的力強さ行動に及ぼす効果」『日本社会心理学会第 55 回大会発表論文集』3，を参照。
[21] 赤澤淳子 (1999).「恋愛の進展に伴う行動および意識の変化 ── カップルの横断的比較を通して」『日本グループ・ダイナミックス学会第 47 回大会発表論文集』104-105.
[22] 沼崎誠・高林久美子・天野陽一 (2006).「恋愛は女性に対するステレオタイプ化や偏見を強めるか？ ── 異性愛プライムと平等主義的性役割観がキャリア女性と家庭女性に対する印象や評価に及ぼす効果」平成 15〜17 年度 科学研究費補助金（基盤研究 (C)：15530402）研究成果報告書『潜在的性役割的偏見の発現とジェンダー・ステレオタイプの受容における心理過程の検討』pp. 125-146. http://hdl.handle.net/10748/2164
[23] サブタイプ化とサブグループ化の関係については，Maurer, K. L., Park, B., & Rothbart, M. (1995). Subtyping versus subgrouping processes in stereotype representation. *Journal of Personality and Social Psychology*, **69**, 813-824 を参照。
[24] ここで紹介したような男女の女性サブカテゴリーへの偏見は，異性愛を意識したときばかりではなく，存在脅威管理理論に基づき行った研究において，死すべき運命を意識したときでも，同じように見られることが明らかとなっている（沼崎ら，2006, pp. 63-93)。
[25] ここから紹介する研究は，Hammond, M. D., & Overall, N. C. (2016). Sexism in intimate contexts: How romantic relationships help explain the origins, functions and consequences of sexist attitudes. In C. G. Sibley & F. K. Barlow (Eds.), *The Cambridge handbook of the psychology of prejudice* (pp. 321-343). Cambridge, MA: Cambridge University Press や Hammond, M. D., & Overall, N. C. (2017). Dynamics within intimate relationships and the causes, consequences, and functions of sexist attitudes. *Current Directions in Psychological Science*, **26**, 120-125，にくわしくレビューされている。
[26] Cross, E. J., Overall, N. C., Hammond, M. D., & Fletcher, G. J. O. (2017). When does men's hostile sexism predict relationship aggression?: The moderating role of partner commitment. *Social Psychological and Personality Science*, **8**, 331-340.
[27] Overall, N. C., Sibley, C. G., Tan, R. (2011). The costs and benefits of sexism: Resistance to influence during relationship conflict. *Journal of Personality and Social Psychology*, **101**, 271-290.
[28] Overall et al. (2011).
[29] Hammond, M. D., Overall, N. C., & Cross, E. J. (2016). Internalizing sexism in close

system threat on attraction to women who embody benevolent sexist ideals. *Psychological Science*, **19**, 20-21.

[9] ここから紹介する研究は以下の科研費の報告書に詳述されている。沼崎誠 (2008).「システム正当化とジェンダー・ステレオタイプの適用と性役割偏見 ── システム正当化機能」平成 19〜21 年度 科学研究費補助金（基盤研究 (C)：19530559）研究成果報告書『ジェンダー・ステレオタイプと性役割的偏見の再生産に関わる社会的認知研究』pp. 45-102. http://hdl.handle.net/10748/5002

[10] Eagly, A. H., & Karau, S. J. (2002). Role congruity theory of prejudice toward female leaders. *Psychological Review*, **109**, 573-598.

[11] Foschi, M. (2000). Double standards for competence: Theory and research. *Annual Review of Sociology*, **26**, 21-42.

[12] バックラッシュに関して以下で紹介する研究は，Rudman, L. A., Moss-Racusin, C. A., Glick, P., & Phelan, J. E. (2012). Reactions to vanguards: Advances in backlash theory. In P. G. Devine & E. A. Plant (Eds.), *Advances in experimental social psychology* (Vol. 45, pp. 167-227). San Diego, CA: Academic Press や Rudman, L. A., Moss-Racusin, C. A., Phelan, J. E., & Nauts, S. (2012). Status incongruity and backlash effects: Defending the gender hierarchy motivates prejudice toward female leaders. *Journal of Experimental Social Psychology*, **48**, 165-179 にくわしい。

[13] 類似したダブルバインドとして，ワーキングマザーが育児休暇をとるか（温かいが仕事能力が低いと印象をもたれる），とらないか（仕事能力は高いが冷たいという印象をもたれる）の選択も検討されている（Morgenroth, T., & Heilman, M. E. (2017). Should I stay or should I go?: Implications of maternity leave choice for perceptions of working mothers. *Journal of Experimental Social Psychology*, **72**, 53-56）。

[14] Moss-Racusin, C. A., & Rudman, L. A. (2010). Disruptions in women's self-promotion: The backlash avoidance model. *Psychology of Women Quarterly*, **34**, 186-202.

[15] Rudman, L. A., & Fairchild, K. (2004). Reactions to counterstereotypic behavior: The role of backlash in cultural stereotype maintenance. *Journal of Personality and Social Psychology*, **87**, 157-176.

[16] 本章では紹介できなかったが，システム正当化動機に基づく伝統的性役割観に合致しない男性に対する「バックラッシュ」についても検討されている（たとえば Moss-Racusin, C. A., Phelan, J. E., & Rudman, L. A. (2010). When men break the gender rules: Status incongruity and backlash against modest men. *Psychology of Men & Masculinity*, **11**, 140-151 や Rudman L. A., & Mescher K. (2013). Penalizing men who request a family leave: Is flexibility stigma a femininity stigma? *Journal of Social Issues*, **69**, 322-340）。

[17] Day, M. V., Kay, A. C., Holmes, J. G., & Napier, J. L. (2011). System justification and the defense of committed relationship ideology. *Journal of Personality and Social Psychology*, **101**, 291-306.

[18] この後，「意識した」という用語を用いているが，必ずしも異性愛について意識的に考える必要はなく，無意識のうちに異性愛に関わる概念が活性化しているだけでも，

Psychologist, **58**, 296-304, Table 2 より。

[23] Olkin & Pledger (2003).

[24] 倉本智明 (2006).『だれか，ふつうを教えてくれ！』理論社

[25] Yuker, H. E. (1988). Attitudes toward persons with disabilities: Progress and prospects. In H. E. Yuker (Ed.), *Attitudes toward persons with disabilities* (pp. 11-14). New York: Springer.

[26] Dunn, D. S. (2015). *The social psychology of disability*. New York: Oxford University Press.

第9章

[1] World Economic Forum (2017). *The global gender gap report 2017*. http://www3.weforum.org/docs/WEF_GGGR_2017.pdf

[2] Glick, P., & Fiske, S. T. (2001). Ambivalent sexism. In M. P. Zanna (Ed.), *Advances in experimental social psychology* (Vol. 33, pp. 115-188). San Diego, CA: Academic Press.／近年の研究については，Connor, R. A., Glick, P., & Fiske, S. T. (2017). Ambivalent sexism in the twenty-first century. In C. G. Sibley & F. K. Barlow (Eds.), *The Cambridge handbook of the psychology of prejudice* (pp. 295-320). Cambridge, MA: Cambridge University Press を参照。

[3] ジェンダーに関する記述的ステレオタイプと規範的ステレオタイプの機能や役割は，Burgess, D., & Borgida, E. (1999). Who women are, who women should be: Descriptive and prescriptive gender stereotyping in sex discrimination. *Psychology, Public, Policy and Low*, **5**, 665-692 にくわしい。

[4] 敵意的偏見および慈愛的偏見を測定する尺度は，Glick, P., & Fiske, S. T. (1996). The Ambivalent Sexism Inventory: Differentiating hostile and benevolent sexism. *Journal of Personality and Social Psychology*, **70**, 491-512。日本語版は，宇井美代子・山本眞理子 (2001).「Ambivalent Sexism Inventory (ASI) 日本語版の信頼性と妥当性の検討」『日本社会心理学会第 42 回発表論文集』300-301。

[5] システム正当化理論については，Jost, J. T., & Banaji, M. (1994). The role of stereotyping in system-justification and the production of false consciousness. *British Journal of Social Psychology*, **33**, 1-27.／Jost, J. T., Kay, A. C., & Thorisdottir, H. (Eds.) (2009). *Social and psychological bases of ideology and system justification*. New York: Oxford University Press.／Jost, J. T., Pietrzak, J., Liviatan, I., Mandisodza, A. N., & Napier, J. L. (2008). System justification as conscious and nonconscious goal pursuit. In J. Y. Shah & W. L. Gardner (Eds.), *Handbook of motivation science* (pp. 591-605). New York: Gilford Press.／池上知子 (2012).『格差と序列の心理学 —— 平等主義のパラドックス』ミネルヴァ書房，などを参照。

[6] Rudman, L. A., Moss-Racusin, C. A., Phelan, J. E., & Nauts, S. (2012). Status incongruity and backlash effects: Defending the gender hierarchy motivates prejudice toward female leaders. *Journal of Experimental Social Psychology*, **48**, 165-179.

[7] Jost, J. T., & Kay, A. C. (2005). Exposure to benevolent sexism and complementary gender stereotypes: Consequences for specific and diffuse forms of system justification. *Journal of Personality and Social Psychology*, **88**, 498-509.

[8] Lau, G. P., Kay, A. C., & Spencer, S. J. (2008). Loving those who justify inequality: The effects of

使って執筆活動を行っているが，最初からこの方法で書いたり会話できたりしたわけではなかった。鉛筆を握っている手に介助者が手を添える筆談から始まった。介助者が本人の手の上に手を重ねたり，腕を支えたりしながら，本人がパソコンや文字を書く介助つきコミュニケーションは，本人ではなく介助者の意思を反映しているのではないかと真贋論争を巻き起こしてきた。くわしくは，落合俊郎・小畑耕作・井上和久(2017).「Facilitated Communication（FC）と表出援助法の比較研究── 肢体不自由，重複障害のある児童生徒への効果を求めて」『特別支援教育実践センター研究紀要』**15**, 11-22.

[12] 反対に，障害の拡張の脱却が皮肉にも差別につながることもある。耳の聞こえない人は，音声言語が入力されないために出力として話すことも困難であると見なされていた（聾唖）。しかし聞こえないことと話せないことを区別し，聞こえずとも話すことはできるとして，口話法の理論化や実践が進められた。口話法そのものは必ずしも差別とはいえないが，音声言語こそ人間の言語であるとするとらえ方や，手話は口話の妨げになるといった仮説によって，手話は実質禁じられた時代があった。口話教育を一律に実施することで，口話能力に基づく劣等感や，学習進度の遅れ，手話の言語習得の妨げなど多くの不利益を聴覚障害者にもたらした。口話に適する者もいたが，口話を望まない者や習得が困難な者もおり，一般化することの罪の大きさを警告する歴史である。

[13] Fiske, S. T., Cuddy, A. J. C., Glick, P., & Xu, J. (2002). A model of (often mixed) stereotype content: Competence and warmth respectively follow from perceived status and competition. *Journal of Personality and Social Psychology*, **82**, 878-902.

[14] くわしくは日本学生支援機構のホームページなどを参照のこと。

[15] Wang, K., & Dovidio, J. F. (2011). Disability and autonomy: Priming alternative identities. *Rehabilitation Psychology*, **56**, 123-127.

[16] 横塚晃一 (2007).『母よ！殺すな』生活書院

[17] Jacques-Philippe Leyens を中心とする infra-humanization や Nick Haslam と中心とする dehumanization についての議論を参照のこと。

[18] Akrami, N., Ekehammar, B., Claesson, M., & Sonnander, K. (2006). Classical and modern prejudice: Attitudes toward people with intellectual disabilities. *Research in Developmental Disabilities*, **27**, 605-617.

[19] 片桐健司 (2009).『障害があるからこそ普通学級がいい──「障害」児を普通学級で受け入れてきた一教師の記録』千書房

[20] 障害のない子どももいるクラスですごしながら教育を受けた障害のある子どもの言語力の発達を調べたところ，最も伸びたのは相対的に言語力の低い子どもであったという。論文は Justice, L. M., Logan, J. A. R., Lin, T. J., & Kaderavek, J. N. (2014). Peer effects in early childhood education: Testing the assumptions of special-education inclusion. *Psychological Science*, **25**, 1722-1729.

[21] 中島隆信 (2006).『障害者の経済学』東洋経済新報社

[22] Olkin, R., & Pledger, C. (2003). Can disability studies and psychology join hands? *American*

[20] Esses, V. M., Dovidio, J. F., Jackson, L. M., & Armstrong, T. L. (2001). The immigration dilemma: The role of perceived group competition, ethnic prejudice, and national identity. *Journal of Social Issues*, **57**, 389-412.

[21] Esses, V. M., Jackson, L. M., & Armstrong, T. L. (1998). Intergroup competition and attitudes toward immigrants and immigration: An instrumental model of group conflict. *Journal of Social Issues*, **54**, 699-724.／Esses, V. M., Jackson, L. M., Nolan, J. M., & Armstrong, T. L. (1999). Economic threat and attitude toward immigrants. In S. Halli & L. Drieger (Eds.), *Immigrant Canada: Demographic, economic and social challenges* (pp. 212-229). Toronto: University of Toronto Press. ／Jackson, L. M., & Esses, V. M. (2000). Effects of perceived economic competition on people's willingness to help empower immigrants. *Group Processes & Intergroup Relations*, **3**, 419-435.

[22] Fiske, S. T., Cuddy, A. J. C., Glick, P., & Xu, J. (2002). A model of (often mixed) stereotype content: Competence and warmth respectively follow from perceived status and competition. *Journal of Personality and Social Psychology*, **82**, 878-902.

第8章

[1] 栗田季佳 (2015).『見えない偏見の科学 ── 心に潜む障害者への偏見を可視化する』京都大学学術出版会

[2] Padden, C., & Humphries, T. (1990). *Deaf in America: Voices from culture*. Cambridge, MA: Harvard University Press.（森壮也・森亜美訳，2016『新版「ろう文化」案内』明石書店）

[3] Weiner, B., Perry, R. P., & Mognusson, J. (1988). An attribution analysis of reactions to stigmas. *Journal of Personality and Social Psychology*, **55**, 738-748.

[4] Cuddy, A. J. C., Fiske, S. T., & Glick, P. (2007). The BIAS map: Behaviors from intergroup affect and stereotypes. *Journal of Personality and Social Psychology*, **92**, 631-648.

[5] Weiner et al. (1988), Figure 3 より。

[6] Schomerus, G., Matschinger, H., & Angermeyer, M. C. (2014). Causal beliefs of the public and social acceptance of persons with mental illness: A comparative analysis of schizophrenia, depression and alcohol dependence. *Psychological Medicine*, **44**, 303-314.

[7] Corrigan, P. W., River, L. P., Lundin, R. K., Uphoff-Wasowski, K., Campion, J., Mathisen, J., et al. (2000). Stigmatizing attributions about mental illness. *Journal of Community Psychology*, **28**, 91-102.

[8] Liesener, J. J., & Mills, J. (1999). An experimental study of disability spread: Talking to an adult in a wheelchair like a child. *Journal of Applied Social Psychology*, **29**, 2083-2092.

[9] Robey, K. L., Beckley, L., & Kirschner, M. (2006). Implicit infantilizing attitudes about disability. *Journal of Developmental and Physical Disabilities*, **18**, 441-453.／障害の拡張によって，障害のある人を保護の対象とし，依存させてきた側面もあるだろう。

[10] 東田直樹・東田美紀 (2005).『この地球（ほし）にすんでいる僕の仲間たちへ ── 12歳の僕が知っている自閉の世界』エスコアール出版部

[11] 彼の現在の執筆活動に至るまでの過程にも障害の拡張をめぐる論争が関わっている。現在，彼は人と話す際には紙に書いたキーボードを打ちながら話し，パソコンを

ism and nationalism as determinants of interethnic bias. *Journal of Social Psychology*, **153**, 515-519.

[8] Brubaker, R. (1990). Immigration, citizenship, and the nation-state in France and Germany: A comparative historical analysis. *International Sociology*, **5**, 379-407.／Kohn, H. (2004). *The idea of nationalism: A study in its origin and background*. London: Macmilan.

[9] Kymlicka, W. (2001). *Politics in the vernacular: Nationalism, multiculturalism and citizenship*. Oxford: Oxford University Press.

[10] Tsukamoto, S., & Fiske, T. S. (2017). Perceived threat to national values in evaluating stereotyped immigrants. *Journal of Social Psychology*, **158**, 157-172.

[11] たとえば，Hjerm, M. (1998). National identities, national pride and xenophobia: A comparison of four Western countries. *Acta Sociologica*, **41**, 335-347.／Meeus, J., Duriez, B., Vanbeselaere, N., & Boen, F. (2010). The role of national identity representation in the relation between in-group identification and out-group derogation: Ethnic versus civic representation. *British Journal of Social Psychology*, **49**, 305-320.／Peherson, S., Brown, R., & Zagefka, H. (2009). When does national identification lead to the rejection of immigrants?: Cross-sectional and longitudinal evidence for the role of essentialist in-group definitions. *British Journal of Social Psychology*, **48**, 61-76.

[12] Meeus et al. (2010).／Vanbeselaere, N., Boen, F., & Meeus, J. (2006). The complicated relationship between national identification and acceptance of immigrants. In L. D'Haenens, M. Hooghe, D. Vanheule & H. Gezduci (Eds.), *'New' citizens, new policies?: Developments in diversity policy in Canada and Flanders* (pp. 57-68). Gent: Academia Press.

[13] Tsukamoto & Fiske (2017).

[14] Tsukamoto, S., Holland, E., Haslam, N., Karasawa, M., & Kashima, Y. (2015). Cultural differences in perceived coherence of the self and ingroup: A Japan-Australia comparison, *Asian Journal of Social Psychology*, **18**, 83-89.

[15] Hjerm (1998).

[16] Berry, J. W. (1997). Immigration, acculturation, and adaptation. *Applied Psychology: An International Review*, **46**, 5-68.

[17] Zagefka, H., Binder, J., Brown, R., Kessler, T., Mummendey, A., Funke, F., Demoulin, S., Leyens, J. P., & Maquil, A. (2014). The relationship between acculturation preferences and prejudice: Longitudinal evidence from majority and minority groups in three European countries. *European Journal of Social Psychology*, **44**, 578-589.

[18] Brown, R., & Abrams, D. (1986). The effects of intergroup similarity and goal interdependence on intergroup attitudes and task performance. *Journal of Experimental Social Psychology*, **22**, 78-92.／Hornsey, M. J., & Hogg, M. A. (2000). Intergroup similarity and subgroup relations: Some implications for assimilation. *Personality and Social Psychology Bulletin*, **26**, 948-958.／Roccas, S., & Schwarz, S. H. (1993). Effects of intergroup similarity on intergroup relations. *European Journal of Social Psychology*, **23**, 581-595.

[19] Berry (1997).

Journal of Social Issues, **58**, 303-317.
［26］高 (2015).
［27］荻上チキ (2011).『検証 東日本大震災の流言・デマ』光文社
［28］McDevitt, J., Balboni, J., Garcia, L., & Gu, J. (2001). Consequences for victims: A comparison of bias- and non-bias-motivated assaults. *American Behavioral Scientist*, **45**, 697-713.
［29］McDevitt et al. (2002).
［30］人権教育啓発推進センター (2016).『ヘイトスピーチに関する実態調査報告書』http://www.moj.go.jp/content/001201158.pdf
［31］人権教育啓発推進センター (2017).『外国人住民調査報告書 ── 訂正版』http://www.moj.go.jp/content/001226182.pdf
［32］人権教育啓発推進センター (2017).
［33］レビューとして，Apfelbaum, E. P., Norton, M. I., & Sommers, S. R. (2012). Racial color blindness: Emergence, practice, and implications. *Current Directions in Psychological Science*, **21**, 205-209.／Rosenthal, L., & Levy, S. R. (2010). The colorblind, multicultural, and polycultural ideological approaches to improving intergroup attitudes and relations. *Social Issues and Policy Review*, **4**, 215-246.
［34］高 (2015).
［35］レビューとして，Rosenthal & Levy (2010)。
［36］https://www.jstage.jst.go.jp
［37］高 (2015).
［38］高 (2015).
［39］高 (2015).
［40］Duckitt (2010).

第7章

［1］OECD-UNDESA (2013). World migration in figures, OECD/United Nations Department of Economics and Social Affairs. http://www.oecd.org/els/mig/World-Migration-in-Figures.pdf
［2］小井土彰宏 (2017).『移民受入の国際社会学 ── 選択メカニズムの比較分析』名古屋大学出版会
［3］Tajfel, H., & Turner, J. C. (1986). The social identity theory of intergroup behavior. In. S. Worchel & W. G. Austin (Eds.), *Psychology of intergroup relations* (pp. 7-24). Chicago: Nelson-Hall.
［4］Kosterman, R., & Feshbach, S. (1989). Toward a measure of patriotic and nationalistic attitudes. *Political Psychology*, **10**, 257-274.
［5］Karasawa, M. (2002). Patriotism, nationalism, and internationalism, among Japanese citizens: An etic-emic approach. *Political Psychology*, **23**, 645-666.
［6］Mummendey, A., Klink, A., & Brown, R. (2001). Nationalism and patriotism: National identification and out-group rejection. *British Journal of Social Psychology*, **40**, 159-172.
［7］Karasawa (2002).／Tsukamoto, S., Enright, J., & Karasawa, M. (2013). Psychological essential-

[9] Kinder, D. R., & Sears, D. O. (1981). Prejudice and politics: Symbolic racism versus racial threats to the good life. *Journal of Personality and Social Psychology*, **40**, 414-431.／McConahay, J. B., & Hough, J. C. (1976). Symbolic racism. *Journal of Social Issues*, **32**, 23-45.／レビューとして，Sears, D. O., & Henry, P. J. (2005). Over thirty years later: A contemporary look at symbolic racism. In M. P. Zanna (Ed.), *Advances in experimental social psychology* (Vol. 37, pp. 95-150). San Diego, CA: Elsevier Academic Press.

[10] McConahay, J. B. (1983). Modern racism and modern discrimination: The effects of race, racial attitudes, and context on simulated hiring decisions. *Personality and Social Psychology Bulletin*, **9**, 551-558.／McConahay (1986).

[11] レビューとして，Gaertner, S. L., & Dovidio, J. F. (2005). Understanding and addressing contemporary racism: From aversive racism to the common ingroup identity model. *Journal of Social Issues*, **61**, 615-639.

[12] Katz, I., & Hass, R. G. (1988). Racial ambivalence and American value conflict: Correlational and priming studies of dual cognitive structures. *Journal of Personality and Social Psychology*, **55**, 893-905.

[13] Fazio, R. H., Jackson, J. R., Dunton, B. C., & Williams, C. J. (1995). Variability in automatic activation as an unobtrusive measure of racial attitudes: A bona fide pipeline? *Journal of Personality and Social Psychology*, **69**, 1013-1027.／Greenwald, A. G., McGhee, D. E., & Schwartz, J. L. K. (1998). Measuring individual differences in implicit cognition: The Implicit Association Test. *Journal of Personality and Social Psychology*, **74**, 1464-1480.

[14] McConahay (1986).

[15] Norton, M. I., & Sommers, S. R. (2011). Whites see racism as a zero-sum game that they are now losing. *Perspectives on Psychological Science*, **6**, 215-218.

[16] Swim, J. K., Aikin, K. J., Hall, W. S., & Hunter, B. A. (1995). Sexism and racism: Old-fashioned and modern prejudices. *Journal of Personality and Social Psychology*, **68**, 199-214.

[17] Walls, N. E. (2008). Toward a multidimensional understanding of heterosexism: The changing nature of prejudice. *Journal of Homosexuality*, **55**, 20-70.

[18] 高史明 (2015)『レイシズムを解剖する —— 在日コリアンへの偏見とインターネット』勁草書房

[19] Dovidio, J. F., & Gaertner, S. L. (2000). Aversive racism and selection decisions: 1989 and 1999. *Psychological Science*, **11**, 315-319.

[20] Dovidio & Gaertner (2000).

[21] たとえば，Gaertner, S. L. (1973). Helping behavior and racial discrimination among liberals and conservatives. *Journal of Personality and Social Psychology*, **25**, 335-341.

[22] Fazio et al. (1995).

[23] Greenwald et al. (1998).

[24] United States Department of Justice, Federal Bureau of Investigation. (2017). *Hate crime statistics, 2016*. https://ucr.fbi.gov/hate-crime/2016

[25] McDevitt, J., Levin, J., & Bennett, S. (2002). Hate crime offenders: An expanded typology.

[60] Paolini, S., Hewstone, M., Cairns, E., & Voci, A. (2004). Effects of direct and indirect cross-group friendships on judgments of Catholics and Protestants in Northern Ireland: The mediation role of an anxiety-reduction mechanism. *Personality and Social Psychology Bulletin*, **30**, 770-786.

[61] たとえば，Turner, R. N., Hewstone, M., Voci, A., & Vonofakou, C. (2008). A test of the extended intergroup contact hypothesis: The mediating role of intergroup anxiety, perceived ingroup and outgroup norms, and inclusion of the outgroup in the self. *Journal of Personality and Social Psychology*, **95**, 843-860.／Paolini et al. (2004).

[62] Crisp R. J., & Turner R. N. (2012). The imagined contact hypothesis. In J. M. Olson & M. P. Zanna (Eds.), *Advances in experimental social psychology* (pp. 125-182). Orlando, FL: Academic Press.

[63] Turner, R. N., Crisp, R. J., & Lambert, E. (2007). Imagining intergroup contact can improve intergroup attitudes. *Group Processes & Intergroup Relations*, **10**, 427-441.

[64] Farah, M. (1989). The neural basis of mental imagery. *Trends in Neuroscience*, **12**, 395-399. ／Kosslyn, S. M., Ganis, G., & Thompson, W. L. (2001). Neural foundations of imagery. *Nature Reviews: Neuroscience*, **2**, 635-642.

[65] Crisp & Turner (2012).

[66] Bigler, R. S., & Hughes, J. M. (2010). Reasons for skepticism about the efficacy of simulated social contact interventions. *American Psychologist*, **65**, 132-133.

[67] Dasgupta, N., & Greenwald, A. G. (2001). On the malleability of automatic attitudes: Combating automatic prejudice with images of admired and disliked individuals. *Journal of Personality and Social Psychology*, **81**, 800-814.

第6章

[1] McConahay, J. B. (1986). Modern racism, ambivalence, and the modern racism scale. In J. F. Dovidio & S. L. Gaertner (Eds.), *Prejudice, discrimination, and racism* (pp. 91-125). San Diego, CA: Academic Press.

[2] Samelson, F. (1978). From "race psychology" to "studies in prejudice": Some observations on the thematic reversal in social psychology. *Journal of the History of the Behavioral Sciences*, **14**, 265-278.

[3] Duckitt, J. (2010). Historical overview. In J. F. Dovidio, M. Hewstone, P. Glick & V. M. Esses (Eds.), *The SAGE handbook of prejudice, stereotyping, and discrimination* (pp. 29-44). London: Sage.／Samelson (1978).

[4] Samelson (1978).

[5] Duckitt (2010).

[6] Duckitt (2010).

[7] Crandall, C. S., Eshleman, A., & O'Brien, L. (2002). Social norms and the expression and suppression of prejudice: The struggle for internalization. *Journal of Personality and Social Psychology*, **82**, 359-378.

[8] McConahay (1986).

boundary conditions of the processing effects of prior knowledge. *Journal of Personality and Social Psychology*, **40**, 441-452.

［44］Pettigrew, T. F. (1998). Intergroup contact theory. *Annual Review of Psychology*, **49**, 65-85.

［45］Pettigrew (1998)，図 2 の一部を抜粋，改変。浅井暢子 (2012).「偏見低減の理論と可能性」加賀美常美代・横田雅弘・坪井健・工藤和宏編『多文化社会の偏見・差別――形成のメカニズムと低減のための教育』明石書店，pp. 100-124.

［46］浅井 (2012) も参照。

［47］Brewer, M. B., & Miller, N. (1984). Beyond the contact hypothesis: Theoretical perspectives on desegregation. In N. Miller & M. B. Brewer (Eds), *Groups in contact: The psychology of desegregation* (pp. 281-302). Orlando, FL: Academic Press.

［48］Crisp, R. J., & Hewstone, M. (2001). Multiple categorization and implicit intergroup bias: Differential category dominance and the positive-negative asymmetry effect. *European Journal of Social Psychology*, **31**, 45-62.

［49］Hewstone & Brown (1986).

［50］Brown, R., & Hewstone, M. (2005). An integrative theory of intergroup contact. In M. P. Zanna (Ed.), *Advances in experimental social psychology* (Vol. 37, pp. 255-343). San Diego, CA: Academic Press.

［51］Weber, R., & Crocker, J. (1983). Cognitive processes in the revision of stereotypic beliefs. *Journal of Personality and Social Psychology*, **45**, 961-977

［52］Gaertner, S. L., Dovidio, J. F., Anastasio, P. A., Bachman, B. A., & Rust, M. C. (1993). The common ingroup identity model: Recategorization and the reduction of intergroup bias. In W. Stroebe & M. Hewstone (Eds.), *European review of social psychology* (Vol. 4, pp. 1-26). Chichester, UK: Wiley.

［53］Hewstone & Brown (1986).

［54］Amichai-Hamburger, Y., & McKenna, K. Y. A. (2006). The contact hypothesis reconsidered: Interacting via the Internet. *Journal of Computer-Mediated Communication*, **11**, 825-843.

［55］たとえば，Wright, S. C., Aron, A., McLaughlin-Volpe, T., & Ropp, S. A. (1997). The extended contact effect: Knowledge of cross-group friendships and prejudice. *Journal of Personality and Social Psychology*, **73**, 73-90.／Turner, R. N., Hewstone, M., & Voci, A. (2007). Reducing explicit and implicit outgroup prejudice via direct and extended contact: The mediating role of self-disclosure and intergroup anxiety. *Journal of Personality and Social Psychology*, **93**, 369-388.

［56］Schiappa, E., Gregg, P. B., & Hewes, D. E. (2005). The parasocial contact hypothesis. *Communication Monographs*, **72**, 92-115.／Cameron L., & Rutland A. (2006). Extended contact through story reading in school: Reducing children's prejudice towards the disabled. *Journal of Social Issues*, **62**, 469-488.

［57］Stephan (2014).

［58］たとえば，Wright et al. (1997).

［59］Bandura, A. (1977). *Social learning theory*. Englewood Cliffs, NJ: Prentice-Hall.（原野広太郎訳，1997『社会的学習理論――人間理解と教育の基礎』金子書房）

conflict and cooperation: The Robbers Cave experiment. Norman, OK: University of Oklahoma Book Exchange.

[27] たとえば，Allport (1954).／Brown, R. (1995). *Prejudice: Its social psychology.* Cambridge, MA: Blackwell Publishers.（橋口捷久・黒川正流監訳，1999『偏見の社会心理学』北大路書房）

[28] Amir, Y. (1976). The role of intergroup contact in the change of prejudice and ethnic relations. In P. A. Katz (Ed.), *Towards the elimination of racism* (pp. 245-308). New York: Pergamon.

[29] Fiske, S. T., & Dépret, E. (1996). Control, interdependence, and power: Understanding social cognition in its social context. In W. Stroebe & M. Hewstone (Eds.), *European review of social psychology* (Vol. 7, pp. 31-61). New York: Wiley.

[30] Aronson, E., Blaney, N., Stephin, C., Sikes, J., & Snapp, M. (1978). *The jigsaw classroom*. Beverly Hills, CA: Sage.／Sherif et al. (1961).

[31] Gaertner, S. L., & Dovidio, J. F. (2000). *Reducing intergroup bias: The common ingroup identity model.* Philadelphia, PA: Psychology Press / Taylor & Francis.

[32] たとえば，Chu, D., & Griffey, D. (1985). The contact theory of racial integration: The case of sport. *Sociology of Sport Journal*, **2**, 323-333.／Slavin, R. E., & Madden, N. A. (1979). School practices that improve race relations. *American Educational Research Journal*, **16**, 169-180.

[33] Worchel, S., Andreoli, V. A., & Folger, R. (1977). Intergroup cooperation and intergroup attraction: The effect of previous interaction and outcome of combined effort. *Journal of Experimental Social Psychology*, **13**, 131-140.

[34] たとえば，Cerver & White (1994).／Monteith et al. (1996).

[35] Festinger, L. (1957). *A theory of cognitive dissonance*. Stanford, CA: Stanford University Press.（末永俊郎訳，1965『認知的不協和の理論――社会心理学序説』誠信書房）

[36] Bem, D. J. (1972). Self-perception theory. In L. Berkowitz (Ed.), *Advances in experimental social psychology* (Vol. 6, pp. 1-62). New York: Academic Press.

[37] Byrne, D. (1971). *The attraction paradigm*. New York: Academic Press.

[38] Stephan, W. G. (2014). Intergroup anxiety: Theory, research, and practice. *Personality and Social Psychology Review*, **18**, 239-255.

[39] Levin, S., Van Laar, C., & Sidanius, J. (2003). The effects of ingroup and outgroup friendships on ethnic attitudes in college: A longitudinal study. *Group Processes and intergroup Relations*, **6**, 76-92.／Pettigrew, T. F., & Tropp, L. R. (2006). A meta- analytic test of intergroup contact theory. *Journal of Personality and Social Psychology*, **90**, 751-783.

[40] たとえば，Aronson et al. (1978).／山内隆久 (1996).『偏見解消の心理――対人接触による障害者の理解』ナカニシヤ出版

[41] Hewstone, M., & Brown, R. J. (Eds.) (1986). *Contact and conflict in intergroup encounters*. Oxford: Blackwell.

[42] Stephan (2014).／浅井暢子 (2016).「ステレオタイプ」北村英哉・内田由紀子編『社会心理学概論』ナカニシヤ出版，pp. 33-51 を参照。

[43] たとえば，Cohen, C. E. (1981). Person categories and social perception: Testing some

[13] Macrae et al. (1994).
[14] Wegner, D. M. (1994). Ironic processes of mental control. *Psychological Review*, **101**, 34-52.
[15] Macrae et al. (1994).
[16] Macrae, C. N., Bodenhausen, G. V., & Milne, A. B. (1998). Saying no to unwanted thoughts: Self-focus and the regulation of mental life. *Journal of Personality and Social Psychology*, **74**, 578-589.／Wyer, N. A., Sherman, J. W., & Stroessner, S. J. (1998). The spontaneous suppression of racial stereotypes. *Social Cognition*, **16**, 340-352.
[17] Bodenhausen & Macrae (1998).
[18] Monteith, M. J., Sherman, J., & Devine, P. G. (1998). Suppression as a stereotype control strategy. *Personality and Social Psychology Review*, **2**, 63-82.／Wyer, N. A., Sherman, J. W., & Stroessner, S. J. (2000). The roles of motivation and ability in controlling the consequences of stereotype suppression. *Personality and Social Psychology Bulletin*, **26**, 13-25.
[19] Devine, P. G., & Monteith, M. J. (1993). The role of discrepancy associated affect in prejudice reduction. In D. M. Mackie & D. L. Hamilton (Eds.), *Affect, cognition, and stereotipying: Interaciveprocesses in group perception* (pp. 317-344). San Diego, CA: Academic Press.
[20] Carver, C. S., & White, T. L. (1994). Behavioral inhibition, behavioral activation, and affective responses to impending reward and punishment: The BIS/BAS Scales. *Journal of Personality and Social Psychology*, **67**, 319-333.／Gray, J. A. (1982). *The neuropsychology of anxiety: An enquiry into the functions of the septo-hippocampal system*. New York: Oxford University Press.／Patterson, C. M., & Newman, J. P. (1993). Reflectivity and learning from aversive events: Toward a psychological mechanism for the syndromes of disinhibition. *Psychological Review*, **100**, 716-736.
[21] Monteith, M. J., Ashburn-Nardo, L., Voils, C. I., & Czopp, A. M. (2002). Putting the brakes on prejudice: On the development and operation of cues for control. *Journal of Personality and Social Psychology*, **83**, 1029-1050.／Whitley, B. E., Jr., & Kite, M. E. (2006). Reducing prejudice and discrimination. In B. E.Whitley, Jr. & M. E. Kite. *The psychology of prejudice and discrimination* (pp. 495-554). Belmont, CA: Thomson Wadsworth を改変。
[22] Monteith, M. J. (1993). Self-regulation of prejudiced responses: Implications for progress in prejudice reduction efforts. *Journal of Personality and Social Psychology*, **65**, 469-485.
[23] Devine, P. G., & Monteith, M. J. (1999). Automaticity and control in stereotyping. In S. Chaiken & Y. Trope (Eds.), *Dual-process theories in social psychology* (pp. 339 - 360). New York: Guilford Press.
[24] Monteith, M. J., Deneen, N. E., & Tooman, G. D. (1996). The effect of social norm activation on the expression of opinions concerning gay men and Blacks. *Basic and Applied Social Psychology*, **18**, 267-287.／Plant, E. A., & Devine, P. G. (1998). Internal and external motivation to respond without prejudice. *Journal of Personality and Social Psychology*, **75**, 811-832.
[25] Allport, G. W. (1954). *The nature of prejudice*. Cambridge, MA: Addison-Wesley.（原谷達夫・野村昭訳，1968『偏見の心理』培風館）
[26] たとえば，Amir, Y. (1969). Contact hypothesis in ethnic relations. *Psychological Bulletin*, **71**, 319-342.／Sherif, M., Harvey, O. J., White, B. J., Hood, W. R., & Sherif, C. W. (1961). *Intergroup*

［37］大西泰博 (2014).「土地所有権論の再検討 ── 土地法学の原点に戻って」『早稲田法学』**91**, 23-51.／建設による立ち退きについてはさまざまなケースが存在するので，ここで是非や善悪について一律に論じる意図はない。
［38］田上雅徳 (2015).『入門講義 キリスト教と政治』慶應義塾大学出版会
［39］佐伯 (2004).
［40］地域での保育園やこども園建設に伴う周辺住民の反対運動に見られる考え方など，社会を形成する一員としての立場よりもはるかに個々人の不快や懸念などの感情が大きく影響することなどから考察することもできる。もっとも子どもの声の挙げ方など日本の子ども観に基づく大声礼賛や元気信仰など考えるべき点はほかにも見つかることを付言しておく。

第5章

［1］Bargh, J. A. (1999). The cognitive monster: The case against controllability of automatic stereotype effects. In S. Chaiken & Y. Trope (Eds.), *Dual-process theories in social psychology* (pp. 361-382). New York: Guilford Press.／Devine, P. G. (1989). Stereotypes and prejudice: Their automatic and controlled components. *Journal of Personality and Social Psychology*, **56**, 5-18.
［2］Devine (1989)，実験 2。
［3］Devine (1989)，実験 3。
［4］Fiske, S. T., & Neuberg, S. L. (1990). A continuum of impression formation, from category-based to individuating processes: Influences of information and motivation on attention and interpretation. *Advances in Experimental Social Psychology*, **23**, 1-74.／Tetlock, P. E., & Kim, J. I. (1987). Accountability and judgment processes in a personality prediction task. *Journal of Personality and Social Psychology*, **52**, 700-709.
［5］Devine (1989).
［6］Erber, R., & Fiske, S. T. (1984). Outcome dependency and attention to inconsistent information. *Journal of Personality and Social Psychology*, **47**, 709-726.
［7］Gaertner, S. L., & Dovidio, J. F. (1986). The aversive form of racism. In J. F. Dovidio & S. L. Gaertner (Eds.), *Prejudice, discrimination, and racism* (pp. 61-89). San Diego, CA: Academic Press.
［8］Macrae, C. N., Bodenhausen, G. V., Milne, A. B., & Jetten, J. (1994). Out of mind but back in sight: Stereotypes on the rebound. *Journal of Personality and Social Psychology*, **67**, 808-817.
［9］Greenwald, A. G., & Banaji, M. R. (1995). Implicit social cognition: Attitudes, self-esteem, and stereotypes. *Psychological Review*, **102**, 4-27.／Bargh (1999).／Devine (1989).
［10］Gaertner & Dovidio (1986).
［11］Bodenhausen, G. V., & Macrae, C. N. (1998). Stereotype activation and inhibition. In R. S. Wyer, Jr. (Ed.), *Stereotype activation and inhibition: Advances in social cognition* (Vol. 11, pp. 1-52). Mahwah, NJ: Erlbaum.
［12］Kelly, A. E., & Kahn, J. H. (1994). Effects of suppression of personal intrusive thoughts. *Journal of Personality and Social Psychology*, **66**, 998-1006.

田雄司 (2014).『怨霊とは何か── 菅原道真・平将門・崇徳院』中央公論新社
［16］小松 (2014).
［17］山田 (2014).
［18］和辻 (1979).／共同所有でも個人所有でもそれを神からの恵みと理解している者たちに対して，奪取して入手できたものをも神からの恵みと正当化させる考え方もある。
［19］坂本是忠 (1971).「転換期中国の少数民族政策」『国際政治』**44**, 156-172.
［20］薊理津子 (2008).「大学生における屈辱感が喚起される状況」『聖心女子大学大学院論文集』**30**, 115-129.
［21］Jost, J. T., & Major, B. (Eds.) (2001). *The psychology of legitimacy: Emerging prespectives on ideology, justice, and intergroup relations*. New York: Cambridge University Press.
［22］今井芳昭 (2011).「社会心理学における対人的影響研究の動向と今後の課題」『哲學』**125**, 33-74.
［23］佐野予理子・黒石憲洋 (2009).「「ふつう」であることの安心感（1）── 集団内における関係性の観点から」『国際基督教大学 教育研究』**51**, 35-42.
［24］濱口恵俊 (1982).『間人主義の社会 日本』東洋経済新報社
［25］佐伯啓思 (2015a).『20 世紀とは何だったのか── 西洋の没落とグローバリズム』PHP 研究所／佐伯啓思 (2015b).『さらば，資本主義』新潮社／重田園江 (2013).『社会契約論── ホッブズ，ヒューム，ルソー，ロールズ』筑摩書房
［26］ルソー，J. J.（桑原武夫・前川貞次郎訳）(1954).『社会契約論』岩波書店
［27］重田 (2013).
［28］重田 (2013).
［29］東浩紀 (2011).『一般意志 2.0── ルソー，フロイト，グーグル』講談社
［30］齋藤純一 (2017).『不平等を考える── 政治理論入門』筑摩書房，p. 187.
［31］齋藤 (2017).／de Tocqueville, A. (1835). *Democracy in America*. (A. Goldhammer trans. (2004). The library of America.)
［32］Stanovich, K. E., West, R. F., & Toplak, M. E. (2014). Rationality, intelligence, and the defining features of Type 1 and Type 2 processing. IN J. W. Sherman, B. Gawronski & Y. Trope (Eds.), *Dual-process theories of the social mind* (pp. 80-91). New York: Guilford Press.／Kahneman, D. (2012). *Thinking, fast and slow*. London, UK: Penguin.（村井章子訳，2014『ファスト&スロー── あなたの意思はどのように決まるか？』上・下，早川書房）
［33］筒井義郎・佐々木俊一郎・山根承子・マルデワ，グレッグ (2017).『行動経済学入門』東洋経済新報社
［34］谷口尚子 (2005).『現代日本の投票行動』慶應義塾大学出版会／谷口尚子 (2003).「小泉首相人気と 2001 年参議院選挙における投票行動」『帝京社会学』**16**, 37-96.
［35］Azevedo, F., Jost, J. T., & Rothmund, T. (2017). "Making America great again": System justification in the U. S. presidential election of 2016. *Translational Issues in Psychological Science*, **3**, 231-240.／佐伯啓思 (2004).『自由とは何か── 「自己責任論」から「理由なき殺人」まで』講談社
［36］瀬木比呂志 (2014).『絶望の裁判所』講談社

［35］例として，蒲島・竹中 (1996, 2012).

［36］冷戦後も，日本の有権者の間では，この「保革」に関する理解の構造が保持されていたことを示す実証研究もある（蒲島・竹中，2012）。一方，1970 年生まれあたりから後の世代では，「革新」といえば「日本維新の会」をはじめとする，いわゆる改革政党を指すことも明らかになっており（竹中佳彦 (2014).「保革イデオロギーの影響力低下と年齢」『選挙研究』**30**(2), 5-18），ポピュリズムの動向とも併せて投票行動研究者にとっては興味深い問題となっている。

第 4 章

［1］Bobocel, D. R., Kay, A. C., Zanna, M. P., & Olson, J. M. (Eds.) (2010) *The psychology of justice and legitimacy: The Ontario Symposium* (Vol. 11). New York: Psychology Press.

［2］Mackie, D. M., & Smith, E. R. (2002). Beyond prejudice: Moving from positive and negative evaluations to differentiated reactions to social groups. In D. M. Mackie & E. R. Smith (Eds.), *From prejudice to intergroup emotions: Differentiated reactions to social groups* (pp. 1-12). New York: Psychology Press.

［3］Roseman, I. J. (1984). Cognitive determinants of emotions: A structural theory. In P. Shaver (Ed.), *Review of personality and social psychology* (Vol. 5, pp. 11-36). Beverly Hills, CA: Sage.

［4］Smith, E. R. (1993). Social identity and social emotions: Toward new conceptualizations of prejudice. In D. M. Mackie & D. L. Hamilton (Eds.), *Affect, cognition, and stereotyping: Interactive processes in group perception* (pp. 297-315). San Diego, CA: Academic Press.

［5］Devos, T., Silver, L. A., Mackie, D. M., & Smith, E. R. (2002). Experiencing intergroup emotions. In D. M. Mackie & E. R. Smith (Eds.), *From prejudice to intergroup emotions* (pp. 111-134). New York: Psychology Press.

［6］Rozin, P., Haidt, J., & McCauley, C. R. (1993). Disgust. In M. Lewis & J. M. Haviland (Eds.), *Handbook of emotions* (pp. 575-594). New York: Guilford Press.

［7］和辻哲郎 (1979).『風土 ―― 人間学的考察』岩波書店

［8］波平恵美子 (2009).『ケガレ』講談社

［9］山本七平・小室直樹 (1981).『日本教の社会学』講談社（2006 年，講談社文庫）

［10］井沢元彦 (1998).『「言霊（コトダマ）の国」解体新書』小学館

［11］北村英哉・小林麻衣・木村はるか (2018).「恨まれる状況の喚起と恨み忌避傾向が他者の表情検出に及ぼす効果」『日本社会心理学会第 59 回大会発表論文集』

［12］岡本浩一・今野裕之 (2006).『組織健全化のための社会心理学 ―― 違反・事故・不祥事を防ぐ社会技術』新曜社

［13］佐藤正恵・赤坂映美 (2008).「ADHD 児の自尊感情とそれに影響を及ぼす要因について」『LD 研究』**17**, 141-151.

［14］佐藤栄晃・北村英哉 (2015).「人に恨まれたら何が起こるのか？ ―― テキストマイニングによる恨みの分析」『日本パーソナリティ心理学会第 24 回大会発表論文集』141.

［15］小松和彦 (2014).「カミの変遷」苅部直・黒住真・佐藤弘夫・末木文美士編『聖なるものへ ―― 躍動するカミとホトケ』岩波講座日本の思想 8，岩波書店，pp. 167-196.／山

[24] もっとも，それは状況によって容易に変化しうるという主張もあり，実証的根拠の吟味は，今後さらに続けられる必要がある（Brandt, M. J., Wetherell, G., & Reyna, C. (2014). Liberals and conservatives can show similarities in negativity bias. *Behavioral and Brain Sciences*, **37**, 307-308.／Feldman, S., & Huddy, L. (2014). Not so simple: The multidimensional nature and diverse origins of political ideology. *Behavioral and Brain Sciences*, **37**, 312-313）。

[25] Haidt, J. (2012). *The righteous mind: Why good people are divided by politics and religion*. New York: Pantheon.（高橋洋訳，2014『社会はなぜ左と右にわかれるのか――対立を超えるための道徳心理学』紀伊國屋書店）

[26] Jost, J. T., Liviatan, I., van der Toorn, J., Ledgerwood, A., Mandisodza, A., & Nosek, B. A. (2010). System justification: How do we know it's motivated? In R. C. Bobocel, A. C. Kay, M. Zanna & J. Olson (Eds.), *The psychology of justice and legitimacy: The Ontario symposium* (Vol. 11, pp. 173-203). Hillsdale, NJ: Erlbaum.

[27] Ullrich, J., & Cohrs, J. C. (2007). Terrorism salience increases system justification: Experimental evidence. *Social Justice Research*, **20**, 117-139.

[28] Jost, J. T., Hawkins, C. B., Nosek, B. A., Hennes, E. P., Stern, C., Gosling, S. D., & Graham, J. (2014). Belief in a just God (and a just society): A system justification perspective on religious ideology. *Journal of Theoretical and Philosophical Psychology*, **34**, 56-81.

[29] Duckitt & Sibley (2009).／Kay, A. C., Jost, J., Mandisodza, A. N., Sherman, S. J., Petrocelli, J. V., & Johnson, A. L. (2007). Panglossian ideology in the service of system justification: How complementary stereotypes help us to rationalize inequality. In M. P. Zanna (Ed.), *Advances in experimental social psychology* (Vol. 39, pp. 305-358). San Diego, CA: Elsevier Academic Press.

[30] Sears & Henry (2003).

[31] Conway, L. G., Gornick, L. J., Houck, S. C., Anderson, C., Stockert, J., Sessoms, D., & McCue, K. (2016). Are conservatives really more simple-minded than liberals?: The domain specificity of complex thinking. *Political Psychology*, **37**, 777-798.

[32] 特定の集団に対して偏見や差別行動を示す原因は，「現状の維持か変革か」といったイデオロギー以外にも，無数に考えられる。たとえば，自身と異なる意見をもつ他者に対してネガティブな感情と偏見をもちやすい傾向は保守主義者であれリベラル主義者であれ同様で，その度合いは信念の強さに規定される。その結果，社会的弱者に対する偏見は保守主義に伴って増大する傾向が見られるが，「富裕層」や「軍隊」に対する偏見はリベラル主義者の方が強いという報告もある（Chambers, J. R., Schlenker, B. R., & Collisson, B. (2013). Ideology and prejudice: The role of value conflicts. *Psychological Science*, **24**, 140-149）。イデオロギー以外の，こうした要因のすべてについて論じることは本章の射程を越えているため他に譲ることにする。

[33] ただし例外として，偏見に関わる調査項目を含んだ以下の研究は重要。三宅一郎・綿貫譲治・嶋澄・蒲島郁夫 (1985).『平等をめぐるエリートと対抗エリート』創文社

[34] 例として，蒲島郁夫・竹中佳彦 (1996).『現代日本人のイデオロギー』東京大学出版会／蒲島郁夫・竹中佳彦 (2012).『イデオロギー』現代政治学叢書 8，東京大学出版会など。

[8] Citrin, J., & Sears, D. O. (2014). *American identity and the politics of multiculturalism*. New York: Cambridge University Press.

[9] Pettigrew T. F., & Meertens, R. W. (1995). Subtle and blatant prejudice in western Europe. *European Journal of Social Psychology*, **25**, 57-75.

[10] Sides, J., & Citrin, J. (2007). European opinion about immigration: The role of identities, interests and information. *British Journal of Political Science*, **37**, 477-504.

[11] 中村登志哉 (2018).「2017 年ドイツ連邦議会選挙における「ドイツのための選択肢」議会進出の分析 ── 難民危機と欧州統合との関連を中心に」『グローバル・ガバナンス』**4**, 42-54.

[12] 以上についてくわしくは，Jost, J. T., Federico, C. M., & Napier, J. L. (2009). Political ideology: Its structure, functions, and elective affinities. *Annual Review of Psychology*, **60**, 307-337 を参照。

[13] 先に，象徴的レイシズムの構成要素として挙げた「自助努力を旨とする信条」も，アメリカ社会における保守イデオロギーの一種である。

[14] たとえば，Jost et al. (2009).

[15] Altemeyer, R. A. (1998). The other "authoritarian personality." In M. P. Zanna (Ed.), *Advances in experimental social psychology* (Vol. 30, pp. 47-91). New York: Academic Press.

[16] レビューとして，Duckitt, J., & Sibley, C. G. (2009). A dual-process motivational model of ideology, politics, and prejudice. *Psychological Inquiry*, **20**, 98-109.／Jost, J. T., Glaser, J., Kruglanski, A. W., & Sulloway, F. J. (2003). Political conservatism as motivated social cognition. *Psychological Bulletin*, **129**, 339-375.

[17] Cohrs, J. C., & Asbrock, F. (2009). Right-wing authoritarianism, social dominance orientation and prejudice against threatening and competitive ethnic groups. *European Journal of Social Psychology*, **39**, 270-289.

[18] Sidanius, J., & Pratto, F. (1999). *Social dominance: An intergroup theory of social hierarchy and oppression*. Cambridge, England: Cambridge University Press.

[19] Crandall, C. S. (1994). Prejudice against fat people: Ideology and self-interest. *Journal of Personality and Social Psychology*, **66**, 882-894.／Sears & Henry (2003).／ Terrizzi, J. A., Jr., Shook, N. J., & Ventis, W. L. (2010). Disgust: A predictor of social conservatism and prejudicial attitudes toward homosexuals. *Personality and Individual Differences*, **49**, 587-592.

[20] Jussin, L., Crawford, J. T., Stevens, S. T., & Anglin, S. M. (2016). The politics of social psychological science: Distortions in the social psychology of intergroup relations. In P. Valdesolo & J. Grahan (Eds.), *Social psychology of political polarization* (pp. 165-196). New York: Routledge / Taylor & Francis など。

[21] Jost et al. (2003).

[22] Kruglanski, A. W., & Webster, D. M. (1996). Motivated closing of the mind: "Seizing" and "freezing". *Psychological Review*, **103**, 263-283.

[23] Hibbing, J. R., Smith, K. B., & Alford, J. R. (2014). Differences in negativity bias underlie variations in political ideology. *Behavioral and Brain Sciences*, **37**, 297-307.

[18] Jost, J. T., & Banaji, M. R. (1994). The role of stereotyping in system-justification and the production of false consciousness. *British Journal of Social Psychology*, **33**, 1-27.／Jost, J. T., & Hunyady, O. (2002). The psychology of system justification and the palliative function of ideology. *European Review of Social Psychology*, **13**, 111-153.

[19] Jost & Hunyady (2002).

[20] Kay, A. C., Jimenez, M. C., & Jost, J. T. (2002). Sour grapes, sweet lemons, and the anticipatory rationalization of the status quo. *Personality and Social Psychology Bulletin*, **28**, 1300-1312.

[21] Key et al. (2002).

[22] Kay, A. C., & Jost, J. T. (2003). Complementary justice: Effects of "poor but happy" and "poor but honest" stereotype exemplars on system justification and implicit activation of the justice motive. *Journal of Personality and Social Psychology*, **85**, 823-837.

[23] Kay & Jost (2003).

[24] Kay, A. C., Jost, J. T., & Young, S. (2005). Victim derogation and victim enhancement as alternate routes to system justification. *Psychological Science*, **16**, 240-246.

[25] Jost, J. T., Hawkins, C. B., Nosek, B. A., Hennes, E. P., Stern, C., Gosling, S. D., & Graham, J. (2014). Belief in a just god (and a just society): A system justification perspective on religious ideology. *Journal of Theoretical and Philosophical Psychology*, **34**, 56-81.

第3章

[1] ただしこの傾向も，時代に逆行するかのような揺れ戻しを繰り返すものである。昨今，各国で見られる一部政治家（とくにポピュリスト）の言動，あるいはヘイトスピーチなどにそれは明らかで，日本も例外ではない。

[2] McConahay, J. B. (1986). Modern racism, ambivalence, and the Modern Racism Scale. In J. F. Dovidio & S. L. Gaertner (Eds.), *Prejudice, discrimination, and racism* (pp. 91-125). San Diego, CA: Academic Press.／Sears, D. O., & Henry, P. J. (2005). Over thirty years later: A contemporary look at symbolic racism. In M. P. Zanna (Ed.), *Advances in experimental social psychology* (Vol. 37, pp. 95-150). San Diego, CA: Elsevier Academic Press.

[3] 歴史的に差別的待遇を受けてきた少数派の人々の雇用や教育の機会促進を目的とした政策であるアファーマティブ・アクション（積極的格差是正措置），学区間の人種的格差を是正するためバス通学路を強制的に変更する案や，低廉な住居を建設するなどして人種統合を図った都市計画，あるいはこれらのための税の配分などが，公民権運動の成果として象徴的に取り上げられる一方で，これらは現代的レイシズムの標的となりやすい政策の代表例でもある。

[4] Sears & Henry (2005).

[5] Sears, D. O., & Henry, P. J. (2003). The origins of symbolic racism. *Journal of Personality and Social Psychology*, **85**, 259-275.

[6] Sears & Henry (2005).

[7] たとえば，Swim, J. K., Aikin, K. J., Hall, W. S., & Hunter, B. A. (1995). Sexism and racism: Old-fashioned and modern prejudices. *Journal of Personality and Social Psychology*, **68**, 199-214.

delay discounting. *Journal of Experimental Social Psychology*, **51**, 41-44.

[6] Hafer & Bègue (2005).／Maes, J. (1998). Immanent justice and ultimate justice: Two ways of believing in justice. In L. Montada & M. J. Lerner (Eds.), *Responses to victimizations and belief in a just world* (pp. 9-40). New York: Plenum Press.／Maes, J., & Schmitt, M. (1999). More on ultimate and immanent justice: Results from the research project "Justice as a Problem within Reunified Germany". *Social Justice Research*, **12**, 65-78.

[7] 村山綾・三浦麻子 (2015).「被害者非難と加害者の非人間化――2種類の公正世界信念との関連」『心理学研究』**86**, 1-9.

[8] Ellard, J. H., Miller, C. D., Baumle, T. L., & Olson, J. M. (2002). Just world processes in demonizing. In M. Ross & D. T. Miller (Eds.), *The justice motive in everyday life* (pp. 350-362). New York: Cambridge University Press.／白井美穂・サトウタツヤ・北村英哉 (2011).「複線径路・等至性モデルからみる加害者の非人間化プロセス――"Demonize" と "Patientize"」『法と心理』**11**, 40-46.

[9] Lerner, M. J. (1998). The two forms of the belief in a just world: Some thoughts on why and how people care about justice. In M. J. Lerner & L. Montada (Eds.), *Responses to victimizations and belief in a just world* (pp. 246-269). New York: Plenum Press.

[10] Callan, M. J., Ellard, J. H., & Nicol, J. E. (2006). The belief in a just world and immanent justice reasoning in adults. *Personality and Social Psychology Bulletin*, **32**, 1646-1658.／村山綾・三浦麻子 (2016a).「不運と幸運に対する将来の補償と罰――2種類の究極的公正推論と文化差の検討」日本グループダイナミックス学会第63回大会

[11] Callan et al. (2006).

[12] Harvey, A. J., & Callan, M. J. (2014b). The role of religiosity in ultimate and immanent justice reasoning. *Personality and Individual Differences*, **56**, 193-196.

[13] Jones, H. B., Jr. (1997). The Protestant ethic: Weber's model and the empirical literature. *Human Relations*, **50**, 757-778.

[14] Biernat, M., Vescio, T. K., & Theno, S. A. (1996). Violating American values: A "value congruence" approach to understanding outgroup attitudes. *Journal of Experimental Social Psychology*, **32**, 387-410.／Crandall, C. S. (1994). Prejudice against fat people: Ideology and self-interest. *Journal of Personality and Social Psychology*, **66**, 882-894.／Quinn, D. M., & Crocker, J. (1999). When ideology hurts: Effects of belief in the Protestant ethic and feeling overweight on the psychological well-being of women. *Journal of Personality and Social Psychology*, **77**, 402-414.

[15] 西久美子 (2009).「"宗教的なもの" にひかれる日本人――ISSP国際比較調査（宗教）から」『放送研究と調査』5月号, 66-81. http://www.nhk.or.jp/bunken/summary/research/report/2009_05/090505.pdf

[16] Murayama, A., & Miura, A. (2016). Is the misfortune a result of past misdeeds or compensated for in the future?: Cultural difference in justice reasoning. International Congress of Cross-Cultural Psychology, Annual Convention. Nagoya, Japan.

[17] 村山綾・三浦麻子 (2016b).「不運に対する公正推論の日米比較――信仰との関連」『日本社会心理学会第57回大会論文集』280.

[48] Miller, D. T., Downs, J. S., & Prentice, D. A. (1998). Minimal conditions for the creation of a unit relationship: The social bond between birthdaymates. *European Journal of Social Psychology*, **28**, 475-481.

[49] Mitchell, T. L., Haw, R. M., Pfeifer, J. E., & Meissner, C. A. (2005). Racial bias in mock juror decision-making: A meta-analytic review of defendant treatment. *Law and Human Behavior*, **29**, 621-637.／Sommers, S. R., & Ellsworth, P. C. (2000). Race in the courtroom: Perceptions of guilt and dispositional attributions. *Personality and Social Psychology Bulletin*, **26**, 1367-1379.

[50] Rooth, D. O. (2010). Automatic associations and discrimination in hiring: Real world evidence. *Labour Economics*, **17**, 523-534.

[51] Castano, E. (2004). In case of death, cling to the ingroup. *European Journal of Social Psychology*, **34**, 375-384.／Fein, S., & Spencer, S. J. (1997). Prejudice as self-image maintenance: Affirming the self through derogating others. *Journal of Personality and Social Psychology*, **73**, 31-44.／Greenberg, J., Pyszczynski, T., Solomon, S., Rosenblatt, A., Veeder, M., Kirkland, S., & Lyon, D. (1990). Evidence for terror management theory II: The effects of mortality salience on reactions to those who threaten or bolster the cultural worldview. *Journal of Personality and Social Psychology*, **58**, 308-318.／Otten, S., Mummendey, A., & Blanz, M. (1996). Intergroup discrimination in positive and negative outcome allocations: Impact of stimulus valence, relative group status, and relative group size. *Personality and Social Psychology Bulletin*, **22**, 568-581.

[52] Dovidio, J. F., & Gaertner, S. L. (2010). Intergroup bias. In S. T. Fiske, D. T. Gilbert & G. Lindzey (Eds.), *Handbook of social psychology* (5th ed., Vol. 2, pp. 1084-1121). Hoboken, NJ: Wiley.／Halevy, N., Chou, E. Y., Cohen, T. R., & Bornstein, G. (2010). Relative deprivation and intergroup competition. *Group Processes & Intergroup Relations*, **13**, 685-700.／Yzerbyt, V., & Demoulin, S. (2010). Intergroup relations. In S. T. Fiske, D. T. Gilbert & G. Lindzey (Eds.), *Handbook of social psychology* (5th ed., Vol. 2, pp. 1024 -1083). Hoboken, NJ: Wiley.

第2章

[1] Lerner, M. J. (1980). *The belief in a just world: A fundamental delusion*. New York: Plenum Press.

[2] Dalbert, C. (2001). *The justice motive as a personal resource: Dealing with challenges and critical life events*. New York: Kluwer Academic / Plenum Publishers.／Hafer, C. L., & Bègue, L. (2005). Experimental research on just-world theory: Problems, developments, and future challenges. *Psychological Bulletin*, **131**, 128-167.

[3] Correia, I., & Vala, J. (2003). When will a victim be secondarily victimized?: The effect of observer's belief in a just world, victim's innocence, and persistence of suffering. *Social Justice Research*, **16**, 379-400.／Correia, I., Vala, J., & Aguiar, P. (2007). Victim's innocence, social categorization, and the threat to the belief in a just world. *Journal of Experimental Social Psychology*, **43**, 31-38.

[4] Hafer & Bègue (2005).

[5] Callan, M. J., Harvey, A. J., & Sutton, R. M. (2014). Rejecting victims of misfortune reduces

behaviour. *European Journal of Social Psychology*, **1**, 149-178. ∕ Tajfel, H., & Turner, J. C. (1986). The social identity theory of intergroup behavior. In S. Worchel & W. G. Austin (Eds.), *Psychology of intergroup relations* (pp. 7-24). Chicago, IL: Nelson-Hall.

[39] Tajfel et al. (1971).

[40] Allport (1954). ∕ Brewer, M. B. (1979). In-group bias in the minimal intergroup situation: A cognitive-motivational analysis. *Psychological Bulletin*, **86**, 307-324. ∕ LeVine, R. A., & Campbell, D. T. (1972). *Ethnocentrism: Theories of conflict, ethnic attitudes, and group behavior*. New York: Wiley. ∕ Sumner, W. G. (1906). *Folkways: A study of the sociological importance of usages, manners, customs, mores, and morals*. Boston, MA: Ginn.

[41] Brewer, M. B. (1999). The psychology of prejudice: Ingroup love and outgroup hate? *Journal of Social Issues*, **55**, 429-444. ∕ Greenwald & Pettigrew (2014). ∕ Hewstone, M., Rubin, M., & Willis, H. (2002). Intergroup bias. *Annual Review of Psychology*, **53**, 575-604.

[42] Pascalis, O., & Kelly, D. J. (2009). The origins of face processing in humans: Phylogeny and ontogeny. *Perspectives on Psychological Science*, **4**, 200-209. ∕ Zajonc, R. B. (1968). Attitudinal effects of mere exposure. *Journal of Personality and Social Psychology*, **9**(2, Pt. 2), 1-27. ∕ Zajonc, R. B. (2001). Mere exposure: A gateway to the subliminal. *Current Directions in Psychological Science*, **10**, 224-228.

[43] Buttelmann, D., Zmyj, N., Daum, M., & Carpenter, M. (2013). Selective imitation of in-group over out-group members in 14-month-old infants. *Child Development*, **84**, 422-428. ∕ Shutts, K., Kinzler, K. D., McKee, C. B., & Spelke, E. S. (2009). Social information guides infants' selection of foods. *Journal of Cognition and Development*, **10**, 1-17. ∕ Sorce, J. F., Emde, R. N., Campos, J. J., & Klinnert, M. D. (1985). Maternal emotional signaling: Its effect on the visual cliff behavior of 1-year-olds. *Developmental Psychology*, **21**, 195-200.

[44] Brewer (1999).

[45] Balliet, D., Wu, J., & De Dreu, C. K. (2014). Ingroup favoritism in cooperation: A meta-analysis. *Psychological Bulletin*, **140**, 1556-1581. ∕ Yamagishi, T., Jin, N., & Kiyonari, T. (1999). Bounded generalized reciprocity: Ingroup boasting and ingroup favoritism. *Advances in Group Processes*, **16**, 161-197.

[46] Greenwald, A. G., & Banaji, M. R. (1995). Implicit social cognition: Attitudes, self-esteem, and stereotypes. *Psychological Review*, **102**, 4-27. ∕ Wittenbrink, B., Judd, C. M., & Park, B. (1997). Evidence for racial prejudice at the implicit level and its relationship with questionnaire measures. *Journal of Personality and Social Psychology*, **72**, 262-274.

[47] Dovidio, J. F., Kawakami, K., & Gaertner, S. L. (2002). Implicit and explicit prejudice and interracial interaction. *Journal of Personality and Social Psychology*, **82**, 62-68. ∕ Fazio, R. H., Jackson, J. R., Dunton, B. C., & Williams, C. J. (1995). Variability in automatic activation as an unobtrusive measure of racial attitudes: A bona fide pipeline? *Journal of Personality and Social Psychology*, **69**, 1013-1027. ∕ Greenwald, A. G., Poehlman, T. A., Uhlmann, E. L., & Banaji, M, R. (2009). Understanding and using the Implicit Association Test: III. meta-analysis of predictive validity. *Journal of Personality and Social Psychology*, **97**, 17-41.

judgment. *Journal of Personality and Social Psychology*, **65**, 272-281. ∕ Devine, P. G. (1989). Stereotypes and prejudice: Their automatic and controlled components. *Journal of Personality and Social Psychology*, **56**, 5-18.

[30] Bargh, J. A. (1999). The cognitive monster: The case against the controllability of automatic stereotype effects. In S. Chaiken & Y. Trope (Eds.), *Dual-process theories in social psychology* (pp. 361-382). New York: Guilford Press. ∕ Bodenhausen, G. V., & Macrae, C. N. (1998). Stereotype activation and inhibition. In R. S. Wyer, Jr. (Ed.), *Stereotype activation and inhibition* (*Advances in social cognition*, Vol. 11, pp. 1-52). London: Erlbaum. ∕ Devine (1989).

[31] Hogg, M. A., & Abrams, D. (1988). *Social identifications: A social psychology of intergroup relations and group processes*. London: Routledge. ∕ Tajfel, H. (1982). Social psychology of intergroup relations. *Annual Review of Psychology*, **33**, 1-39. ∕ Turner, J. C. (1982) Towards a cognitive redefinition of the social group. In H. Tajfel (Ed.), *Social identity and intergroup relations* (pp. 15-40). Cambridge, England: Cambridge University Press.

[32] Turner (1982).

[33] Baumeister, R. F., & Leary, M. R. (1995). The need to belong: Desire for interpersonal attachments as a fundamental human motivation. *Psychological Bulletin*, **117**, 497-529. ∕ Haslam, S. A., Jetten, J., Postmes, T., & Haslam, C. (2009). Social identity, health and well-being: An emerging agenda for applied psychology. *Applied Psychology: An International Review*, **58**, 1-23. ∕ Hogg, M. A. (2000). Subjective uncertainty reduction through self-categorization: A motivational theory of social identity processes. *European Review of Social Psychology*, **11**, 223-255.

[34] Sherif, M. (1966). *In common predicament: Social psychology of intergroup conflict and cooperation*. Boston, MA: Houghton Mifflin. ∕ Sherif, M., Harvey, O. J., White, B. J., Hood, W. R., & Sherif, C. W. (1961). *Intergroup conflict and cooperation: The Robbers Cave experiments*. Norman, OK: University of Oklahoma Press.

[35] Hamilton, D. L., Sherman, S. J., & Lickel, B. (1998). Perceiving social groups: The importance of the entitativity continuum. In C. Sedikides, J. Shopler & C. A. Insko, (Eds.), *Intergroup cognition and intergroup behavior* (pp. 47-74). Mahwah, NJ: Erlbaum. ∕ Tajfel (1982).

[36] Allport (1954). ∕ Aronson, E., Blaney, N., Stephan, C., Sikes, J., & Snapp, M. (1978). *The jigsaw classroom*. Beverly Hills, CA: Sage. ∕ Deutsch, M. (1973). *The resolution of conflict*. New Haven, CT: Yale University Press. ∕ Johnson, D. W., Johnson, R., & Maruyama, G. (1983). Interdependence and interpersonal attraction among heterogeneous and homogeneous individuals: A theoretical formulation and a meta-analysis of the research. *Review of Educational Research*, **53**, 5-54.

[37] Gaertner, S. L., Dovidio, J. F., Anastasio, P. A., Bachman, B. A., & Rust, M. C. (1993). The Common Ingroup Identity Model: Recategorization and the reduction of intergroup bias. In W. Stroebe & M. Hewstone (Eds.), *European review of social psychology* (Vol. 4, pp. 1-26). London: Wiley. ∕ Gaertner, S. L., Mann, J., Murrell, A., & Dovidio, J. F. (1989). Reducing of intergroup bias: The benefits of recategorization. *Journal of Personality and Social Psychology*, **57**, 239-249.

[38] Tajfel, H., Billig, M., Bundy, R. P., & Flament, C. (1971). Social categorization and intergroup

A meta-analytic integration. *British Journal of Social Psychology*, **29**, 11-28.

［21］ Czopp, A. M. (2008). When is a compliment not a compliment?: Evaluating expressions of positive stereotypes. *Journal of Experimental Social Psychology*, **44**, 413-420.

［22］ Fiske, S. T., Cuddy, A. J. C., Glick, P., & Xu, J. (2002). A model of (often mixed) stereotype content: Competence and warmth respectively follow from perceived status and competition. *Journal of Personality and Social Psychology*, **82**, 878-902.／Jost, J. T., & Kay, A. C. (2005). Exposure to benevolent sexism and complementary gender stereotypes: Consequences for specific and diffuse forms of system justification. *Journal of Personality and Social Psychology*, **88**, 498-509.／Kay, A. C., & Jost, J. T. (2003). Complementary justice: Effects of "poor but happy" and "poor but honest" stereotype exemplars on system justification and implicit activation of the justice motive. *Journal of Personality and Social Psychology*, **85**, 823-837.

［23］ Fiske et al. (2002).

［24］ Eagly, A. H., & Mladinic, A. (1989). Gender stereotypes and attitudes toward women and men. *Personality and Social Psychology Bulletin*, **15**, 543-558.／Eagly, A. H., & Steffen, V. J. (1984). Gender stereotypes stem from the distribution of women and men into social roles. *Journal of Personality and Social Psychology*, **46**, 735-754.／Haddock, G., & Zanna, M. P. (1994). Preferring "housewives" to "feminists": Categorization and the favorability of attitudes toward women. *Psychology of Women Quarterly*, **18**, 25-52.

［25］ Glick, P., & Fiske, S. T. (2001). An ambivalent alliance: Hostile and benevolent sexism as complementary justifications of gender inequality. *American Psychologist*, **56**, 109-118.／Major, B. (1994). From social inequality to personal entitlement: The role of social comparisons, legitimacy appraisals, and group membership. In M. P. Zanna (Ed.), *Advances in experimental social psychology* (Vol. 26, pp. 293-355). New York: Academic Press.

［26］ Lippman, W. (1922). *Public opinion*. New York: Macmillan.

［27］ Carlston, D. E. (1992). Impression formation and the modular mind: The associated systems theory. In L. L. Martin & A. Tesser (Eds.), *The construction of social judgments* (pp. 301-341). Hillsdale, NJ: Erlbaum.／Devine, P. G., & Baker, S. M. (1991). Measurement of racial stereotype subtyping. *Personality and Social Psychology Bulletin*, **17**, 44-50.／Hamilton, D. L., & Mackie, D. M. (1990). Specificity and generality in the nature and use of stereotypes. In T. K. Srull & R. S. Wyer, Jr. (Eds.), *Advances in social cognition* (Vol. 3, pp. 99-110). Hillsdale, NJ: Erlbaum.／Linville, P. W., Fischer, G. W., & Salovey, P. (1989). Perceived distributions of the characteristics of in-group and out-group members: Empirical evidence and a computer simulation. *Journal of Personality and Social Psychology*, **57**, 165-188.／Nelson, T. E., Biernat, M. R., & Manis, M. (1990). Everyday base rates (sex stereotypes): Potent and resilient. *Journal of Personality and Social Psychology*, **59**, 664-675.

［28］ Carlston (1992).／Stephan, W. G., & Stephan, C. W. (1993). Cognition and affect in stereotyping: Parallel interactive networks. In D. M. Mackie & D. L. Hamilton (Eds.), *Affect, cognition, and stereotyping: Interactive processes in group perception* (pp. 111-136). Orlando, FL: Academic Press.

［29］ Banaji, M. R., Hardin, C. D., & Rothman, A. J. (1993). Implicit stereotyping in person and substance use in African American parents and their children: A panel study. *Journal of Personality and Social Psychology*, **86**, 517-529.

［13］ レビューとして，Cox, W. T. L., Devine, P. G., Plant, E. A., & Schwartz, L. L. (2014). Toward a comprehensive understanding of officers' shooting decisions: No simple answers to this complex problem. *Basic and Applied Social Psychology*, **36**, 356-364. ／Payne, B. K., & Stewart, B. D. (2007). Automatic and controlled components of social cognition: A process dissociation approach. In J. A. Bargh (Ed.), *Social psychology and the unconscious: The automaticity of higher mental processes* (*Frontiers of social psychology*, pp. 293-315). New York: Psychology Press.

［14］ Correll, J., Park, B., Judd, C. M., & Wittenbrink, B. (2002). The police officer's dilemma: Using ethnicity to disambiguate potentially threatening individuals. *Journal of Personality and Social Psychology*, **83**, 1314-1329. ／Correll, J., Urland, G. R., & Ito, T. A. (2006). Event-related potentials and the decision to shoot: The role of threat perception and cognitive control. *Journal of Experimental Social Psychology*, **42**, 120-128. ／Payne, B. K. (2001). Prejudice and perception: The role of automatic and controlled processes in misperceiving a weapon. *Journal of Personality and Social Psychology*, **81**, 181-192. ／Plant, E. A., & Peruche, B. M. (2005). The consequences of race for police officers' responses to criminal suspects. *Psychological Science*, **16**, 180-183.

［15］ The Washington Post (2016). A year after Michael Brown's fatal shooting, unarmed black men are seven times more likely than whites to die by police gunfire. http://www.washingtonpost.com/sf/national/2015/08/08/black-and-unarmed/?utm_term=.8592456fec9e

［16］ Aboud, F. E. (1988). *Children and prejudice*. New York: Basil Blackwell. ／Bar-Haim, Y., Ziv, T., Lamy, D., & Hodes, R. M. (2006). Nature and nurture in own-race face processing. *Psychological Science*, **17**, 159-163. ／Hirschfeld, L. A. (1996). *Race in the making: Cognition, culture, and the child's construction of human kinds*. Cambridge, MA: MIT Press. ／Slaby, R. G,. & Frey, K. S. (1975). Development of gender constancy and selective attention to same-sex models. *Child Development*, **46**, 849-856.

［17］ Allport, G. W. (1954). *The nature of prejudice*. New York: Addison-Wesley.（原谷達夫・野村昭訳，1968『偏見の心理』培風館）／Tajfel, H., & Wilkes, A. L. (1963). Classification and quantitative judgement. *British Journal of Psychology*, **54**, 101-114.

［18］ Hill, T., Lewicki, P., Czyzewska, M., & Boss, A. (1989). Self-perpetuating development of encoding biases in person perception. *Journal of Personality and Social Psychology*, **57**, 373-387. ／Hill, T., Lewicki, P., Czyzewska, M., & Schuller, G. (1990). The role of learned inferential encoding rules in the perception of faces: Effects of nonconscious self-perpetuation of a bias. *Journal of Experimental Social Psychology*, **26**, 350-371.

［19］ Hamilton, D. L., & Gifford, R. K. (1976). Illusory correlation in interpersonal perception: A cognitive basis of stereotypic judgments. *Journal of Experimental Social Psychology*, **12**, 392-407. ／McConnell, A. R., Sherman, S. J., & Hamilton, D. L. (1994). On-line and memory-based aspects of individual and group target judgments. *Journal of Personality and Social Psychology*, **67**, 173-185.

［20］ Mullen, B., & Johnson, C. (1990). Distinctiveness-based illusory correlations and stereotyping:

discrimination. *American Psychologist*, **69**, 669-684.／Lloyd, E. P., Hugenberg, K., McConnell, A. R., Kunstman, J. W., & Deska, J. C. (2017). Black and white lies: Race-based biases in deception judgments. *Psychological Science*, **28**, 1125-1136.／Shelton, J. N., Richeson, J. A., Salvatore, J., & Trawalter, S. (2005). Ironic effects of racial bias during interracial interactions. *Psychological Science*, **16**, 397-402.

[7] McConnell & Leibold (2001).／Shelton, J. N., & Richeson, J. A. (2006). Interracial interactions: A relational approach. *Advances in Experimental Social Psychology*, **38**, 121-181.

[8] Fisher, C. B., Wallace, S. A., & Fenton, R. E. (2000). Discrimination distress during adolescence. *Journal of Youth and Adolescence*, **29**, 679-695.／Seaton, E. K., Caldwell, C. H., Sellers, R. M., & Jackson, J. S. (2010). An intersectional approach for understanding perceived discrimination and psychological well-being among African American and Caribbean black youth. *Developmental Psychology*, **46**, 1372-1379.／レビューとして，Hunger, J. M., Major, B., Blodorn, A., & Miller, C. T. (2015). Weighed down by stigma: How weight-based social identity threat contributes to weight gain and poor health. *Social and Personality Psychology Compass*, **9**, 255-268.／Major, B., & O'brien, L. T. (2005). The social psychology of stigma. *Annual Review of Psychology*, **56**, 393-421.／Pascoe, E. A., & Smart Richman, L. (2009). Perceived discrimination and health: A meta-analytic review. *Psychological Bulletin*, **135**, 531-554.／Smart Richman, L., & Leary, M. R., (2009). Reactions to discrimination, stigmatization, ostracism, and other forms of interpersonal rejection: A multimotive model. *Psychological Review*, **116**, 365-383.／Williams, D. R., & Mohammed, S. A. (2009). Discrimination and racial disparities in health: Evidence and needed research. *Journal of Behavioral Medicine*, **32**, 20-47.

[9] Chae, D. H., Clouston, S., Hatzenbuehler, M. L., Kramer, M. R., Cooper, H. L., Wilson, S. M., et al. (2015). Association between an internet-based measure of area racism and black mortality. *PloS One*, **10**, e0122963.／Hatzenbuehler, M. L., Bellatorre, A., Lee, Y., Finch, B. K., Muennig, P., & Fiscella, K. (2014). Structural stigma and all-cause mortality in sexual minority populations. *Social Science & Medicine*, **103**, 33-41.／Kennedy, B. P., Kawachi, I., Lochner, K., Jones, C., & Prothrow-Stith, D. (1997). (Dis) Respect and black mortality. *Ethnicity & Disease*, **7**, 207-214.

[10] Leitner, J. B., Hehman, E., Ayduk, O., & Mendoza-Denton, R. (2016). Blacks' death rate due to circulatory diseases is positively related to whites' explicit racial bias: A nationwide investigation using project implicit. *Psychological Science*, **27**, 1299-1311.

[11] Harris, R., Tobias, M., Jeffreys, M., Waldegrave, K., Karlsen, S., & Nazroo, J. (2006). Racism and health: The relationship between experience of racial discrimination and health in New Zealand. *Social Science & Medicine*, **63**, 1428-1441.／Robson, B., & Harris, R. (Eds.) (2007). *Hauora: Màori standards of health IV. A study of the years 2000-2005*. Wellington: Te Ròpù Rangahau Hauora a Eru Pòmare.

[12] Borrell, L. N., Jacobs, D. R., Jr., Williams, D. R., Pletcher, M. J., Houston, T. K., & Kiefe, C. I. (2007). Self-reported racial discrimination and substance use in the Coronary Artery Risk Development in Adults Study. *American Journal of Epidemiology*, **166**, 1068-1079.／Gibbons, F. X., Gerrard, M., Cleveland, M. J., Wills, T. A., & Brody, G. (2004). Perceived discrimination

文献・注

第1章

[1] Federal Bureau of Investigation (2017). *Hate crime statistics 2016*. https://ucr.fbi.gov/hate-crime/2016/hate-crime/resource-pages/download-files

[2] Caiani, M., & Parenti, L. (2016). *European and American extreme right groups and the internet*. New York: Routledge.／Perry, B., & Olsson, P. (2009). Cyberhate: The globalization of hate. *Information & Communications Technology Law*, **18**, 185-199.／Potok, M. (1998). The spreading flood of hate. *The Intelligence Report*. https://www.splcenter.org/fighting-hate/intelligence-report/1998/spreading-flood-hate／Potok, M. (2015). The year in hate and extremism. *The Intelligence Report*. https://www.splcenter.org/fighting-hate/intelligence-report/2015/year-hate-and-extremism-0

[3] Gaertner, S. L., & Dovidio, J. F. (1986). The aversive form of racism. In J. F. Dovidio & S. L. Gaertner (Eds.), *Prejudice, discrimination, and racism* (pp. 61-89). San Diego, CA: Academic Press.／McConahay, J. B. (1983). Modern racism and modern discrimination: The effects of race, racial attitudes, and context on simulated hiring decisions. *Personality and Social Psychology Bulletin*, **9**, 551-558.／ Swim, J. K., Aiken, K. J., Hall, W. S., & Hunter, B. A. (1995). Sexism and racism: Old-fashioned and modern prejudices. *Journal of Personality and Social Psychology*, **68**, 199-214.

[4] Crandall, C. S., & Eshleman, A. (2003). A justification-suppression model of the expression and experience of prejudice. *Psychological Bulletin*, **129**, 414-446.／Dovidio, J. F., Kawakami, K., & Gaertner, S. L. (2002). Implicit and explicit prejudice and interracial interaction. *Journal of Personality and Social Psychology*, **82**, 62-68.／Jones, K. P., Peddie, C. I., Gilrane, V. L., King, E. B., & Gray, A. L. (2016). Not so subtle: A meta-analytic investigation of the correlates of subtle and overt discrimination. *Journal of Management*, **42**, 1588-1613.／McConnell, A. R., & Leibold, J. M. (2001). Relations among the Implicit Association Test, discriminatory behavior, and explicit measures of racial attitudes. *Journal of Experimental Social Psychology*, **37**, 435-442.／Mendes, W. B., & Koslov, K. (2013). Brittle smiles: Positive biases toward stigmatized and outgroup targets. *Journal of Experimental Psychology: General*, **142**, 923-933.

[5] Dovidio, J. F., & Gaertner, S. L. (2000). Aversive racism and selection decisions: 1989 and 1999. *Psychological Science*, **11**, 315-319.

[6] Dovidio, J. F., Gaertner, S. L., & Pearson, A. R. (2017). Aversive racism and contemporary bias. In F. K. Barlow & C. G. Sibley (Eds.), *The Cambridge handbook of the psychology of prejudice* (pp. 267-294). Cambridge, England: Cambridge University Press.／Greenwald, A. G., & Pettigrew, T. F. (2014). With malice toward none and charity for some: Ingroup favoritism enables

ま行

や行

ら行

わ行

人名索引

ま行

ら行

た行

な行

は行

さ行

事項索引

of individuals and groups（Oxford University Press，2018 年，分担執筆・共著），From interpersonal to inter-ethnic differentiation: The role of psychological essentialism（*Journal of Human Environmental Studies*, **13**, 13-20，2015 年，共著）

栗田 季佳（くりた ときか）　第 8 章

三重大学教育学部准教授

主要著作：『教育心理学』（協同出版，2018 年，分担執筆），『対立を乗り越える心の実践 ── 障害者差別にどのように向き合うか？』（東京大学出版会，2017 年，共著），『見えない偏見の科学 ── 心に潜む障害者への偏見を可視化する』（京都大学学術出版会，2015 年）

沼崎　誠（ぬまざき まこと）　第 9 章

東京都立大学大学院人文科学研究科教授

主要著作：『社会心理学研究入門〔補訂新版〕』（東京大学出版会，2017 年，共編），「異性愛と社会的認知および社会的行動の性差」（『心理学評論』**60**, 23-48，2017 年），「持つものの軟らかさ・硬さによって生じる皮膚感覚が対人認知と自己認知に及ぼす効果」（『実験社会心理学研究』**55**, 119-129，2016 年，共著）

上瀬由美子（かみせ ゆみこ）　第 10 章

立正大学心理学部教授

主要著作：「官民協働刑務所開設による社会的包摂促進の検討」（『心理学研究』**87**, 579-589，2017 年，共著），Occupational stigma and coping strategies of women engaged in the commercial sex industry（*Sex Roles*, **69**, 42-57, 2013 年），『ステレオタイプの社会心理学』（サイエンス社，2002 年）

樋口　収（ひぐち おさむ）　第 11 章

明治大学政治経済学部専任講師

主要著作：「食品のネガティブイメージにステレオタイプ抑制が及ぼす影響」（『心理学研究』**89**, 22-28，2018 年，共著），「福島県産食品の安全性の説明は罹患の懸念を払拭しているか？」（『心理学研究』**88**, 43-50，2017 年，共著），「行動免疫システムと福島県近隣の汚染地域の推定との関連」（『実験社会心理学研究』**56**, 14-22, 2016 年，共著）

唐沢かおり（からさわ かおり）　第 12 章

東京大学大学院人文社会系研究科教授

主要著作：『なぜ心を読みすぎるのか ── みきわめと対人関係の心理学』（東京大学出版会, 2017 年），『心と言葉の迷宮』（人文知 I，東京大学出版会, 2014 年，共編），『心と社会を科学する』（東京大学出版会，2012 年，共編）

荒川　歩（あらかわ あゆむ）　第 13 章

武蔵野美術大学造形構想学部教授

主要著作：『「裁判員」の形成，その心理学的解明』（ratik，2014 年），『ポイントシリーズ心理学史』（学文社, 2012 年，共編），『〈境界〉の今を生きる ── 身体から世界空間へ・若手一五人の視点』（東信堂，2009 年，共編）

編者

北村 英哉（きたむら ひでや）　第4章

東洋大学社会学部教授

主要著作：『社会心理学概論』（ナカニシヤ出版，2016年，共編），「社会的プライミング研究の歴史と現況」（『認知科学』**20**, 293-306，2013年），『進化と感情から解き明かす社会心理学』（有斐閣，2012年，共著）

唐沢　穣（からさわ みのる）　第3章

名古屋大学大学院情報学研究科教授

主要著作：Psychological essentialism at the explicit and implicit levels: The unique status of social categories.（*Japanese Psychological Research*, **61**, 107-122，2019年，共著），『社会心理学〔補訂版〕』（New Liberal Arts Selection，有斐閣，2019年，共著），『責任と法意識の人間科学』（勁草書房，2018年，共編）

執筆者

大江 朋子（おおえ ともこ）　第1章

帝京大学文学部教授

主要著作：『社会心理学 ── 過去から未来へ』（北大路書房，2015年，分担執筆），『社会心理学』（放送大学教育振興会，2014年，分担執筆），『個人のなかの社会』（展望 現代の社会心理学1，誠信書房，2010年，分担執筆）

村山　綾（むらやま あや）　第2章

近畿大学国際学部准教授

主要著作：「刑事事件の元被告人に対するフォルスアラーム効果」（『認知科学』**24**, 213-219，2017年，共著），Two types of justice reasoning about good fortune and misfortune: A replication and beyond（*Social Justice Research*, **29**, 331-334，2016年，共著）

浅井 暢子（あさい のぶこ）　第5章

京都文教大学総合社会学部准教授

主要著作：『社会心理学概論』（ナカニシヤ出版，2016年，分担執筆），『紛争・正義・公正の心理学』（北大路書房，2016年，分担執筆），「所属集団に対する差別・優遇が原因帰属に与える影響」（『心理学研究』**77**, 317-324，2006年）

高　史明（たか ふみあき）　第6章

東洋大学社会学部准教授

主要著作：『徹底検証 日本の右傾化』（筑摩書房，2017年，分担執筆），『レイシズムを解剖する ── 在日コリアンへの偏見とインターネット』（勁草書房，2015年），「在日コリアンに対する古典的／現代的レイシズムについての基礎的検討」（『社会心理学研究』**28**, 67-76，2013年，共著）

塚本 早織（つかもと さおり）　第7章

愛知学院大学心理学部講師

主要著作：Perceived threat to national values in evaluating stereotyped immigrants（*Journal of Social Psychology*, **158**, 157-172，2018年，共著），*Culture, naive dialecticism, and perceptions*

偏見や差別はなぜ起こる？
── 心理メカニズムの解明と現象の分析

2018 年 7 月 31 日　第 1 刷発行
2023 年 9 月 20 日　第 6 刷発行

編　者　北村 英哉
　　　　唐沢　穣
発行者　櫻井 堂雄
発行所　株式会社ちとせプレス
〒 157-0062
東京都世田谷区南烏山 5-20-9-203
電話　03-4285-0214
http://chitosepress.com
装　幀　髙林 昭太
印刷・製本　大日本法令印刷株式会社

ISBN 978-4-908736-10-0　C1011